La **personne** et sa **croissance**

© **Personnalité et Relations Humaines — International**
30 rue du Jardin des Plantes 86000 Poitiers (France)
Tous droits de traduction, de reproduction et d'adaptation réservés pour tous pays.
ISBN : 2-912246-00-8
Dépôt légal : avril 1997
Quatrième édition

PERSONNALITÉ ET RELATIONS HUMAINES

La **personne** et sa **croissance**

*Fondements
anthropologiques
et psychologiques
de la formation PRH*

Ouvrage collectif réalisé par PRH-International

Édition janvier 1998
*Cet ouvrage a été traduit en langue anglaise,
castillanne, italienne, néerlandaise et allemande.*

Remerciements

Ce livre est un ouvrage collectif réalisé sous la responsabilité de PRH-International. Il n'a pu être écrit, traduit et édité que grâce au concours efficace et désintéressé d'un grand nombre.

Il faut souligner l'apport irremplaçable de Monsieur Michel Lamarche, rédacteur principal. Ses compétences multiples et sa disponibilité ont été précieuses. Nous tenons à le remercier tout particulièrement.

Plusieurs comités ont collaboré à ce livre :

Un comité consultatif permanent,
chargé de la rédaction et de la mise au point de l'ensemble.

- Monsieur Pierre Lacomère *(France)*
- Monsieur Michel Lamarche *(France)*
- Madame Andrée Lumeau *(France)*
- Monsieur Gilles Pasquereau *(France)*
- Monsieur Claude Rouyer *(France)*
- Madame Italia Valle *(Italie)*
- avec la collaboration de Mesdames Léone Breard, Angèle Charbonnier et Madeleine Jaunasse.

Un comité de lecture interne à PRH,
chargé de la relecture générale et de la supervision.

- Madame Ana Azofra *(Espagne)*
- Madame Colette Bergeron *(Canada)*
- Monsieur Arturo Cecchele *(Italie)*
- Madame Micheline Gagnon *(Canada)*
- Madame Cécile Lefebvre *(Canada)*
- Madame Marie-Anne le Guyader *(France)*
- Madame Maureen Mac Alduff *(Canada)*
- Madame Marie-Claude Merlet *(France)*
- Madame Thérèse Nadeau *(Canada)*

Un comité de lecture externe à PRH,
composé de spécialistes des sciences humaines ou d'autres disciplines, de plusieurs pays. Leur contribution efficace nous a aidés à confronter le contenu de ce livre à d'autres approches ou courants psychologiques, à préciser notre pensée et à rendre ainsi cet ouvrage accessible à un plus large public. Nous tenions à souligner ce rassemblement de compétences et d'engagement désintéressé au service d'une œuvre commune.

On peut dire que ce livre s'est écrit comme s'est construit PRH : avec beaucoup de générosité, de patience et d'effort. Il a été inspiré par la passion et l'amour de l'homme et de l'humanité. Il a été voulu pour être au service de leur croissance et de leur avancée.

À toutes celles et à tous ceux qui ont pris une part active à la réalisation de cette œuvre, nous voulons exprimer notre reconnaissance.

PRH-International

Aux lecteurs

Il y a plus de 25 ans que l'organisme PRH a été créé et presque 30 ans que la recherche en psychopédagogie qui en constitue la base a été initiée par André Rochais, son fondateur.

Le désir de proposer le fruit de 30 années de recherche à tous ceux et celles qui s'intéressent à l'humain et de s'offrir à la confrontation d'autres écoles, ajouté à la demande répétée de certains publics et de professionnels des sciences humaines, a conduit à cette première publication de référence sur les fondements anthropologiques et psychologiques de la « psychopédagogie PRH ».

Ce livre est la traduction d'une expérience et d'une pratique longtemps observées, patiemment mûries et soigneusement vérifiées au contact du « réel humain » que représentent les milliers de personnes qui ont pratiqué sur elles-mêmes cette psychopédagogie et avec lesquelles nous avons constamment dialogué. Rien de ce qui est écrit ici ne l'a été sans que l'observation ne puisse en attester.

Les lecteurs qui ont une certaine pratique de la formation PRH y retrouveront un monde connu. Ils reconnaîtront les repères proposés pour la connaissance de soi et de ses fonctionnements, et pour la réussite de sa vie personnelle, professionnelle, sociale. Ils pourront vérifier au passage le degré d'intégration du « cadre théorique de référence » qu'ils ont acquis à travers leur parcours de formation.

Les lecteurs qui n'ont aucune pratique de la formation PRH feront connaissance avec ce même cadre théorique. Qu'ils soient attentifs au fait qu'il ne s'agit que d'un « cadre », et que celui-ci n'est opérant — comme toute connaissance théorique sur l'homme — que si le lecteur se « l'approprie intérieurement » par la confrontation personnelle et grâce à l'auto-formation.

Le lecteur ne sera pas surpris de retrouver des convergences avec d'autres auteurs, d'autres approches, d'autres recherches. La caractéristique essentielle de la recherche PRH est d'être centrée avant tout sur la croissance de la personne. Grâce à une pédagogie spécifique, cette recherche débouche sur une auto-découverte de soi, utilisable par tout être humain quels que soient sa culture, son niveau d'instruction, son rôle professionnel et social.

Cet ouvrage se voudrait être un premier essai de présentation de cette psychopédagogie à tous ceux et celles qui s'intéressent à l'humain et cherchent à percer sans relâche et le plus loin possible le mystère de l'Homme, pour l'aider à mieux vivre et à « être plus », au service d'une Société de plus en plus humaine.

CLAUDE ROUYER
Président de PRH-International

Sommaire

Avant-propos 13

Introduction
Les origines de la psychopédagogie PRH 17

Première partie
La recherche psychologique et pédagogique à PRH 21

Deuxième partie
Le système explicatif PRH 43

Approche globale de la personne 45
Les cinq instances de la personne et leurs fonctionnements 57
    L'être 57
    Le moi-je 77
    Le corps 95
    La sensibilité 103
    La conscience profonde 115
La personne et son environnement 129
La vie relationnelle et affective 133
Le phénomène de la croissance 153
Le phénomène de la guérison des blessures du passé 187
Le sens de la vie 207
La personne en ordre 217

Troisième partie
*Applications et prolongements du système explicatif PRH :
les dimensions sociales* 225

Le groupe 227
Le couple 237
L'éducation des enfants................................... 257

En guise de conclusion...
Répercussions sociétaires de la croissance des personnes 275

Postface 281

Présentation succincte de PRH-organisme 282
Glossaire 284
Table des matières 296

« *En l'absence d'un cadre théorique de référence, l'être humain avance à tâtons, il n'a que son intuition pour guide, il ne fait que de l'approximatif même s'il agit au mieux.* »

André Rochais
Fondateur de PRH

Avant-propos

La psychopédagogie PRH a quelque chose d'insolite, voire de paradoxal.

Elle est issue de la recherche d'un homme (André Rochais), certes passionné de la croissance des personnes... mais qui n'a jamais formé le projet de faire école.

Elle s'est répandue comme une traînée de poudre sur tous les continents... sans publicité.

Elle a déjà touché plusieurs centaines de milliers de personnes... aussi différentes que des Occidentaux, des Africains, des Orientaux, des intellectuels parfois de haut niveau, des manuels et parfois des analphabètes.

Elle a fait l'objet d'un important travail écrit de synthèses d'observations et de documents pédagogiques... sans qu'il y ait eu de publication.

Encore aujourd'hui, la psychopédagogie PRH n'est pas connue du grand public et du monde des sciences humaines... et pourtant elle pourrait être reconnue comme école. Son anthropologie s'élabore à partir d'une observation rigoureuse de la réalité humaine, appréhendée sous l'angle de la croissance de la personnalité, et prise dans son universalité et dans sa globalité (c'est-à-dire incluant et reliant entre elles les différentes dimensions de l'humain : psychologique, corporelle, sociale, spirituelle...). Elle offre ainsi une pensée originale et profonde sur la personne et sa croissance. Sa pédagogie, basée essentiellement sur une auto-découverte avec une méthode spécifique d'analyse du vécu, est également novatrice dans le monde de la psychopédagogie.

On pourrait ainsi poursuivre la description de ce paradoxe entre l'ampleur, l'originalité et la fécondité d'une œuvre et sa discrétion.

Il est compréhensible et même souhaitable que toute création dans ce domaine des sciences humaines ne paraisse pas trop tôt sur la place publique. On ne peut économiser ce temps nécessaire à la maturation, à la confrontation et à l'ajustement des observations et des méthodes pour garantir des bases saines à une psychopédagogie et en connaître les limites, voire les contre-indications.

Aujourd'hui, la psychopédagogie PRH a fait ses preuves sur le terrain. Elle apporte ces bases de connaissance de soi indispensables à tout être humain pour favoriser la compréhension de ses propres comportements, pour l'aider à développer sa personnalité et à vivre ses choix et ses relations en harmonie avec sa conscience.

Introduction

Les origines de la psychopédagogie PRH

La psychopédagogie PRH (appelée également formation PRH) est née de la confluence d'un homme, André Rochais, et d'un groupe qui s'est constitué autour de sa pensée et de sa recherche.

Né en 1921 dans les Deux-Sèvres, ce Français d'origine modeste s'intéresse très tôt à l'enseignement, à l'éducation et à la relation entre l'homme et la société. D'abord instituteur, puis directeur d'école, il se passionne pour les méthodes pédagogiques actives. Peu à peu, le contact avec les professeurs et les parents d'élèves l'aide à prendre conscience de son intérêt plus marqué pour la formation des adultes que pour celle des enfants.

Vers l'âge de 30 ans, il ressent un appel au Sacerdoce. Il se remet aux études et est ordonné prêtre. À la suite de quoi, il poursuit une formation à l'Institut d'études sociales de Paris, où il découvre la psychosociologie. Dès 1962, il se consacre entièrement à la formation des adultes. Il commence par enseigner la psychologie sociale, puis bâtit des stages sur la vie politique, la vie économique, les relations internationales et la psychosociologie. Ses stages remportent d'emblée un vif succès.

Au cours de la formation qu'il dispense, il constate que tout ce qui concerne l'homme et sa croissance retient son attention de manière particulière. Il s'investit alors dans une recherche systématique sur ce sujet. Depuis qu'il a commencé à enseigner, il pressent qu'en tout individu il existe une zone profonde, saine, à partir de laquelle la personne pourrait découvrir sa personnalité propre et vivre harmonieusement. En 1966, sa rencontre avec l'œuvre de Carl Rogers, psychothérapeute américain, le confirme dans ses intuitions et le renvoie à sa propre recherche sur l'homme et sa structure psychologique.

Peu à peu, ce travail d'observation très poussé et une confrontation constante avec ses interlocuteurs éclairent André Rochais sur la personnalité des êtres humains, leurs fonctionnements, les mécanismes de leur croissance. Son ambition est de décrire « l'homme universel », c'est-à-dire la structure de base que l'on peut observer chez tout être humain, en deçà de sa culture d'appartenance. Comprendre ainsi la nature profonde de l'homme permettrait, selon lui, d'approcher du mode de fonctionnement le plus satisfaisant au regard de son déploiement, de sa fécondité sociale, bref de son accomplissement. Progressivement, un système explicatif de l'être humain en croissance est apparu.

Profondément humaniste, André Rochais cherche comment monnayer ses découvertes pour les rendre accessibles à toute personne. Il souhaite que sa recherche puisse profiter à tous ceux qui aspirent à mieux vivre, quel que soit leur degré d'instruction. Son don de pédagogue se met alors en quête de tout ce qui peut aider une personne à se connaître, à se prendre en main, à trouver le sens de sa vie, à se libérer de ce qui l'empêche d'exister en conformité à sa personnalité et à sa conscience profonde.

C'est ainsi que la créativité pédagogique d'André Rochais s'est mise en mouvement et que sont nées les premières sessions de formation centrées sur la connaissance de soi. Ces premières sessions, très globales, contiennent en germe tout ce qui sera développé par la suite.

Devant le succès que remportent ses sessions et l'importance de la demande qui afflue, en France et au Canada, puis dans d'autres pays, il propose à des personnes intéressées une formation pour animer les sessions qu'il donnait. En 1970, il crée avec les formateurs de l'époque un organisme de formation et de recherche dénommé PRH (Personnalité et Relations Humaines), pour dispenser la psychopédagogie que cet organisme met en place. Il avait à cœur que les formateurs deviennent des professionnels compétents au sein d'une entreprise de formation. Spontanément, il s'intéresse au vécu du groupe des formateurs et à son propre vécu de fondateur. À partir de ces observations, il entame une recherche sur les caractéristiques de ce type de groupe.

Dès lors, sa vie est étroitement liée au développement de l'organisme PRH, qu'il structure en collaboration avec l'équipe des formateurs. Cheville ouvrière au sein de l'organisme PRH, il ne ménage pas sa peine malgré une santé physique très éprouvée par la maladie. Dès qu'il le peut, il délègue ses pouvoirs pour ne se consacrer qu'à ce qu'il considère comme sa mission, à savoir travailler avec d'autres à la création d'outils pédagogiques visant la croissance des personnes. Cette croissance des personnes représente une voie privilégiée et incontournable, selon lui, pour contribuer à l'humanisation de la société, ce qui correspond à son vœu le plus cher et qui unifie le mieux sa personne : l'homme, le prêtre, le chercheur en sciences humaines, le pédagogue.

Jusqu'à sa mort en — 1990 — il travaille sans relâche, en collaboration étroite avec le groupe des formateurs, étendant le créneau de la recherche, à la vie de groupe et la vie en entreprise, à la relation de l'homme à la Transcendance, à la vie de couple et à l'éducation des enfants.

Il a donné, tout au long de son existence, le témoignage d'un homme humble, profondément droit, authentique, cohérent avec lui-même et désintéressé. Il ne cherchait ni à s'approprier sa recherche, ni à tirer de profit des découvertes qu'il faisait, remettant le tout à l'organisme PRH.

André Rochais avait la passion de la réussite des hommes, des femmes et de l'humanité.

Première partie

La recherche psychologique et pédagogique à PRH

CETTE PREMIÈRE PARTIE décrit comment a été vécue l'élaboration de la psychopédagogie PRH et comment ce travail a donné naissance à une méthodologie de recherche spécifique.

La recherche psychologique et pédagogique PRH a été initiée par André Rochais, qui l'a profondément marquée de son originalité. Cette recherche s'est développée, au cours des années, au sein de l'organisme de formation PRH.

Remarque importante

Le lecteur peut se reporter au glossaire, à la fin de cet ouvrage, pour connaître la définition des concepts et expressions spécifiques à la psychopédagogie PRH ainsi que de certains termes usuels employés dans un sens particulier à PRH.

Au départ de la recherche PRH : les hypothèses d'André Rochais

Plusieurs questions habitent l'esprit d'André Rochais au démarrage de sa recherche. Ce sont elles qui vont sans cesse l'aiguillonner dans ses investigations. Parmi ces questions, citons les plus essentielles.

Une première apparaît très tôt : « *Où rejoindre l'homme pour que se déclenche le processus de croissance* (de sa personnalité) *et de mise en ordre* (de ses fonctionnements) *?* »[1].
À travers cette question on peut dégager trois présupposés anthropologiques qu'André Rochais s'attachera à vérifier :
– « Où rejoindre » induit l'existence chez l'homme d'un « lieu » qui, si on le rejoignait, permettrait un développement et une mise en ordre de la personne. D'où une hypothèse de topologie du psychisme humain.
– Le « processus de croissance » apparaît dans cette hypothèse comme un phénomène humain naturel, susceptible de se déclencher à partir d'un lieu précis dans la personne. Il y a là les prémisses d'une conception dynamique de l'homme, dont l'émergence de la personnalité est évolutive.
– Enfin, le « processus de mise en ordre » évoque une notion d'ordre intérieur à acquérir, voire de hiérarchie dans la personne à respecter pour son bon fonctionnement. Cette

---

[1] Les citations qui ne seront pas référencées dans cet ouvrage proviennent de textes internes à l'organisme PRH.

hypothèse est à la base de la psychologie de l'homme sain, « en ordre » que développera tout le système explicatif PRH.

Une autre question de fond le poursuit, dans la foulée de ses études où il a pris conscience de combien l'homme est socialisé : *« Qu'y a-t-il de personnel dans l'homme ?... Qu'est-ce qui est personnel et qu'est-ce qui est socialisé ? »*. Il aimerait faire apparaître dans un schéma la structure de l'homme, avec ce qui lui appartient en propre et ce qui est la résultante de son conditionnement social. Derrière cette question, on peut certes reconnaître le vieux débat sur l'inné et l'acquis, mais on peut surtout déceler ce qui constituera le fondement de l'organisme « Personnalité et Relations Humaines », cette interaction permanente entre la personnalité spécifique à chaque individu et l'environnement humain avec lequel il est en relation. Cette question et la précédente constituent la base la plus essentielle de la recherche PRH.

Les relations humaines suscitent également son intérêt. Il s'interroge sur la part de l'affectivité dans ces relations. Peut-on envisager des relations humaines sans prendre en considération la part importante qu'y joue l'affectivité ?

Une quatrième question a provoqué sa recherche : comment aider efficacement les personnes qui venaient lui exposer leurs problèmes ? Instinctivement, il avait tendance à donner des conseils, à chercher les solutions qui lui paraissaient les meilleures pour résoudre ces problèmes, et à les proposer aux gens. Cette manière de procéder n'était pas en harmonie avec ce qu'il découvrait, par ailleurs, à travers les méthodes pédagogiques actives où la personne est beaucoup plus partie prenante de la recherche. Il s'interrogeait donc sur une manière plus appropriée et plus efficace d'aider autrui.

Un autre secteur, sur lequel André Rochais s'est d'emblée interrogé parce que provoqué par les différents types de public auquel il s'adressait, c'est la relation de l'homme à l'Absolu, à une réalité transcendante, à Dieu, pour ceux qui le nomment ainsi. Il formait, à l'époque, tout autant des croyants en recherche d'eux-mêmes et d'une cohérence dans leur vie, que des athées réactifs face à toute forme de religion. Il cherchait quel lien existait entre les valeurs vécues par ces personnes et un Absolu. Il se demandait si l'ouverture à une Transcendance pouvait être perceptible expérimentalement par tout être humain. Il s'interrogeait également sur le lien entre le phénomène de la croissance et la relation à une Transcendance. Enfin, il avait une question de fond : une recherche humaine ayant pour objet de déchiffrer son intériorité avec un outil d'analyse pouvait-elle être un chemin vers ce que certains appellent Dieu ?

Les sources d'influence d'André Rochais

Son milieu

André Rochais a été fortement marqué par le milieu ouvrier duquel il était issu. Son père travaillait en usine et, dans le café que tenait sa mère, il a côtoyé ce monde avec tous les problèmes matériels et humains qu'on y rencontrait. Il aimait ce monde de gens simples. Il avait à cœur qu'ils aient accès, eux aussi, à ce qui pouvait les aider à exister et à croître. Volontairement, il s'exprimait avec les mots les plus simples possible, compréhensibles par le plus grand nombre.

Son appartenance religieuse

Depuis le début de son existence André Rochais a baigné familialement et culturellement dans un contexte chrétien catholique. Son entrée dans une congrégation religieuse d'enseignants, puis ses études de théologie, ont renforcé cette imprégnation culturelle religieuse. Il a été particulièrement marqué par la doctrine sociale de l'Église. La vision très humaniste de l'homme et de la société qui s'y trouve développée l'a beaucoup rejoint et a nourri sa réflexion sociale.

Sa fréquentation des méthodes pédagogiques actives

André Rochais a été séduit par ce courant de pédagogie nouvelle de l'après-guerre, avec Maria Montessori, Célestin Freinet... Cette manière nouvelle d'aborder l'enfant et de concevoir son éducation correspondait à ce qu'il souhaitait lui-même appliquer avec ses élèves : les rendre « acteurs » de leur formation, les aider à vivre une démarche d'auto-découverte.

Ses études, notamment en psychosociologie

Sa formation à l'Institut d'études sociales l'a influencé, entre autres choses pour tout ce qui a trait à la relation de l'homme à la société, à la vie de groupe avec le livre de Fichter *Sociologie*. Les premiers cours de psychologie sociale qu'il a donnés s'inspiraient beaucoup de ces études.

Le mouvement sociétaire de l'époque

Ce n'est pas par hasard qu'André Rochais a commencé cette recherche systématique sur l'homme, durant ces années de forte contestation sociétaire. Il a ressenti ce désabusement face à une civilisation très marquée par un matérialisme déshumanisant et cette aspiration à un mode de vie nouveau, basé sur des valeurs différentes, plus en harmonie avec les aspirations essentielles des gens.

L'influence de Carl Rogers

Au début de sa recherche sur l'homme, André Rochais lut l'ouvrage de Carl Rogers *Le Développement de la personne*, puis *Psychothérapie et relations humaines*. Ces lectures vont avoir un impact déterminant sur sa recherche, voici ce qu'il en dira quelques années après :

« *Quatre choses trouvèrent un écho en moi :*
— sa formule : le fond de l'être est positif ;
— son affirmation qu'on peut faire confiance à ses intuitions ;
— sa distinction entre le savoir (l'intellect, selon son langage) et le senti ou vécu (l'organismique, selon son langage) ;
— sa méthode pour aider les gens.
J'avais mes réponses :
— le lieu où il faut rejoindre l'homme pour que tout se remette en place, c'était ce fond de l'être, là où est le positif ;
— le moyen pour devenir soi, c'était de faire confiance à ses intuitions ;
— mon schéma, il m'aidait à le faire avec sa distinction entre le savoir et le senti ;
— ma méthode pour aider les autres dans leur croissance, c'était la sienne : une relation d'aide à base de relation humaine qui fait confiance à la personne et qui s'efforce de stimuler la croissance de l'autre. »

Autres influences

Sa lecture de Sigmund Freud l'a stimulé notamment dans sa recherche sur l'instance du surmoi et sur la notion d'inconscient.

Viktor Frankl, avec son livre *La psychothérapie et son image de l'homme,* l'a confirmé dans son intuition de l'importance de la relation à l'Absolu et du sens de la vie pour la santé psychologique des individus.

Il a lu Carl-Gustav Jung.

L'approche d'Alfred Adler l'a beaucoup intéressé à cause de la dimension psychopédagogique de son travail.

Le livre de Abraham Maslow *Vers une psychologie de l'être* l'a également conforté dans ses propres recherches sur ce qu'il a appelé l'être.

Il s'est inspiré aussi de Max Pagès avec l'ouvrage *L'orientation non directive en psychothérapie et en psychologie sociale.*

Sur le plan philosophique et anthropologique, il a été marqué par le courant personnaliste d'Emmanuel Mounier, par Jacques Maritain et par Pierre Teilhard de Chardin. Par ailleurs, il était ouvert et se formait dans des disciplines comme la caractérologie et la morphopsychologie. Toute sa vie, il s'est intéressé à tout ce qui paraissait dans le domaine des sciences humaines.

Attitudes d'André Rochais à l'égard de ces influences

On ne se départit pas comme cela des croyances, des schémas de pensée, des idéologies qui nous ont imprégnés parfois dès le plus jeune âge. Il est évident que la recherche d'André Rochais a été influencée par son passé. L'anthropologie chrétienne, notamment, a induit certaines de ses questions et hypothèses. Cependant, son honnêteté intellectuelle de chercheur l'a constamment incité à prendre conscience de ces apports et conditionnements culturels, à les mettre en question, à prendre du recul par rapport à eux, afin de rejoindre la réalité humaine de la manière la plus objective possible. « *Mon maître à penser, c'est le réel* », c'était là non seulement son leitmotiv mais aussi sa façon d'appréhender les phénomènes qu'il décrivait.

S'il a été influencé au départ par des chercheurs comme Carl Rogers, André Rochais s'en est, en fait, très vite démarqué. Il a privilégié l'observation en direct. Son ambition était d'atteindre le plus de rigueur possible dans son exploration de l'humain afin que toute personne, quelles que soient sa culture, ses références idéologiques, philosophiques ou religieuses, puisse retrouver dans sa propre expérience tous les éléments du système explicatif qu'il déchiffrait.

Le créneau spécifique de sa recherche et de la recherche PRH

André Rochais était avant tout un pédagogue. Il était en quête de ce qui pouvait introduire le plus efficacement toute personne à l'intelligence d'elle-même et lui permettre de croître. Comment l'aider à être lucide sur ce qu'elle vit, à comprendre le pourquoi de ses comportements, à ne plus être le jouet de réactions incontrôlables et inconscientes? Comment devenir soi, avec sa personnalité, et se libérer de ses aliénations? Comment trouver ce pour quoi on est fait et s'y engager avec efficacité? Comment favoriser la prise de conscience du sens de sa vie?...

Sa préoccupation première était donc d'ordre pédagogique, avec comme objectif principal : favoriser la croissance. C'est cette intention pédagogique qui l'a poussé à une recherche de type psychologique pour comprendre la « mécanique humaine » dans ses différents rouages et tenter de décrypter le « mode d'emploi » de l'homme universel.

C'est ainsi que l'on peut qualifier le créneau de sa recherche, devenue de fait la recherche PRH : une *psychopédagogie de la croissance*; croissance de la personne, des couples, des groupes en général et d'un certain type de groupes qu'il a nommés « Fondations », à cause du rassemblement de leurs membres autour d'une intuition novatrice pour la société, portée par un fondateur.

La recherche psychologique à PRH

La méthodologie

Il existe différentes façons d'aborder le réel, donnant lieu à des types de méthodologie de recherche très spécifiques. André Rochais était un intuitif. Il avançait dans sa recherche avec son « *instinct d'être* », comme il le disait lui-même. On pourrait comparer la créativité qui l'animait à celle d'un artiste, dépendant de l'inspiration qui le traverse. La rigueur de son travail apparaissait d'emblée avec ce jaillissement d'intuitions pour observer et déchiffrer, puis pour vérifier et valider. De plus, il était mû par un désir de servir l'humanité en lui offrant un moyen de développer son potentiel et d'assainir ce qui lui nuit. C'est donc dans le champ de la recherche appliquée qu'il œuvrait.

Au départ, comme nous l'avons vu, il n'avait aucun plan de recherche préétabli, seulement des questions qui le travaillaient et une intention : favoriser la croissance, la hâter, si possible. Ce n'est que beaucoup plus tard, lorsque la recherche PRH se fut suffisamment développée, qu'il a pris conscience de la démarche qu'il vivait instinctivement au cours de ses investigations, et qu'il en a rendu compte dans des notes. Il a ainsi repéré les divers temps de ce qui est devenu la méthodologie de recherche à PRH.

— *Premier temps : une observation du réel intérieur,*
liée à une recherche de compréhension des phénomènes observés

Cette observation, il la menait d'abord sur lui-même, ses comportements, ses réactions, ses sensations, etc.; puis sur les autres, c'est-à-dire sur ces innombrables personnes qu'il rencontrait, en relation d'aide ou au cours des sessions qu'il animait. Face à son propre vécu et à celui que lui apportaient les gens, il était en continuel questionnement, d'abord pour le cerner et le déchiffrer avec le plus de rigueur possible, et ensuite pour découvrir la racine des phénomènes dont il était témoin.

— *Deuxième temps : une décantation*

Le travail d'observation lui apportait une somme de données qu'il engrangeait au fur et à mesure en lui. C'est alors que commençait une période de décantation au cours de laquelle se produisait ce qu'il appelait une « *alchimie intérieure* ». Des éléments se regroupaient, se connectaient entre eux, ou avec d'autres expériences ou d'autres acquis. Tout ce travail intérieur se faisait comme naturellement, presque à son insu, préparant l'étape suivante.

— *Troisième temps : une émergence de lumières intérieures (insights)*
À un moment donné de ce travail intérieur, un phénomène d'émergence à sa conscience se produisait à la manière « *d'une bulle qui affleure à la surface de l'eau* ». C'étaient le plus souvent des intuitions nouvelles qui avaient force de certitudes, ou bien des mini-synthèses qui lui apparaissaient brusquement, cristallisant en quelque sorte de multiples observations antérieures. Ces lumières étaient abandonnées à nouveau à son « *alchimie intérieure* », d'où elles revenaient ultérieurement en synthèses de plus en plus larges.

— *Quatrième temps : une confrontation de ses découvertes*
André Rochais vivait cette rigueur de soumettre toutes ses découvertes au crible de la critique avant de les accepter comme éléments de son système explicatif. Cette confrontation prenait trois formes principales :
— en premier lieu, il se mettait lui-même en question en vérifiant avec le regard critique de son intelligence la justesse et la cohérence de ce qu'il avançait. Il confrontait ainsi ses découvertes avec ce qu'il connaissait déjà, et surtout avec le réel, jusqu'à ce qu'il ressente l'exactitude et le bien-fondé de sa certitude. Il cherchait également à discerner ce qui pouvait être généralisé pour le distinguer de ce qui relevait de cas particuliers.
— en second lieu, il partageait ses intuitions ; dans les débuts, c'était surtout à ses publics qu'il s'adressait, puis à ses collaborateurs. Il était alors à l'affût de toutes les réactions, sans discrimination. Les contestations et les questions le provoquaient à analyser de plus près les réalités qu'il observait et élargissaient son propre champ de conscience. Les acquiescements consolidaient ses perceptions, surtout lorsqu'ils

étaient agrémentés d'observations convergentes ou complémentaires.
– enfin, dès le démarrage de sa recherche, il a pu tester la validité de ses découvertes grâce à l'internationalisation de PRH. De nombreux témoignages lui parvenaient, émanant de cultures très diverses; ils corroboraient ses affirmations et manifestaient même souvent un étonnement face au fait qu'un Français puisse décrire avec autant de fidélité et d'universalité la psychologie des êtres humains.

Peu à peu des évidences s'imposaient à lui.

– *Cinquième temps : une rédaction de synthèses*
Une fois ses découvertes suffisamment mûries et vérifiées et ses évidences suffisamment émergées, venait le moment de la rédaction de synthèses d'observations. Ces synthèses étaient en lui à l'état latent, sous la forme de « *sensations à contenu de connaissance* », et avec une certaine structure qui en reliait les éléments. Il analysait méthodiquement ce contenu pour le formuler le plus rigoureusement et le plus complètement possible. Il testait sa formulation jusqu'à ce qu'elle rende compte du réel avec justesse et précision. Il ordonnait sa pensée dans un souci de clarté de communication et de progression pédagogique. Puis ces synthèses, d'abord provisoires, étaient lues, critiquées par des tiers qu'il choisissait en fonction de l'objectif qu'il poursuivait. Il les remaniait toujours en tenant compte de ce qui lui avait été reflété.

« *De synthèses provisoires en synthèses définitives, de synthèses sur un phénomène en synthèses sur d'autres phénomènes, j'en suis arrivé à élaborer un système explicatif ample, cohérent et de plus en plus complet.* »

Les principales caractéristiques de la recherche psychologique à PRH

De la manière dont André Rochais menait son travail, on peut déduire certains éléments caractéristiques de cette recherche commencée par lui et pratiquée dans l'organisme de formation PRH :
– L'objet de la recherche concerne le « réel intérieur », le vécu,

(c'est-à-dire les sentiments, les sensations, les réactions... Bref, l'expérience intrapsychique et ses conséquences en termes de comportement, de relation, d'action, de sens...). Dans le vécu, une place centrale est accordée à l'observation des mécanismes de la croissance. Ce vécu est analysé au niveau de la personne, des groupes et des couples. La recherche porte également sur la genèse de ce vécu pour le comprendre, l'intégrer à un niveau conscient et le prendre en compte, éventuellement pour le modifier.

– La population observée est constituée d'hommes et de femmes adultes de tous âges et de toutes cultures, ne présentant pas de troubles psychologiques graves.

– La recherche est finalisée par l'intention de favoriser la croissance. C'est de la recherche appliquée.

– Elle fait une place importante à l'intuition du chercheur, à l'analyse méthodique de ses intuitions et à la confrontation de ses analyses avec la perception d'autrui, dans un souci constant de limiter l'écart entre la subjectivité de la perception et le réel observé.

Ce type de recherche fait appel à la rigueur intellectuelle du chercheur qui essaye de se soumettre au réel qu'il découvre, même si ce dernier le déroute et remet en question l'image qu'il s'en était faite auparavant. Il fait également appel à l'humilité du chercheur car le réel dépassera toujours la perception limitée qu'en a son champ de conscience. De plus, il ne peut maîtriser le temps qu'il lui faut pour que certaines prises de conscience se fassent.

– C'est une recherche de type phénoménologique proche de la méthodologie de C. Rogers qui affirmait : « *La source de toute connaissance authentique réside dans une expérience immédiate de soi et d'autrui ; une expérience qui, partant de l'expérience quotidienne, se dégage de ce que celle-ci contient de préjugés et de cadres intellectuels déformants...* [2] ».

– Elle est rigoureuse. Seul le réel généralisable est retenu pour constituer le système explicatif.

– Elle est en continuelle évolution, en raison même de l'infinie complexité du réel humain.

[2] *L'orientation non-directive en psychothérapie et en psychologie sociale*, p. 6, M. PAGÈS, Dunod, 1967.

– Elle est validée par une confrontation permanente avec des publics de toutes nationalités et aussi par l'évolution effective constatée chez les personnes utilisatrices de la formation PRH.
– Ses résultats sont publiés dans des « notes d'observations ».

La recherche PRH n'a fait appel jusqu'ici ni à des situations expérimentales provoquées ni à des méthodes de quantification.

La recherche pédagogique à PRH

La recherche pédagogique à PRH procède de la même démarche qui fut celle d'André Rochais. Quand celui-ci découvrait un élément important du système explicatif de l'être humain en croissance, instinctivement, il cherchait le moyen d'en faire profiter les autres afin de les aider à mieux se connaître, mieux se comprendre, à agir plus efficacement et ainsi progresser plus vite. S'amorçait alors une recherche pédagogique en parallèle avec son investigation psychologique. Sa fréquentation des méthodes actives ainsi que sa propre expérience lui avaient appris que la manière la plus efficace et féconde de se former consistait à découvrir par soi-même, et que pour cela il fallait se mettre en état de recherche, c'est-à-dire se poser des questions. Sa recherche pédagogique portait donc sur le type de questions qui pourraient susciter cette démarche d'autodécouverte. Elle portait aussi sur l'enchaînement progressif et méthodique de ces questions entre elles, afin de faciliter une perception de plus en plus affinée, profonde et complète du phénomène observé.

On peut constater que les grandes lignes de sa méthodologie de recherche pédagogique ressemblaient fort à celles qu'il vivait pour sa recherche psychologique. Par exemple, pour la construction d'une session, il procédait en deux étapes :
– *Elle se construit en moi, d'abord ;*
– *puis quand elle est mûre, je la construis.*

On retrouve, dans la première étape, ce travail intérieur où se condensaient toutes ses observations, et où il ressentait peu à peu une sensation suffisamment vaste et riche de contenu pour commencer à percevoir les divers ensembles et les éléments constitutifs de ce qui deviendra une session. Cette étape pouvait durer de quelques mois à plusieurs années. Ensuite, la deuxième phase arrivait. Il essayait alors de trouver un enchaînement de questions (les TPA, Travaux Personnels d'Analyse), qui corresponde à la logique interne de la sensation de la session qu'il éprouvait. En tâtonnant, il parvenait peu à peu à ce que tous les éléments de l'ensemble prennent leur place et que le tout s'enchaîne avec fluidité et cohérence.

Deux étapes achevaient son travail : une expérimentation de la session auprès d'un public pour une vérification et une mise au point. Il voulait que les gens entrent aisément dans la démarche, donc que les questions se comprennent facilement et présentent de l'intérêt pour les participants. Enfin, à la lumière de ses multiples observations et des remarques des participants, la rédaction d'un document pédagogique avec lequel les animateurs donneraient la session, devenait possible.

Autant il vivait une dominante intuitive au cours de ses recherches sur l'homme, autant dans ce domaine de la pédagogie, c'était son côté logique et méthodique qui prévalait.

« *C'est ainsi que s'est développé l'outil pédagogique dont je suis surpris de l'ampleur qu'il a pris. Mais il y a tellement à observer, surtout qu'avec le temps le regard intérieur se fait plus aigu et l'analyse creuse plus loin.* »

L'interaction d'André Rochais et de ses collaborateurs

La majorité du temps, André Rochais travaillait seul à son bureau. Le déchiffrage de ses intuitions requérait ce type de solitude. Toutefois, il appréciait hautement la collaboration des formateurs, qu'il jugeait indispensable à plusieurs titres.

D'abord il aimait entendre les observations des autres sur les phénomènes qu'il étudiait lui-même. Ces observations participaient à son « *alchimie intérieure* », elles élargissaient sa perception, le stimulaient, le mettaient en piste dans des domaines encore inexplorés. Une part importante de ses découvertes résulte de cette interaction avec la recherche des formateurs. Rien de ce qui concerne l'homme ne le laissait indifférent même s'il se sentait lui-même limité dans l'investigation des domaines où il avait peu d'expérience personnelle.

Lorsqu'il sentait quelqu'un très mobilisé par un sujet pour lequel il était lui-même peu en travail, ou sur lequel il possédait peu d'expérience, il avait généralement le réflexe d'encourager la personne dans sa voie; il s'intéressait à l'évolution de son travail. C'est ainsi que des formateurs ont exploré certains phénomènes (par exemple la culpabilité, la relation au corps, le sens de la vie…) et ont créé avec lui des outils de formation dont il veillait à sauvegarder la cohérence pédagogique avec les autres moyens mis à la disposition du public. De son vivant, il a donc expérimenté cette complémentarité de recherche et de création.

Par ailleurs, il éprouvait le besoin qu'on réagisse aux fruits de la recherche. Il avait constitué un réseau de lecteurs des « notes d'observations » afin d'en recevoir le feed-back. Il avait également mis au point une méthode d'intégration de textes à l'usage des formateurs qui étaient sollicités pour réagir aux écrits qui leurs étaient proposés. Il épluchait ces réactions avec le plus vif intérêt et répondait toujours aux interrogations soulevées. Il réclamait aussi que les formateurs fassent part des réactions des participants aux sessions, de leurs questions, de leurs difficultés. Les utilisateurs de la formation PRH étaient précieux pour la recherche. Il lui arrivait souvent, au cours de sessions expérimentales, d'en modifier la pédagogie pour tenir compte des remarques des participants. Il appréciait ces suggestions qu'on lui faisait pour améliorer l'outil pédagogique ou pour clarifier une formulation. Il avait l'art de rendre chercheurs les gens qu'il fréquentait. Avec tous ces apports, il constituait des dossiers qu'il reprenait pour remanier les outils existants ou pour en créer d'autres.

Les convergences avec d'autres recherches

La recherche PRH tente d'observer et de décrire le réel humain avec le plus de fidélité possible. D'autres chercheurs en sciences humaines vivent (ou ont vécu) la même démarche, avec la même exigence de rigueur. Comme il y a convergence sur l'objet de la recherche, le réel intérieur de la personne, et sur les moyens d'approche de ce réel — l'observation clinique[3] — on peut s'attendre à ce qu'une certaine convergence de vision de la personne et de ses fonctionnements apparaisse naturellement, même s'il y a des variantes sur le plan de l'utilisation des concepts. Sans nier les divergences anthropologiques et psychothérapiques notoires comme celles qui existent entre l'école psychanalytique et l'école comportementaliste, certaines convergences commencent néanmoins à se manifester et il y a tout lieu de croire qu'elles s'intensifieront dans les décennies à venir. Des chercheurs de plus en plus nombreux, ne se connaissant pas, appartenant à des pays et des cultures différents, ayant des appartenances philosophiques et religieuses différentes, aboutissent à des conclusions similaires et souvent complémentaires sur des points aussi fondamentaux que la positivité de la nature profonde de l'homme, sur la compréhension de la racine des symptômes de perturbations psychologiques par l'histoire des personnes, ou encore sur le processus de croissance des potentialités et de guérison des traumatismes psychiques... C'est le cas du courant de la psychologie humaniste dont parle Edmond Marc dans son livre *Le guide pratique des nouvelles thérapies*. Citons un passage qui illustre cette proximité sans exclure la particularité de chacun :

« Les différentes démarches qui se réclament de la psychologie humaniste... ont chacune leur spécificité. Elles ont en commun une certaine "philosophie", une certaine conception de l'homme qui s'exprime dans les notions de respect de la personne, de responsabilité, de liberté, de croissance, d'expérience, de rencontre, d'authenticité... Elles tendent également à révoquer une opposition trop marquée entre santé et maladie, en s'adressant aussi bien aux personnes "normales" qu'aux "névrosés" ; elles ont moins comme objectif de soigner ou de guérir une "maladie" que de permettre à chacun de développer et d'épanouir ses potentialités, d'enrichir sa vie et son expérience, de rendre ses relations plus intenses et plus harmonieuses.[4] »

---

[3] La psychologie clinique : « Science de la conduite humaine fondée principalement sur l'observation et l'analyse de cas individuels aussi bien normaux que pathologiques, et pouvant s'étendre à celle de groupes. Concrète dans sa base, et complétant les méthodes expérimentales d'investigation, elle est susceptible de fonder des généralisations valables. »
Vocabulaire de la psychologie, p. 352, H. Piéron, PUF, 1968.

[4] *Le guide pratique des nouvelles thérapies*, p. 10, E. Marc, Éd Retz, 1988.

On retrouve dans la psychopédagogie PRH des points communs avec ces valeurs et cette conception de l'homme et du développement de ses potentialités, propres à la psychologie humaniste.

Ce fond de lecture commune de l'humain, enrichi des apports spécifiques de chaque approche, est extrêmement précieux. Il rapproche de la réalité humaine. C'est un facteur validant de ces recherches et des méthodes utilisées. Il représente surtout une base de départ indispensable pour aborder les domaines de la vie où l'humain interfère — comme la politique et l'organisation de la société, l'éducation, le travail, la santé, etc. — et ainsi évoluer vers une vie sociale gérée de manière de plus en plus satisfaisante et humanisée.

L'évolution de la recherche à PRH

Plusieurs étapes ont jalonné le parcours de recherche d'André Rochais et de PRH.
— Une première période s'échelonne entre 1961 et 1966. André Rochais venait de clôturer ses études par un mémoire portant sur le thème « La formation des adultes » et il commençait à enseigner la psychologie sociale. Ce qui mobilisait alors beaucoup son attention, c'était l'influence que la société avait sur l'homme. Mais en faisant ses cours, il s'aperçut que son regard se déplaçait peu à peu ; il laissait la partie sociale pour se focaliser sur le vécu psychologique des personnes. Il était en quête de ce qui pouvait être personnel dans un individu, d'où sa recherche d'un schéma qui pourrait visualiser la partie socialisée de la personne et la distinguer de l'aspect personnel.
— Une nouvelle étape débute en 1966, avec la rencontre de l'œuvre de Carl Rogers, et se prolongera jusqu'en 1973. Au cours de cette période, André Rochais pose les bases fondamentales du système explicatif et de la pédagogie d'auto-découverte. Apparaissent les premières sessions de formation sur la personnalité ainsi qu'un premier schéma de la personne[*]. Il mène de front une recherche sur cinq axes différents : la personne, le groupe et son gouvernement, la relation d'aide, l'affectivité, la

---

[*] Cf. p. 54

relation à Dieu. En 1973, il a la sensation de « boucler une recherche », selon sa propre expression. Les pierres de fondation de la psychopédagogie PRH sont en place. Reste un énorme travail d'approfondissement et d'application de ses découvertes.
– La période suivante, de 1973 à 1980, est marquée par une forte créativité pédagogique, avec la conception de nombreux outils à laquelle André Rochais associe de plus en plus ses collaborateurs. La méthode d'analyse des sensations est mise en forme. Les mécanismes de la croissance sont travaillés et les principales lois de développement d'une personne sont dégagées. C'est également un temps où PRH élargit son champ de recherche à la vie de couple, à la relation de la personne à son corps. En 1979, le système explicatif est enrichi par les découvertes concernant l'aspiration à exister et le phénomène de la non-existence.
– À partir de 1980 et jusqu'à sa mort, dix ans plus tard, c'est essentiellement un travail de perfectionnement des outils déjà expérimentés qu'André Rochais suscitera ainsi que la refonte de plusieurs sessions, et un travail d'application du système explicatif déjà élaboré, comme la session sur l'éducation des enfants, sur la vie en entreprise ou sur la méthode de discernement et de prise de décisions.

La relation d'André Rochais à sa recherche

La manière dont André Rochais vivait sa recherche a souvent impressionné ses contemporains. Elle mérite qu'on s'y arrête un instant.

Même s'il y a consacré plus de vingt ans de son existence et s'il y a investi toutes ses énergies, il a toujours considéré son travail de recherche comme un moyen de servir l'humanité et non comme une fin en soi, ni comme une source de satisfaction personnelle. Il avait une conscience aiguë de sa responsabilité face aux dons qui étaient les siens, en même temps qu'il ne s'appropriait jamais le mérite d'en être le détenteur. Il se vivait humble, considérant qu'il ne faisait que déchiffrer des intuitions qui lui étaient données intérieurement et dont il s'étonnait toujours de la présence et de l'intelligence. Il éprouvait souvent une sorte d'émerveillement devant ses découvertes. Cette désappropriation de son œuvre a dicté une règle de conduite qu'il a appliquée sans faille : celle de livrer tout ce qui lui était donné de produire. Cette désappropriation l'a même conduit à confier totalement, et de manière désintéressée, les fruits de sa recherche personnelle à l'organisme de formation PRH, qu'il a toujours explicitement considéré comme propriétaire des concepts qu'il découvrait.

Une autre attitude caractérisait sa relation à sa recherche : c'était une vigilance constante par rapport à la manière dont ses recherches étaient reprises, utilisées et poursuivies. Il avait un grand souci que soit respecté ce qu'il avait ainsi perçu. Il s'élevait contre tout ce qui pouvait dénaturer l'outil qu'il découvrait en y associant, par exemple, des méthodes employées dans d'autres recherches. Paradoxalement, comme nous l'avons vu plus haut, il s'offrait volontiers à la contestation lorsqu'il était en état de recherche et présentait une réelle capacité de remise en cause.

La recherche après André Rochais

De son vivant, il stimulait chaque formateur à se mettre lui-même en état de recherche. Il ne voulait pas qu'on se contente de répéter ce qu'il avait dit ou écrit. Il souhaitait que les formateurs découvrent, à partir de leurs propres recherches et de leur expérience, ce qu'ils enseignent, et également qu'ils enrichissent la recherche PRH de leurs découvertes personnelles. Pour cela, il a créé des outils favorisant la recherche dans ce domaine spécifique de la croissance des personnes.

Depuis son décès, cet état de recherche se poursuit. De nouvelles sessions et des mini-outils de formation personnelle ont été créés ou réactualisés.

Une coordination de ces recherches personnelles ou collectives s'est mise progressivement en place sur le plan international afin que cet énorme potentiel d'observations et d'intelligence de l'être humain soit valorisé et utilisé au mieux. Cette recherche constante est l'une des caractéristiques fondamentales de l'organisme PRH. La croissance des personnes et les relations humaines sont des réalités tellement complexes et évolutives qu'une approche qui tend vers le plus de rigueur possible, requiert cette permanence d'investigation (même si les sciences humaines n'atteindront jamais le caractère de scientificité d'une science dite exacte).

Si le travail de recherche d'André Rochais a bien été une pensée personnelle, celle-ci s'est développée et continue à se déployer au sein de l'organisme PRH. Il voulait que PRH soit le lieu du développement de la recherche issue de cette intuition, et le lieu de la réalisation d'outils pédagogiques.

Ainsi la psychopédagogie de la croissance PRH, telle qu'elle apparaît aujourd'hui, est bien l'actualisation de l'intuition initiale d'André Rochais, approfondie, développée, et mise en œuvre par et dans l'organisme PRH.

Deuxième partie

Le système explicatif PRH

D<small>E TOUT LE TRAVAIL DE RECHERCHE</small> mené par PRH sous l'impulsion d'André Rochais, une vision de l'homme, de ses fonctionnements, et une conception des relations humaines ont émergé. Cette partie sur le système explicatif de l'homme en croissance présente les principaux éléments de la vision anthropologique et de la psychologie qui sous-tendent la psychopédagogie PRH.

Chapitre I

Approche globale de la personne

Les principales caractéristiques de l'anthropologie décrite à PRH

Un donné de départ

La personne naît avec un patrimoine génétique déterminé, tant sur le plan physiologique que psychologique. Sa personnalité est déjà en germe de manière innée. « *Notre bagage génétique comporte un certain nombre de potentialités, ces potentialités ne sont pas indépendantes l'une de l'autre. Elles sont interconnectées et ordonnées* »[5]. Elles ont également leurs limites constitutives qui ne se révéleront qu'avec le plein développement de ces potentialités.

La liberté humaine

La liberté constitue un élément fondamental de sa nature. « *La liberté fait partie de mon donné génétique* »[6]. Cette liberté, à l'état de potentialité au départ de la vie, s'éveille peu à peu, s'éduque et s'exerce à l'intérieur des contraintes du donné génétique et de l'environnement propres à chaque individu.

L'unicité de la personne

Chaque personne est unique. Il y a certes des points communs entre tous les humains, mais la personnalité et le vécu subjectif sont propres à chacun.

---

[5] N. O. *L'émergence de l'agir essentiel*, p. 2, 1990. (N. O. = notes d'observations).
[6] Idem.

Une conception dynamique et évolutive de la personne

C'est là le point-clé de l'anthropologie PRH : la personne est en capacité d'évolution tout au long de sa vie. Une aspiration à exister mue par un dynamisme de croissance la pousse sans cesse à se déployer, à actualiser ses potentialités, à se libérer de ses blocages et à chercher à réaliser ce pour quoi elle est faite. La santé psychologique d'un être humain ne peut s'opérer que dans ce mouvement vers l'avant, donc dans le changement. Aussi, l'équilibre et l'harmonie ne peuvent être conçus comme des acquis, mais feront toujours l'objet d'une recherche tenant compte de l'évolution personnelle et de l'environnement.

Trois éléments de base contribuent à la croissance : la conscientisation de son vécu par l'analyse, la prise de décision en accord avec sa conscience suivie d'une mise en œuvre, et également le choix de se donner un environnement favorable.

Une perception positive du fondement de la personnalité et une clé de compréhension de ses comportements négatifs

Rejoignant en cela Carl Rogers[7], d'une part, et se démarquant, d'autre part, des approches reconnaissant l'existence d'une « violence fondamentale », PRH, sur la base de ses propres observations, affirme le caractère fondamentalement positif de la personnalité de tout individu. Pour PRH, l'aspiration la plus archaïque chez un être humain est l'aspiration à exister et, par conséquent, à protéger son existence de ce qui la menace. Ce n'est pas celle de détruire.

Note : affirmer la positivité du fondement de la personnalité des êtres humains pourrait laisser entendre une vision « rousseauiste » de la personne. PRH se démarque pourtant de la conception anthropologique quelque peu idéaliste que l'on prête ordinairement à Jean-Jacques Rousseau. En effet, pour PRH, l'homme ne naît ni bon, ni mauvais, il naît animé par une puissante aspiration à exister. Il naît avec un potentiel plus ou moins vaste de capacités. Il est déjà marqué à sa naissance par son histoire intra-utérine. Le fond positif latent de sa personnalité ne se révélera que s'il trouve les éléments nécessaires à son développement dans son milieu environnant : sécurité, reconnaissance, amour... Autrement dit, l'homme naît avec tout ce qu'il faut pour qu'il soit « bon », mais il

---

[7] *Le développement de la personne*, pp. 74-75 C. ROGERS, Dunod, 1965.

ne le deviendra effectivement que si un milieu favorable lui permet de développer positivement ce potentiel et si sa liberté consent à actualiser ce potentiel. Si cet homme rencontre un milieu néfaste ou s'il refuse de mettre en œuvre ses potentialités, l'énergie que contient son aspiration à exister risque d'être déviée vers des comportements défensifs, destructeurs ou autodestructeurs.

Les dysharmonies de comportements, les « réactions disproportionnées et répétitives »[*] sont des symptômes de traumatismes s'originant généralement dans le passé d'enfant, ou résultent de fonctionnements désordonnés acquis ; elles ne sont pas à imputer à la nature profonde de l'être humain. Les anamnèses des criminels, par exemple, font toujours mention de graves traumatismes dans le passé de ces personnes, expliquant avec évidence les profonds désordres ultérieurs.

Quand une personne prend les moyens de guérir de ce qui l'a traumatisée et remet de l'ordre dans ses fonctionnements, le fond positif de cette personne réapparaît peu à peu, ses comportements s'ajustent, une harmonie de fond se dégage, sa fécondité sociale enrichit son environnement. C'est le constat de nombreuses personnes engagées sérieusement dans un travail sur elles-mêmes. Si le négatif était constitutionnel, dans la personne, les êtres humains ne pourraient s'en affranchir et resteraient condamnés à voir leurs dysfonctionnements et leurs conséquences perdurer toute leur vie.

L'affirmation de la positivité du fond de la nature humaine n'exclut pas le constat de ses limites, de sa vulnérabilité et de la nécessaire vigilance qui en résulte ; elle ne nie pas non plus le rôle capital joué par l'environnement et l'éducation pour en favoriser l'actualisation.

Ainsi, malgré le poids actuel de nombreux aspects négatifs dans l'humanité — les atrocités, les guerres et autres abominations, les injustices de toutes sortes, le tragique de bien des vies humaines, etc. — PRH a une vision optimiste de l'humanité, c'est-à-dire une foi en la capacité de celle-ci d'évoluer et de trouver des solutions aux problèmes qu'elle rencontre, une foi en son humanisation. Cette foi est confortée par l'observation de ce fonds de ressources présent en tout être humain,

---

[*] Le phénomène des réactions disproportionnées et répétitives
est étudié pp. 108 109 et pp. 191 à 194

et par le constat de progrès indéniables dans l'humanisation de personnes et de groupes. La société est en quelque sorte vectorisée vers le plus-être. Encore faut-il que la liberté intérieure des personnes soit suffisamment éveillée pour adhérer et coopérer à cette évolution naturelle vers l'humanisation.

Le sens même de l'action de PRH auprès des personnes, des couples, des parents, des groupes et des entreprises repose sur cette foi en l'homme et en l'humanisation progressive de la société. Une option de fond découle de cela : celle de s'engager concrètement pour que cette possible humanisation progresse et que la racine profonde des maux sociaux soit traitée. Cet engagement prend la forme, à PRH, d'un travail en profondeur avec ceux qui le souhaitent pour dégager l'immense gisement de potentialités qu'ils possèdent, les aider à découvrir le sens de leur vie, éduquer leur conscience profonde, assainir les zones blessées de leur personnalité, les équiper des connaissances nécessaires pour devenir « eux » et réussir au mieux leur vie, en relation avec les autres.

La dimension relationnelle et sociale de la personne

Les êtres humains, dans leur nature, ne sont pas auto-suffisants, ils sont constitués pour la relation, pour l'échange et la communication. Ils aspirent à donner et ont besoin de recevoir. Leur humanisation et leur croissance se réalisent grâce à des relations humaines. Ainsi l'indépendance, au sens de chercher à se couper durablement des autres et à se protéger de leur influence, n'est pas un comportement sain pour le développement de la personne. Par contre, il existe en toute personne une capacité d'autonomie psychologique à favoriser, lui permettant de vivre ses décisions en référence à sa conscience profonde et non en aliénation aux autres ni aux événements.

La place de l'aspiration à aimer et du besoin d'être aimé

Le besoin d'être aimé et l'aspiration à aimer occupent une place centrale dans la personne. La satisfaction ou la frustration de ce besoin et de cette aspiration conditionnent le développement psychologique, colorent les actes, les pensées, les relations, participent au sens de la vie de la personne et à son humanisation.

L'ouverture à une Transcendance

Au tréfonds de tout être humain on peut percevoir expérimentalement « *une ouverture à une Transcendance, c'est-à-dire à une réalité plus grande que soi, infinie en quelque sorte et, en même temps intime à soi* »[8]. L'observation montre que la conscientisation de cette dimension de transcendance et la relation intime et personnelle, développée avec cette réalité, constituent une source fondamentale de croissance et favorisent l'accomplissement de la personne.

C'est au cœur de cette relation à une Transcendance et aux valeurs qui en émanent, que la personne découvre le sens de sa vie.

Une vision hiérarchisée de la structure psychologique

La personne est perçue dans une globalité où sont imbriqués le corporel, le psychologique, le spirituel, et où l'environnement tant humain que matériel est pris en compte.

La psychopédagogie PRH décrit la personne en croissance composée de 5 instances : l'être, le moi-je, la sensibilité, le corps, la conscience profonde. Ces instances sont des centres à la fois autonomes et en constante interaction, en convergence d'intérêts ou de besoins ou en opposition. Les actes partent des aspirations ou des besoins de ces instances. Celles-ci jouent chacune un rôle particulier dans la croissance de la personne. Elles n'ont pas toutes la même importance, une hiérarchie existe.

Chez l'adulte, la hiérarchie qui assure le fonctionnement le plus sain et le plus ajusté place l'être et la conscience profonde à la première place, vient ensuite le moi-je, puis le corps et la sensibilité. Lorsque cet ordre n'est pas respecté, des dysharmonies de comportement perturbent le fonctionnement général de la personne.

La place de l'inconscient

L'inconscient est plus abordé comme qualificatif d'une réalité psychique active, qui échappe à la conscience et donc à la conceptualisation, que comme une instance à l'instar de la

---

[8] N. O. *L'être*, p. 4, 1990.

première « topique freudienne »[9]. En effet, « *il y a de l'inconscient à tous les niveaux de la personne* »[10].

Dans l'approche PRH, cette partie inconsciente du psychisme ne se réduit pas aux seuls « *contenus refoulés qui se sont vu refuser l'accès au système préconscient-conscient par l'action du refoulement* » (cf. *Vocabulaire de la psychanalyse* de J. Laplanche et J.-B. Pontalis). En plus de ces contenus refoulés, on y trouve un ensemble de potentialités dont la personne ne prendra conscience qu'au fur et à mesure de sa maturation, on y trouve des mouvements intérieurs de type instinctif, des *a priori,* des images, etc. Autrement dit, ce qui demeure encore inconscient chez une personne est lié à plusieurs facteurs parmi lesquels on peut citer :
– une dynamique de croissance et d'émergence à la conscience de contenus innés (les potentialités, les limites), ce qui demande du temps pour que ces aspects apparaissent dans le champ de conscience ;
– un ensemble de conditionnements éducatifs et culturels, que la personne a absorbé et dont elle ne prendra souvent conscience que si elle fait un certain travail sur elle-même ;
– des mouvements instinctifs, des habitudes, pour satisfaire des besoins souvent primaires ;
– un système de défense qui maintient dans l'inconscience des besoins, des aspirations, des désirs, des événements, pour protéger la personne d'une souffrance liée à une blessure du passé.

La croissance de la personne et son humanisation passent par cette conscientisation progressive de ce qui est inconscient ; c'est là l'un des fondements du développement de la personnalité. Toute personne est équipée d'une capacité d'analyse d'elle-même lui permettant peu à peu de faire reculer les frontières de son inconscience.

L'un des objectifs principaux de la psychopédagogie PRH est d'aider les personnes à entrer dans cette lucidité sur elles-mêmes, source d'une vraie liberté intérieure et d'une saine maîtrise de soi.

---

[9] « On parle couramment de deux topiques freudiennes, la première dans laquelle la distinction majeure se fait entre Inconscient, Préconscient et Conscient, la seconde différenciant trois instances : le ça, le moi, le surmoi ».
Vocabulaire de la psychanalyse, J. LAPLANCHE et J.-B. PONTALIS, PUF, 1968.

[10] N. O. *Présentation schématique de la personne,* p. 4, 1993.

À la différence d'autres approches, le mode d'investigation de ces aspects inconscients dans la personne, préconisé dans la formation PRH, ne fait pas appel à un travail d'interprétation ou à une mise en situation particulière, mais à une méthode d'auto-analyse portant sur des sensations à contenu psychologique.

Le rôle important accordé aux sensations, à leur conscientisation et à leur analyse

« *La sensation, c'est du réel intérieur* »[11]. On pourrait paraphraser : c'est le vécu de la personne, sa vérité à un instant donné, ce qu'elle éprouve, souvent indépendamment de son vouloir (par exemple, quelqu'un peut décider de ne pas avoir peur et pourtant ressentir des tremblements).

Ce vécu n'est jamais fortuit. Il s'origine quelque part dans le psychisme de chacun. Il importe de distinguer deux types de sensations dans ce qu'une personne éprouve intérieurement, car leur origine et leur impact sur la croissance et sur la conduite de sa vie ne sont pas les mêmes :

– il y a des sensations éphémères, qui traduisent surtout des réactions ponctuelles de la sensibilité à l'égard d'un facteur déclenchant externe à la personne (une circonstance, un événement, l'attitude de quelqu'un peuvent éveiller des sensations passagères du type agacement, peur, ou calme, plaisir). La personne n'a pas de difficulté à établir un lien de cause à effet et, spontanément, ne cherche pas plus loin pour en connaître l'origine. Il est important d'apprendre à vivre avec et de gérer ces fluctuations de la sensibilité.

– et il y a des sensations plus durables et plus profondes, dont le lien direct avec des circonstances immédiates est moins évident que dans la première catégorie de sensations. On pressent que leur analyse pourrait conduire à une origine qui échappe au premier regard, analyse qui permettrait de mieux connaître et comprendre ce qui se passe en soi.

Par exemple, l'analyse d'une sensation anormale et répétitive de peur peut faire découvrir un lien entre cette peur et un événement traumatisant du passé

---

[11] N. O. *L'analyse PRH*, p. 3, 1992.

ayant inoculé, à son insu, une insécurité dans le psychisme de la personne. Cela peut éclairer et dédramatiser l'importance de la sensation éprouvée et de la réaction disproportionnée qui s'ensuit.

De même, l'analyse d'une sensation agréable de paix peut mener à prendre conscience d'une richesse de son être comme la confiance ou la sérénité.

Il y a des sensations permanentes qui sont perçues au tréfonds de soi. Elles sont là dès qu'on s'intériorise suffisamment et qu'on s'y rend attentif, alors que d'autres sensations disparaissent peu à peu, au fur et à mesure de la guérison des blessures ou de la disparition des causes qui sont à l'origine de celles-ci.

La démarche de connaissance de soi proposée par PRH repose sur la prise de conscience de la présence de ces sensations à l'intérieur de soi et sur l'analyse de celles qui présentent un intérêt pour sa croissance ou pour un meilleur fonctionnement. Cette analyse est proposée comme un déchiffrage méthodique du message que contiennent ces sensations pour en connaître l'origine. Ayant ainsi diagnostiqué la cause déclenchante de la sensation qu'elle éprouve, la personne est plus à même de gérer ce qu'elle vit, d'y porter remède, ou bien de chercher comment le vivre davantage dans le cas de réalités positives de l'être.

L'analyse des sensations que l'on éprouve est une voie privilégiée de lucidité sur soi et par conséquent de saine gestion de sa vie psychologique, et particulièrement, de sa liberté. Le refoulement, ou simplement la non prise au sérieux de ces sensations internes, privent la personne d'une information dont elle a besoin pour conduire sa vie de manière cohérente et la plus harmonieuse possible.

Note : prendre au sérieux la présence de ses sensations ne signifie pas absolutiser ce vécu subjectif, ni nier le rôle positif de la raison. On pourrait être tenté de considérer ce vécu, ressenti au premier degré, comme « la » vérité. Un autre risque pourrait être de devenir l'esclave de sa sensibilité, en se laissant mener par elle et en justifiant ses actes par le senti du moment. D'où l'importance de l'analyse du contenu et des racines de ses sensations en confrontant les résultats de l'analyse au réel extérieur, à la raison, et à la conscience profonde.

Le schéma de référence
de la personne en croissance

L'un des apports majeurs que le système explicatif PRH fait aux sciences humaines réside dans une explicitation de la structure psychologique de la personne considérée sous l'angle de sa croissance et d'une visualisation topographique de cette structure à des fins pédagogiques. (Cette topologie n'est évidemment pas à prendre au premier degré comme une réification de la vie psychologique de la personne).

À l'expérience, cette présentation schématique, bien intégrée et reliée à sa propre expérience, se révèle très aidante pour la distinction de plusieurs niveaux ou instances dans la personne. À partir de ce schéma, le vécu intérieur peut être appréhendé et localisé de manière plus claire, reliant les actes posés, les comportements, les mouvements intérieurs nés d'aspirations ou de besoins, les sensations éprouvées, aux lieux où ils s'originent dans le psychisme.

Dans ce schéma (notamment celui qui est utilisé actuellement, cf. p. 56) on distingue trois types d'éléments qui interfèrent dans la construction de la personne :
– des éléments extérieurs à l'individu : son environnement humain et matériel ;
– des éléments internes liés directement aux fonctions biologiques : le moi-je avec le cerveau, la sensibilité avec le système nerveux, et le corps ;
– des éléments internes de nature métapsychique : l'être et la conscience profonde.

Il est évident que cette visualisation d'instances distinctes dans la personne, pour clarifiante qu'elle soit, ne permet toutefois pas de rendre compte des influences permanentes de ces instances entre elles et de leurs liens ontologiques (lien corps-être, sensibilité-corps, moi-je-être, etc.). S'il est exact de considérer ces lieux comme autonomes pour une part, avec des caractéristiques spécifiques pour chacun, il faut ajouter qu'ils sont interdépendants et ne fonctionnent jamais sans le concours du reste de la personne (comment l'instance de l'être, par exemple, pourrait-elle fonctionner sans les autres instances?). Pour avoir une perception plus juste du fonctionnement de la personne, il ne faut jamais oublier de l'appréhender dans sa globalité.

Premier schéma des zones de la personnalité (1969)

Au début de sa recherche et influencé par l'œuvre de Carl Rogers, André Rochais avait élaboré un premier schéma qu'il avait intitulé « *Schéma des zones de la personnalité* ». Il distinguait deux zones principales :
– celle du savoir, de l'intellect, où se situent les idées, les jugements, les théories personnelles ou héritées du milieu ambiant ;
– celle du vécu ou du senti, dans laquelle il intégrait une zone de surmois (là où l'on a enregistré les exigences des personnes et des groupes importants pour soi), une zone de perturbations (dans laquelle se condensent les tendances négatives, les manques, les défauts etc.), et une zone profonde (où résident le meilleur de soi, les richesses qui constituent le moi profond).

	Comportement	
Le Savoir *Intelligence discursive ou intellect*	Savoir socialisé	**Conscience cérébrale**
	Savoir personnel	
Le Vécu ou le Senti *Intelligence intuitive ou intuition*	Zone des surmois	**Conscience socialisée**
	Zone de perturbations	
	Zone profonde	**Conscience profonde**
	Moi profond	

Deuxième schéma de la personne (1977)

Le premier schéma contient presque l'essentiel du système explicatif PRH. Par la suite, progressant dans l'analyse, PRH a à la fois épuré, simplifié et en même temps affiné sa perception de la personne. De nouveaux concepts sont apparus : la zone du savoir a été remplacée par l'instance dénommée « moi-je » (lieu où fonctionnent l'intelligence, la liberté et la volonté), la zone du senti a été subdivisée clairement entre la « sensibilité » qui peut être paisible ou perturbée et l'être (lieu du noyau de la personnalité) avec une zone dénommée « au-delà de l'être » (lieu où résident des potentialités non encore exprimées, et où l'on perçoit la dimension de Transcendance de l'être). Le corps est seulement signalé dans le titre. Figurent désormais les « autres » et l'« environnement matériel ». Ainsi la personne est appréhendée dans sa globalité tant psychologique que physique, sociale ; en lien avec son environnement matériel et ouverte à un plus (l'au-delà de l'être), puisque tous ces éléments interfèrent dans le processus de croissance d'un être humain.

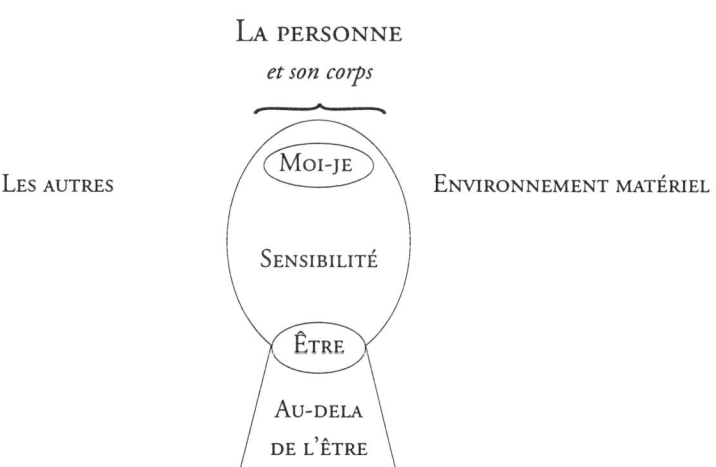

Présentation schématique actuelle
des instances de la personne (1985)

On retrouve dans la présentation actuelle la structure schématique de 1977 dans son ensemble avec :
– trois modifications : le corps est intégré à la personne ; « l'au-delà de l'être » est remplacé par « l'être non encore émergé », mettant plus en relief l'aspect inconscient et non actualisé de cette zone ; « l'environnement humain » supplante « les autres » et se met ainsi en parallèle avec « l'environnement matériel » pour constituer le milieu ambiant avec lequel la personne vit en continuelle interaction.

– une précision : on distingue la zone profonde de la sensibilité irradiée par l'être du « roc d'être », la partie solide en soi, constituée de certitudes et d'évidences ;
– deux ajouts importants : d'une part la « conscience profonde » (lieu de référence proche de l'être où l'on ressent ce qui est fidélité à soi et qui est assumable par chacune des instances) et d'autre part le « dynamisme de croissance de l'être » qui pousse la personne à devenir ce qu'elle est en puissance.

La personne est constituée par l'ensemble de ces 5 instances, ressaisies et conscientisées dans une unité. La personnalité est ce qui spécifie et différencie telle personne parmi les autres humains. Elle manifeste la personne que l'on est.

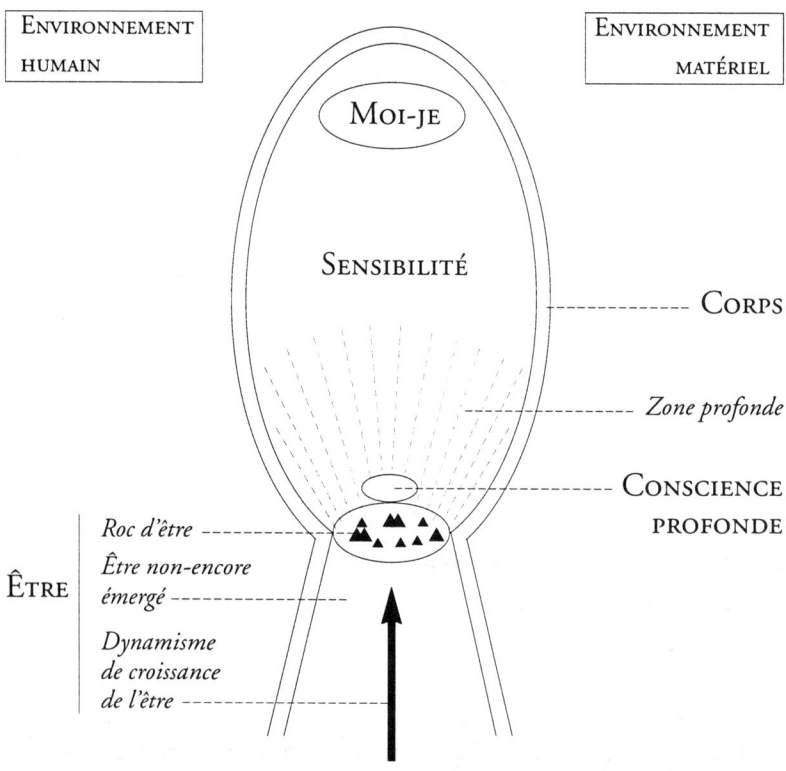

Note : ce schéma très épuré veut mettre en relief l'existence des différentes instances de la personne. Il n'a pas pour objectif de représenter la personne en sa totalité, ni dans la complexité de sa vie psychologique.

Chapitre II

Les cinq instances de la personne et leurs fonctionnements

APRÈS CETTE APPROCHE GLOBALE de l'anthropologie propre à la psychopédagogie PRH et la représentation schématique de la personne en croissance qui en a progressivement découlé, il est nécessaire de présenter de manière plus détaillée ces rouages essentiels de la personnalité que constituent les cinq instances de la personne. L'objectif est de mieux en comprendre les caractéristiques, les fonctionnements, et le rôle dans la croissance.

Le terme instance évoque deux aspects de ces rouages de la personnalité, d'une part une notion topique et structurale — des lieux autonomes dans la personne — d'autre part une notion dynamique — de pouvoir sur le reste de la personne, pouvoir de déclencher des actes et d'influer positivement ou négativement sur le vécu intérieur et sur la croissance.

L'être

Description

L'être est une instance dynamique et positive au tréfonds de la personne, constituant le noyau de sa personnalité. Il est considéré, dans le système explicatif PRH, comme l'instance principale de la personne vue sous l'angle de sa croissance, et ceci pour quatre raisons majeures :

– « *il est le soubassement de toute la personnalité* »[12], ce sont ses « fondations » ;
– « *il est habité d'un dynamisme de vie* »[13], d'une aspiration fondamentale à exister ; c'est là que l'on trouve le ressort profond de toute la croissance,
– les autres instances de la personne sont subordonnées à l'être et au service de son accomplissement ; en effet, les actes posés à partir des besoins de ces instances nécessitent une harmonie avec l'être pour qu'ils contribuent à la croissance de la personne dans sa globalité ;
– c'est à ce niveau que l'on peut expérimenter les joies les plus fondamentales de l'existence, alors que les satisfactions et les plaisirs liés au fonctionnement des autres instances ne comblent pas de manière aussi intense, durable, plénifiante et stimulante.
Autrement dit, « *c'est le lieu le plus important* »[14] au regard de la personnalisation, de la croissance et donc du bonheur des humains.

On retrouve dans beaucoup d'anthropologies cette notion d'être comme réalité centrale et fondamentalement positive de la personne. L'âme chez les Chrétiens, le hara chez les Orientaux, le moi profond chez Carl Rogers, l'être chez Abraham Maslow, Graf Durckeim, Erich Fromm, etc., sont autant d'approches qui présentent des analogies avec cette réalité observée à PRH.

Les composantes de l'être

À ce niveau du soubassement de la personnalité, résident l'identité de la personne, son « agir essentiel », ses liens essentiels. Ce niveau est également un lieu d'ouverture à une Transcendance. Reprenons ces quatre concepts :

L'être est le lieu de l'identité de la personne

Cette identité est constituée des potentialités propres à l'individu, c'est-à-dire des capacités, des qualités, des dons de chacun. « *Nous y trouvons la racine de tout ce qui est positif*

---

[12] N. O. *L'être*, p. 2, 1990.

[13] N. O. *Présentation schématique de la personne*, p. 1, 1993.

[14] N. O. *L'éducation des enfants et des jeunes et le système explicatif PRH*, p. 3, 1987.

en nous : nos qualités de cœur, d'action, d'intelligence etc. »[15].
Cet ensemble de qualités forme les richesses d'être de la personne.

Exemples de capacités spécifiques de l'identité d'une personne :
– des capacités manuelles (l'adresse, des dons pour le bricolage…);
– des capacités intellectuelles (capacité d'abstraction, d'analyse, de synthèse, de concentration, d'imagination, de compréhension, de discernement, de mémoire, d'observation…);
– des capacités relationnelles et affectives (capacité d'ouverture, d'altruisme, d'amour gratuit, d'amabilité, de facilité de contact, de tendresse, de générosité, de pardon, de tolérance, de faire confiance…);
– des capacités d'action (capacité d'entreprendre, d'organiser, capacité de management, de mener à bien une tâche, de dynamisme, de volonté, de persévérance…);
– des capacités artistiques;
– des capacités physiques (adresse, endurance, force…);
– l'aptitude au bonheur, la capacité d'émerveillement, la joie, la confiance dans la vie, la sensibilité au beau…;
– la capacité de vérité, d'acceptation de la réalité…;
– des capacités de sensibilité, d'intuition…

L'identité d'une personne est également constituée de contours, c'est-à-dire de limites propres à chaque aspect positif (à ne pas confondre avec des inhibitions, des blocages ou simplement de l'immaturité qui freinent ou même annihilent l'actualisation du positif). La prise de conscience de ces contours suppose d'exercer ses dons autant qu'on le peut. Certains signes annoncent alors le seuil des limites de l'être : une tension anormale pour agir, une disproportion entre les efforts déployés et les résultats obtenus, une sensation de ne pouvoir être ou faire plus…

Exemples de limites constitutives :
– limites intellectuelles (limites dans la compréhension de certains phénomènes, limites dans la capacité de mémoriser, de se concentrer, limites dans la perception des détails…);
– limites artistiques…;
– limites dans la capacité d'agir (limites de rapidité d'exécution, de dynamisme, de patience, de persévérance, d'audace…);

---

[15] N. O. *L'être*, p. 2, 1990.

— limites relationnelles (limite d'acceptation de la présence d'autrui, limite de la capacité de convivialité…) ;
— etc.

Ce qui différencie les humains entre eux et spécifie l'identité de chacun, ce sont la hiérarchie, l'ordre interne et le relief de ces richesses d'être, ainsi que le seuil des limites constitutives. Chacun possède des aspects positifs, dont le potentiel, l'intensité, les limites et les formes d'expression le caractérisent. En revanche, on peut dire qu'en toute personne on retrouve toutes les potentialités essentielles de l'espèce humaine (par exemple, liberté, amour, vérité…).

Note : comment légitimer que les aspects négatifs ne figurent pas dans l'identité de la personne alors que la plupart des gens les imputent à leur nature profonde ? Il y a sûrement plusieurs explications à cela. Notons que les reflets négatifs et les attentes exagérées émanant de l'entourage, ajoutés au caractère souvent répétitif et habituel de certains défauts ou dysfonctionnements ont vraisemblablement induit cette identification de beaucoup de personnes à leurs aspects négatifs. « Je suis paresseux, je suis maladroit… » dit-on, persuadé qu'il ne pourrait en être autrement. Il y a aussi l'influence de conceptions négatives de l'être humain qui imprègnent certaines cultures (le jansénisme en Occident, par exemple…). En fait, une analyse de ces dysharmonies de comportement révèle qu'elles ne proviennent pas de ce qu'il y a de plus profond dans l'homme, qui est caractérisé par l'aspiration fondamentale à être plus et la sensation d'être bien soi-même. Or, aucune personne sensée n'éprouve l'aspiration à devenir de plus en plus maladroite ou paresseuse, ni la sensation de devenir de plus en plus elle-même en vivant ce qu'elle appelle sa maladresse ou sa paresse.

L'être est le lieu de l'« agir essentiel » de la personne

De manière innée, chaque individu a, inscrit en son être, une identité et un « agir essentiel » qu'il cherche instinctivement à actualiser. L'expression « agir essentiel » désigne ce pour quoi une personne se sent faite, sa voie, sa vocation, le créneau d'action qui correspond à ce qu'elle est en profondeur. En effet, même si la personne a des aptitudes variées, toutes les actions n'exercent pas sur elle la même attraction ni ne la mobilisent de la même manière ; elle aspire à un agir spécifique où l'essentiel d'elle puisse s'investir.

Exemples d'« agir essentiel » : éduquer des enfants, créer (création artistique, artisanale…), chercher (la recherche scientifique…), enseigner, administrer, cultiver, favoriser les échanges (commerciaux, intellectuels…), fabriquer, aider, soigner, diriger, servir la cité (la défendre, l'organiser, la gérer…), etc.

La conscience de cette voie se fait progressivement. Passée une phase où l'on actualise ses potentialités dans diverses directions, un axe apparaît peu à peu, invitant la personne à incarner le meilleur d'elle dans des activités qui convergent avec cet axe. L'émergence de l'être du sujet et l'acquis d'expériences permettent une définition de plus en plus précise de cet « agir essentiel ». Les potentialités de l'être s'ordonnent alors peu à peu à l'actualisation de cette vocation.

Quatre critères permettent d'identifier l'axe de l'« agir essentiel » :
– une sensation d'exister, d'être soi, de prendre davantage conscience de son identité, une sensation d'unité entre le faire et l'être ;
– une sensation de donner sa pleine mesure, de vivre à plein sans étouffer, d'apporter sa contribution à la société ;
– une sensation d'être heureux en profondeur, sans la présence d'un arrière-goût d'insatisfaction ;
– une sensation que sa vie trouve son sens.

À mesure que la personne découvre ce pour quoi elle est faite, elle s'y engage avec radicalité au point de réorganiser sa vie et ses engagements en fonction de cette vocation. Il s'agit d'une nouvelle étape de son cheminement, repérable à la présence d'une force intérieure puissante, à une créativité abondante, à une efficacité maximale, et à une centration sur l'essentiel de ce dont elle est porteuse pour la société.

Note : on peut s'interroger à propos de cette nouvelle étape — que PRH qualifie de « mission d'être » — pour savoir si elle était inscrite dans le potentiel génétique de tout individu :
« *Nous constatons qu'actuellement, très peu de personnes débouchent dans ce que nous avons appelé une mission d'être. Pourquoi ?*
– *Est-ce le fait d'un cheminement de croissance pas mené assez loin ?*
– *Ou est-ce le fait que l'agir essentiel inscrit dans leur donné génétique ne comporte pas cette « fusée intérieure » qui les propulserait en avant lorsque le moment de la « mise à feu » intérieure serait venu ?*

Nous n'avons pas de réponse à cette question. Bien sûr, on peut croire qu'en tout être humain l'agir essentiel est destiné à se déployer en « mission d'être ». L'hypothèse est séduisante. Elle nous permettrait de dire que tout être humain a une mission d'être. Mais l'état actuel de nos observations ne nous permet pas d'y croire avec certitude.[16] ».

L'être est le lieu des liens essentiels de la personne

Dans la structure interne de l'être on peut distinguer deux dimensions :

– une dimension strictement personnelle, constituée de l'identité de la personne et de son « agir essentiel ». C'est le noyau de la personnalité. Là, chacun se ressent seul ;

– une dimension communautaire, comme un « *espace habité* »[17] où la personne se sent profondément liée à d'autres pour réaliser son « agir essentiel ». C'est le lieu de ses liens essentiels ou liens d'être ou liens de mission. Là, elle expérimente être reliée, comme par constitution, à un ensemble social plus ou moins vaste, allant du couple, de la famille, à des fondations ayant les mêmes valeurs essentielles et visant un progrès pour la société.

« *Les liens d'être s'enracinent dans une ressemblance et une complémentarité au niveau de l'agir essentiel* »[18]. Ils se distinguent ainsi des autres types de liens qui, eux, procèdent d'affinités sensibles, intellectuelles, affectives ou même d'affinités d'être — du fait de points communs au niveau de l'être — sans qu'il y ait pour cela engagement dans un agir essentiel commun. Les liens essentiels ont pour caractéristiques d'être profonds, durables, variables en intensité selon les personnes, source d'énergie et d'efficacité dans la réalisation de « l'agir essentiel ». Ils peuvent exister indépendamment d'affinités sensibles. Ils procurent une sensation d'élargissement intérieur et d'unité en profondeur.

D'une manière plus générale cette « dimension communautaire de l'être » décentre la personne d'elle-même et l'ouvre sur autrui et sur la société. La perception de la dimension collective s'éveille et se déploie. La part de responsabilité de

---

[16] N. O. *Trois phases de l'émergence de l'agir essentiel*, p. 4, 1992

[17] N. O. *La dimension communautaire de l'être*, p. 2, 1992.

[18] N. O. *L'être*, p. 3-4, 1990.

l'individu pour le bien commun s'incarne alors par des engagements concrets, souvent au travers de l'« agir essentiel ». Ainsi on peut affirmer que l'être n'est pas égocentré, mais contient au contraire un puissant potentiel d'altruisme.

L'être est le lieu d'ouverture à une Transcendance

Outre les deux dimensions — personnelle et communautaire — précitées, l'être comporte une capacité d'ouverture à une « Transcendance ». Toute personne peut faire l'expérience dans son intimité de la présence de réalités à la fois de même nature que son être, et à la fois éprouvées comme autres, infinies, absolues, permanentes, non réductibles à ce que la personne est, à ce qu'elle en vit, ni à la conscience qu'elle en a. Ainsi en est-il de la Vérité, de l'Amour, de la Vie, de la Liberté, de la Justice, de la Dignité de la personne, de la Sagesse, de la Beauté, etc. Cela suppose que ces réalités soient perçues au tréfonds de soi sous forme de sensations, et non comme des idées abstraites ou des idéaux. Ceux, par exemple, qui se dévouent pour une cause de justice ou qui vivent une relation intérieure à ce qu'ils nomment Dieu, éprouvent ce contact avec une réalité qui les dépasse tout en étant vivante et agissante en eux.

La relation consciente de la personne à ces réalités qui la transcendent, la transforme, un peu comme si elle était aimantée, aspirée, élargie, entraînée à la fine pointe de son humanisation par l'Absolu ou la Perfection de ces réalités. La relation à une Transcendance contient un potentiel étonnant quand on pense à toutes ces personnes qui consacrent leur vie à cette Transcendance qui les attire et les appelle (cas des moines ou de certaines personnes engagées dans des actions humanitaires, par exemple) ou encore à celles qui préfèrent donner librement leur vie plutôt que de renier ce qui constitue cet Essentiel de leur existence (cas de ceux qui meurent pour que soient respectées la Liberté, la Justice, leur foi en Dieu, ou la Dignité des êtres humains…).

C'est au contact de cette Transcendance reconnue et nommée, que les êtres humains découvrent le sens profond de leur existence et la force pour cheminer vers leur accomplissement. Le développement de la personnalité d'un individu, dans la plénitude qui lui est accessible, ne se réalise pas grâce à la seule harmonisation de ses fonctionnements, ni grâce aux seuls efforts de sa volonté, mais aussi grâce à une ouverture à ce qui le transcende (ce qui est à la portée de tout homme), puis progressivement à une relation à cette Transcendance (ce qui suppose qu'on l'expérimente, qu'on la reconnaisse et qu'on la vive comme la source de la vie et de l'évolution). Cette relation maintient la personne dans un constant mouvement vers le plus-être.

C'est dire pourquoi, dans la psychopédagogie PRH, cette dimension d'ouverture et de relation à une Transcendance au niveau de l'être est reconnue très importante pour la croissance de la personne. L'approche PRH du réel humain se démarque en cela d'autres anthropologies où la notion de Transcendance est appréhendée différemment. Certains la conçoivent comme une abstraction métaphysique, d'autres comme une projection inconsciente d'idéaux, ou une forme de sublimation, ou encore comme une réponse que se donne l'être humain pour échapper à son angoisse existentielle, etc. Même si certaines personnes vivent des conceptions différentes, une analyse rigoureuse du vécu humain permet d'affirmer ce rôle capital de l'ouverture à une Transcendance dans le cheminement de croissance de la personne.

L'émergence de l'être et sa croissance

L'être, au départ de la vie, est une réalité totalement inconsciente. Mais c'est également une réalité évolutive, mue par un dynamisme de croissance qui le pousse sans cesse à actualiser les potentialités qui le constituent et à apparaître à la conscience du sujet. Le phénomène de l'émergence de l'être procède de ces deux mouvements interactifs : actualisation et conscientisation des richesses de l'être. Cette émergence ne se fera donc qu'à un certain stade de maturation de l'intelligence permettant la prise de conscience, et du corps rendant possible l'action.

L'observation révèle que la personne n'a pas de pouvoir direct sur l'émergence et la croissance de son être, au sens où ce n'est pas elle qui pourrait créer ses propres potentialités et commander leur croissance au gré de sa volonté. Elle ne pourrait non plus prévoir ou décider de cette croissance avec son intelligence ou sa liberté. L'être humain est tributaire d'un réel qui échappe à son pouvoir (son donné génétique, les lois naturelles de croissance, les interactions avec l'environnement…). Par contre, on peut favoriser l'éclosion et le développement des potentialités que l'on a par la connaissance et l'acceptation de ce réel, par un environnement stimulant (relations vitalisantes de l'être, par exemple), par l'action. Même si les résultats des actes accomplis et des attitudes vécues pour favoriser l'émergence et la croissance de l'être échappent pour une part à la personne, il n'empêche que ces actes et attitudes ne sont jamais neutres.

On repère trois temps dans ce phénomène d'émergence :
– un temps où la personne pose des actes qui mettent en œuvre des potentialités jusqu'ici ignorées d'elle en s'appuyant sur une intuition souvent peu conscientisée et fragile que cela n'est peut-être pas en dehors de sa portée. À cette étape la personne est très dépendante de la foi que l'entourage met en elle et en sa capacité de réussir.

Exemple pour illustrer ce premier temps : quelqu'un décide d'organiser un tournoi sportif. Il n'a jamais fait cela mais il a le pressentiment qu'il est capable de mener à bien cette organisation sans toutefois l'affirmer avec certitude.

– un deuxième temps où la personne prend conscience qu'elle a en elle une capacité. Les expériences positives réalisées lui servent de référence pour affirmer la certitude de son aptitude. Les reflets extérieurs positifs sur ses actions la confirment dans sa propre perception.

Exemple : ayant mené à bien l'organisation du tournoi, la personne prend conscience que cette capacité d'organisation fait partie d'elle. Elle peut commencer à s'appuyer sur cette certitude pour oser entreprendre d'autres choses qui font appel à cette capacité d'organisation. Elle est plus assurée.

Durant ce deuxième temps, une identification se produit dans la personne entre l'acte posé et ce qui est constitutif d'elle, de son identité. Elle réalise que cette faculté lui appartient. C'est un passage du « je fais » au « je suis capable », puis au « je suis capable donc je suis ». Cette identification est fondamentale pour la croissance et la confiance en soi, elle est à la base de toutes certitudes, donc à la base de la solidité psychologique de la personne et de son sentiment de responsabilité à l'égard des richesses dont la vie l'a dotée. Cette identification favorise une image de soi plus conforme à la réalité.

– Un troisième temps arrive, une fois que la personne a acquis une longue expérience de l'exercice de son don et qu'elle s'est heurtée aux limites constitutives de cet aspect positif. Elle connaît alors les « *frontières de son territoire d'être* »[19] et ne doute plus de sa capacité à l'intérieur de ces frontières. Une évidence que cette aptitude fait partie d'elle-même s'impose comme une réalité indéniable. L'échec, l'erreur, la critique ou simplement des difficultés de réalisation n'engendrent plus le doute sur soi et sur ses réelles possibilités ; ils provoquent des remises en question, sources d'ajustements ou d'adaptations nécessaires, mais pas d'inhibition, ni de dénigrement de soi, ni de culpabilité.

Le pressentiment, la certitude puis l'évidence, constituent les trois phases de l'émergence, et donc de la connaissance expérimentale des réalités de l'identité, de l'«agir essentiel » ou des liens essentiels y compris le lien à la Transcendance.

Les trois zones au niveau de l'être

À ce niveau profond de la personne, on peut distinguer trois zones qui se différencient entre elles par leur nature, leur consistance, leur aptitude à être conscientisées, leurs effets sur le ressenti.

La zone du « roc d'être »

Le « roc d'être » est constitué des certitudes et des évidences profondes évoquées au paragraphe précédent. C'est la zone solide de la personnalité, dont la force et l'ampleur sont tributaires du degré d'émergence de l'être à la conscience de la

---

[19] *Guide de formation FPM 1*, p. 4, 1992.

personne. Le « roc d'être » est un lieu où s'originent les intuitions profondes, celles qui éclairent et celles qui poussent à l'action de manière souvent impérative, comme des exigences constructrices de la personne. Ces intuitions provenant du « roc d'être » sont source d'avancée, d'innovation et de créativité. Cette zone de l'être n'a donc rien de statique, elle est constamment animée par le dynamisme de croissance de l'être.

La zone de l'être non encore émergé

C'est une zone encore inconsciente qui correspond à des potentialités latentes qui se révéleront au fur et à mesure de la croissance de la personne et de circonstances propices.

Exemples : les potentialités de paternité ou de maternité n'apparaissent parfois qu'au moment de l'arrivée de ses propres enfants ; la capacité de prendre des responsabilités émerge souvent en cours de carrière professionnelle ; des potentialités comme la tolérance, la sagesse ou le réalisme viennent souvent avec l'avancée en âge et l'expérience de la vie, etc.

Cette zone paraît sans fond tant les ressources humaines sont importantes (dans le schéma de la personne, c'est ce que veut manifester l'ouverture du tronc de cône vers le bas). Bien qu'inconscientes, ces potentialités n'en sont pas moins actives en ce sens qu'elles peuvent pousser et orienter l'individu dans l'axe de son identité, de son « agir essentiel », de ses liens d'être. C'est ainsi qu'un « instinct d'être » ou que des « réflexes d'être » conduisent la personne vers son déploiement avec une intelligence et une cohérence qu'on découvre après coup. Cet « instinct d'être » peut également se manifester lorsque l'être ou certains de ses aspects sont menacés par l'extérieur, dans l'enfance notamment, (risque de gêner, d'être rejeté...). Il sécrète alors un système de défense protecteur de son intégrité en refoulant l'aspiration à vivre ces aspects de soi non accueillis par l'entourage.

La zone profonde

Cette zone se situe dans la sensibilité profonde, ressentie comme proche de l'être et comme irradiée par la vie qui en émane. S'immerger dans cette zone procure bien-être, paix, vie à la personne et influe sur le fonctionnement de l'intelligence (plus de recul et d'objectivité), sur celui du corps (plus détendu) et bien entendu sur le fonctionnement de l'être qui peut exister au meilleur de ses possibilités du moment.

Le cœur de soi et la périphérie de soi

Au niveau de l'être, toutes les réalités n'ont pas la même importance ; il existe une hiérarchie qui va de ce qui est le moins essentiel pour la personne, la périphérie de soi, jusqu'à ce qui concerne le plus essentiel, le cœur de soi.

La périphérie de soi

Elle est formée de richesses d'être ressenties comme constitutives de soi mais pas aussi centrales que celles que l'on rencontre au cœur de soi. Peuvent faire partie de la périphérie de soi : certains dons relationnels — comme l'amabilité, la serviabilité, l'humour — certaines capacités artistiques, manuelles, intellectuelles, certains dons d'action — comme l'organisation, l'efficacité, etc. Le fait de vivre ces richesses apporte des satisfactions, mais moins denses que celles résultant de l'actualisation des dons relevant du cœur de soi. L'aspiration à exister diminue d'intensité à mesure que l'on va vers la périphérie de l'être, ce qui fait que certains dons ne seront jamais exploités en proportion du potentiel disponible, sans que la personne en ressente un manque.

Le cœur de soi

Il est constitué des traits les plus essentiels de la personnalité (comme la vérité, l'amour, la liberté, la justice, la créativité), de ce qui concerne la vocation profonde de la personne, des liens les plus profonds vécus avec les personnes qui partagent le même « agir essentiel » que le sien, de la relation à Dieu ou à une Transcendance. L'aspiration à exister est très puissante en ce cœur de soi, on ressent un profond épanouissement à le vivre. Les entraves à l'actualisation du cœur de soi peuvent engendrer des blessures profondes.

Il n'est pas toujours aisé de déterminer la limite entre le cœur et la périphérie de soi. Cette limite varie d'un individu à un autre. Certains hypertrophient l'actualisation de dons périphériques parce qu'ils y sont reconnus, d'autres n'osent pas vivre l'essentiel d'eux-mêmes. Ce qui peut être périphérique pour l'un — comme un don pour la musique ou la peinture — peut être essentiel pour un autre, alors qu'apparemment l'investissement pour vivre ce don peut être comparable. Au moment où la personne s'engage dans son « agir essentiel » et où elle est confrontée à la nécessité de faire des choix, la distinction entre cœur de soi et périphérie se fait plus nette. La personne peut élaguer dans ses agirs ceux qui relèvent de potentialités périphériques, par contre, elle ne peut abandonner l'actualisation de richesses provenant du cœur d'elle-même.

Approche « expérientielle » de l'être

L'observation et la description de cette instance de la personne ne sont pas aisées. L'être participe directement du mystère même de chaque personne dans le sens où cette réalité est tellement vaste et profonde que les chercheurs n'auront jamais fini de le découvrir. En effet, l'être est par essence une réalité subjective, évolutive, perçue dans les profondeurs de soi, donc non accessible au premier degré. Il est souvent trop peu dégagé pour être perceptible consciemment. De plus, il peut être facilement confondu avec d'autres instances telles que le moi-je ou la sensibilité, surtout dans les débuts d'une recherche de connaissance de soi.

Même si la réflexion, les lectures, l'action ou encore les reflets d'autrui peuvent être des voies d'approche et d'éveil pour la connaissance de l'être, celle-ci ne peut être qu'expérientielle (« *expérience immédiate* » comme dirait C. Rogers) si l'on veut rendre compte de la réalité de cette instance dans toute sa profondeur, sa saveur, sa dynamique. Autrement dit, l'accès à l'être passe par le ressenti d'une expérience intérieure, profonde et lucide, suffisamment éprouvée et distinguée des autres manifestations psychiques. En effet, l'être se manifeste dans la personne sous forme de sensations émanant du tréfonds de soi, souvent fines, parfois fortes, toujours porteuses d'énergie et perçues comme positives. Ni la réflexion purement cérébrale, ni de simples émois de la sensibilité ne permettent d'accéder à ce niveau de l'être, encore moins de le cerner et de le décrire.

Les autres instances de la personne peuvent participer à cette approche de l'être :
– lorsque le moi-je se dégage des idées, des images ou des soucis qui l'occupent, qu'il se rend attentif à ce niveau de la personne et qu'il se met en état de réceptivité, propre à capter les sensations provenant de ce lieu ;
– lorsque la sensibilité est paisible, déparasitée des sensations douloureuses ou effervescentes qui peuvent l'encombrer, ou encore lorsqu'elle est libérée des réactions de défense qui l'anesthésient ou la durcissent ;
– lorsque le corps se détend.

Des conditions extérieures peuvent aider à une intériorisation et à l'éveil des sensations profondes permettant la connaissance de l'être : silence, nature, lecture intériorisante, musique, relations... Ces conditions favorables ne suffisent pas en elles-mêmes à connaître l'être ; un travail d'analyse des sensations éveillées est nécessaire.

Des voies d'approche de l'être ont été repérées pour en faciliter l'accès et pour en permettre la connaissance. Citons en quelques-unes :

Une approche par l'image de soi

Parmi les éléments positifs de l'image que l'on a de soi il y en a certains dont on ressent de manière très personnalisée qu'ils sont constitutifs de ce que l'on est profondément. Ces éléments font partie de l'être de la personne. « Je pense que j'ai le sens des responsabilités ou je me vois comme quelqu'un de sociable », dira-t-on en formulant le contenu de son image, et plus profondément, « je sens que je suis moi quand je suis responsable et que je suis sociable », exprimera cette même personne qui livre l'expérience de son identité, en prenant souvent une intonation plus intériorisée. *A contrario* :

« Quand je vis irresponsable ou fuyant les relations, je ressens avec un certain malaise que je ne suis pas vraiment moi-même, je ne suis pas fidèle à moi ».

Une approche par les choix importants

Parmi les motivations qui poussent quelqu'un à opter pour tel type d'études, de profession, d'état de vie, d'engagement social, religieux, etc., on peut déceler entre autres choses des aspirations fondamentales qui émanent de l'être. Derrière ces aspirations, il y a des potentialités constitutives de l'être qui cherchent à s'actualiser.

Exemple : le choix d'un travail social peut exprimer des potentialités comme l'altruisme, le sens de la justice et de la dignité des êtres humains, l'attention aux personnes défavorisées, la serviabilité, le goût des contacts humains et de la communication, la capacité d'aider, d'éduquer, un sens des responsabilités, la capacité de travail en équipe, etc.

Une approche par l'action

L'action est aussi un révélateur précieux de l'identité profonde d'une personne et de ce pour quoi elle est faite. En analysant ce que l'on fait, on apprend ce dont on est capable, ce que l'on aime entreprendre et réaliser. Cela permet d'identifier les potentialités de l'être qui s'actualisent déjà.

Exemple : une personne qui joue d'un instrument de musique actualise souvent des potentialités telles que le goût du beau, le sens de l'harmonie, la sensibilité, la volonté, le courage, la persévérance, la faculté d'apprendre, la joie de créer ou d'interpréter, etc. ; une personne qui fait du commerce peut incarner des dons comme le service à son client, la communication, l'observation, l'intelligence, le discernement, le conseil, l'honnêteté, l'amabilité, etc.

Une approche par les personnes qui marquent positivement

D'une part il y a les reflets positifs qui aident à la connaissance de l'être, lorsqu'ils sont justes : c'est le principe du miroir ; d'autre part, il y a le phénomène de l'attraction profonde qu'exercent les personnes dont l'être a des similitudes et/ou des complémentarités avec le sien. Par ailleurs, certains groupes, certains milieux (social, professionnel, associatif...) permettent de mettre en œuvre des aspects positifs de soi. Prendre conscience de ce qui est éveillé au plus profond de soi et de ce qui s'actualise grâce à ces personnes, à ces groupes ou milieux, permet de dégager des traits de son identité.

Exemple : un leader politique peut éveiller la passion de servir le bien commun, la générosité, le sens de l'engagement, la probité morale, le souci de l'unité et de la cohésion, etc. ; tel mouvement de jeunesse a pu révéler des potentialités comme la joie de réaliser avec d'autres, la faculté d'adaptation, le courage, le sens de la discipline, le respect (de la nature, des autres...), le sens de la fête, de la convivialité, etc.

Une approche par les réactions dans les grandes épreuves

Certains aspects de l'être restent solides dans ces moments d'épreuves (confiance, volonté, sens de ses responsabilités, certitude profonde d'un sens de ce que l'on vit, patience, etc.). D'autres aspects apparaissent dans ces circonstances (espérance, force intérieure, « Avec l'épreuve vient le courage », dit le proverbe...). Pour faire face à ces épreuves, ou pour s'en relever lorsqu'elles ont submergé la personne, celle-ci peut s'appuyer sur ces éléments solides de sa personnalité, qui font partie du « roc d'être ».

Une approche par les aspirations profondes

Les potentialités de l'être cherchent à s'actualiser. Cela se manifeste dans la personne au travers d'aspirations à être ou à réaliser. On apprend ainsi qui l'on est en nommant ce qui pourrait vivre de soi par la réalisation de ces aspirations.

Exemple : derrière le rêve de devenir polyglotte, une personne peut exprimer des aspects d'elle qui aspirent à vivre tels que l'ouverture au monde, à la différence, un goût pour la communication, une soif de nouveauté, une curiosité, une recherche, etc.

Toutes ces approches pourraient rester très théoriques ou extérieures à la personne, autrement dit stériles pour une connaissance de soi favorisant la croissance, si on ne prenait pas soin de ressentir chaque élément constitutif de l'être comme faisant partie de soi et ainsi de l'intégrer à l'image que l'on a de soi. L'expérience vécue à l'intime de soi de cette zone profonde de l'être personnalise un individu et éveille le sentiment de confiance en soi qui fait aller de l'avant.

Les manifestations de l'être

L'observation du vécu intérieur de la personne permet de dégager plusieurs formes de manifestations de son être. Ces expressions internes de l'être sont perceptibles grâce aux sensations qu'elles produisent dans la sensibilité. La prise en compte de ces manifestations de l'être et de leur dynamisme, est fondamentale pour la conduite de sa vie et pour la croissance.

L'aspiration à exister

Elle est la plus importante de ces manifestations. Au fond de tout individu, le désir latent d'être lui-même, d'être fidèle à ce qu'il se sent être au meilleur de lui-même, se manifeste, notamment lorsqu'une situation offre une possibilité d'actualiser ses potentialités (dans une situation de choix par exemple, ou quand au contraire une situation brime ce désir). L'aspiration à exister peut prendre plusieurs formes : active ou réactive.

L'intuition profonde

L'être se manifeste à travers des « insights » (lumières intérieures ou inspirations qui éclairent l'intelligence). Ces intuitions peuvent être à peine perceptibles tant elles sont fines ; dans certains cas, elles se produisent de manière inattendue, forte, dense et chargée de sens (par exemple lors d'un « événement d'être » concernant le choix d'un conjoint, une orientation de vie…). À noter que les insatisfactions profondes peuvent être des protestations de l'être dans certaines situations, par exemple, où il ne peut pas vivre et s'épanouir.

L'invitation intérieure

L'invitation intérieure à poser un acte ou à vivre une attitude (par exemple : invitation à dire quelque chose à quelqu'un, à faire telle démarche, à être patient, attentionné, ferme…).

L'impératif

L'impératif d'acte à poser qui s'impose comme une évidence au moi-je (par exemple : rompre telle relation néfaste, prendre tel moyen de formation…).

La détermination

Proche de l'invitation et de l'impératif, on peut noter le phénomène de la détermination. Il ne s'agit pas d'un acte ponctuel à réaliser mais d'une orientation, d'une direction à prendre qui s'impose de l'intérieur (par exemple : prendre sa vie en main, faire des études, s'engager politiquement…).

L'instinct d'être et les réflexes d'être

L'instinct d'être et les réflexes d'être sont des manifestations de l'être inconscientes, au moment où ils s'expriment et dont on découvre peu à peu l'intelligence. Ils permettent un déploiement de l'être selon une logique et une cohérence qui lui sont propres et qui le font réagir à l'environnement pour s'y adapter et s'y réaliser. (Par exemple : dans certains choix, face à des dangers, ou encore sous la forme de protestations, de refus…).

Le fonctionnement d'être

L'être est une instance qui vit, qui fonctionne, et qui s'exprime naturellement par des actes, d'autant plus facilement qu'il est bien émergé, que la personne vit dans un milieu porteur vitalisant et que rien ne gêne ni ne contrecarre cet élan spontané vers l'actualisation.

Le fonctionnement d'être est autonome et échappe, au moins pour une part, au pouvoir du moi-je. Toutefois, il est influencé et parfois même contraint par l'état des autres instances et de l'environnement. Il présente un certain nombre de caractéristiques au moment où la personne le vit.

Ainsi, quand la personne fonctionne à partir de son être, elle se vit fidèle à elle-même, au plus profond d'elle-même, en cohérence avec ses certitudes et ses évidences profondes, et docile à sa conscience profonde qui est comme « *la voix de la personne en croissance* »[20]. Cette exigence de fidélité à soi comporte parfois des aspects inconfortables pour le moi-je, pour le corps ou pour la sensibilité. Ces instances peuvent être frustrées en certains de leurs besoins. Par ailleurs, le fonctionnement d'être personnalise et accentue la différenciation d'avec autrui, et en cela il constitue une richesse. Mais lorsque des traces de fusion ou de dépendance subsistent dans les relations, il réveille aussi des souffrances.

Dans ce type de fonctionnement, la personne goûte de la paix, un sentiment d'authenticité et un bonheur dense et paisible pouvant coexister avec une sensibilité douloureuse. La personne atteint là une sensation de plénitude d'existence. Ses actes sont empreints d'assurance et de force, de ténacité et de patience, ce qui rend ce fonctionnement particulièrement efficace. Vis-à-vis des autres, la personne qui vit ce fonctionnement d'être reste ouverte et libre, assurée mais sans raideur.

Au démarrage d'un cheminement de croissance, ce type de fonctionnement est épisodique. Avec l'émergence de l'être, ce fonctionnement devient de plus en plus familier et spontané.

Note à propos du terme « exister » : ce terme prête souvent à confusion car il est utilisé dans le langage courant pour désigner des comportements parfois antinomiques, d'où une nécessaire clarification. On ressent la sensation d'exister quand l'être se manifeste et s'affirme, le fonctionnement est alors caractérisé par sa justesse, sa force et en même temps sa mesure, son absence d'arrière-goût d'insatisfaction. On est maître de soi et on agit, fidèle à sa conscience profonde. Cette manière d'exister est constructrice, créatrice, même si elle peut parfois déranger. Dans la terminologie PRH, le mot « exister » qualifie uniquement ce fonctionnement ajusté de l'être qui implique l'exercice de la liberté intérieure du sujet (liberté pris dans le sens de la docilité à la conscience profonde) qui tient compte des autres sans s'y aliéner. Cependant, certains comportements peuvent donner une illusion d'existence à celui qui les vit, par exemple quelqu'un qui est emporté par une colère ou qui pose un acte en contre-dépendance vis-à-vis de son entourage, ou encore qui affiche beaucoup d'assurance grâce à certaines capacités. Dans ces cas, les sensations de défoulement ou d'affirmation de soi peuvent être confondues avec une sensation d'exister.

---

[20] N. O. *Détermination – envie ou désir – projet du moi-je*, p. 5, 1989.

Le dysfonctionnement de l'être ou la non-existence

Alors que le fonctionnement de l'être est dynamique, la non-existence se caractérise par une perte de tonus qui engendre une incapacité à actualiser tout ou partie des potentialités de l'être.

Ce dysfonctionnement peut prendre plusieurs formes. Par exemple, certaines personnes vivent sans être conscientes de leur être, avec le sentiment de ne pas savoir qui elles sont, de ne pas avoir de références personnelles ; sentiment d'être inexistantes, sans personnalité, avec du vide à l'intérieur d'elles. D'autres doutent de leurs capacités ou présentent une inhibition à les actualiser, elles ne parviennent pas à s'affirmer. D'autres encore sont paralysées par une peur d'exister, une honte, une culpabilité à prendre leur place parmi les autres. D'autres présentent une apparence d'existence derrière laquelle se cache une grande insécurité, etc.

À l'origine de cette non-existence, il y a des blessures. La personne ne s'est pas suffisamment sentie reconnue le droit d'exister telle qu'elle est ou dans certains aspects de sa personnalité. Elle attendait cette reconnaissance de personnes importantes pour elle, à un moment de sa croissance où il lui était vital de recevoir ce droit d'exister. Cette non-reconnaissance a empêché une confiance de naître ou a brisé la confiance qu'elle commençait à acquérir en elle-même, d'où ces dysfonctionnements. Ce point sera étudié dans le chapitre concernant la guérison des blessures du passé [*].

Place et rôle de l'être dans la croissance de la personne

Cette place est centrale en raison même de la place essentielle de l'être dans la personne et de la présence du dynamisme de croissance à ce niveau profond. La croissance de la personne, c'est avant tout le déploiement de son être en ses diverses dimensions : identité, « agir essentiel », liens essentiels,

---

[*] Cf. p.187 – Chapitre VI.

relation à une Transcendance. « *Il n'y a de croissance de la personnalité que par l'être.* » Les autres instances, elles, se développeront au service de l'accomplissement de l'être.

Le rôle de l'être dans cette croissance est surtout un rôle moteur. Une détermination à progresser monte du tréfonds de soi et aiguillonne la personne vers un plus-être. Des motivations profondes sous-tendent cette détermination et poussent à exister, à s'affirmer, à faire reculer les limites fixées par autrui ou par soi. C'est aussi un rôle directeur en ce sens où l'être va imprimer une direction, un axe, en fonction de ce qui est en harmonie avec lui, et dans le sens de son accomplissement par l'émission d'intuitions ou parfois d'impératifs d'actes à poser. Ainsi la croissance se fera en conformité à cette direction induite par l'être et l'ordre interne de ses potentialités. Les décisions et les actes qui empruntent cet axe construisent la personne de manière harmonieuse.

Le moi-je

Description

Cette instance est ainsi nommée, car l'appellation « moi-je » correspond à l'expression communément employée pour évoquer ce registre de la personne : « Moi je pense que…, moi je choisis de…, moi je veux que… ». D'autres approches psychologiques parlent d'ego, de moi, de mental, de zone cérébrale, de je, d'esprit, de conscient, etc.

Le moi-je est le centre de gouvernement de la personne. À partir de ce centre, elle conduit sa vie, gère et investit ses ressources, décide de ses actes. C'est une instance ressentie au niveau de la tête.

C'est également un centre autonome qui a sa vie propre, avec ses exigences spécifiques (rationalité, cohérence, logique, vérité, faisabilité…), ses besoins (comprendre, décider, agir…), ses mécanismes de développement (à base d'apprentissages, notamment…), ses centres d'intérêts (tout ne retient pas son attention ni ne le mobilise de la même manière), sa mémoire (mémoire cérébrale). Il a sa vision des choses, ses représentations, ses théories, ses visées, ses ambitions, ses projets… à tel point que beaucoup de personnes n'ayant pas ou peu conscientisé et développé leur vie intérieure profonde y voient leur seul centre de référence, leur « moi », identifiant et confondant leur moi-je avec leur être. Chez elles, c'est la « raison » qui prime.

Le moi-je est donc un lieu de référence où la personne a enregistré un certain nombre de principes, de lois, de schémas, de normes, d'images qui influent sur sa pensée et son action. Les principes ou lois édictés par la personne elle-même, à partir de son expérience ou de sa réflexion, constituent les références de sa conscience cérébrale ; ceux hérités de l'éducation et du milieu, forment les références de sa conscience socialisée.

C'est au niveau du moi-je que fonctionnent de manière interdépendante trois groupes de facultés :
– l'intelligence, capacité de prise de conscience, d'analyse et de compréhension, réflexion, conceptualisation, raisonnement, imagination, toutes les facultés cognitives, ainsi qu'une capacité réflexive permettant au moi-je d'avoir une conscience de lui-même…
– la liberté, capacité de discernement et de choix, les facultés délibératives et décisionnelles…
– la volonté, capacité de mobiliser et d'orienter des énergies, les facultés volitives…

La personne gouverne sa vie et gère sa croissance au moyen de ces trois fonctions.

Dans l'évolution des espèces vivantes, on atteint avec cette réalité le niveau maximum de complexité et d'évolution. En effet, grâce au fonctionnement de son intelligence, de sa liberté et de sa volonté, l'être humain se détache du règne animal totalement conditionné par ses instincts.

Note : l'aspect typé et personnel de l'intelligence, de la liberté, et de la volonté fait partie de ce potentiel de départ avec lequel la personne naît. Ces réalités possèdent également leurs limites constitutionnelles, leur seuil d'incompétence comme dirait Peters. Comme les autres réalités de l'être, elles peuvent ou non être reconnues et vécues comme faisant partie de soi, intégrées à l'image que l'on a de soi. C'est ainsi que des personnes au quotient intellectuel normal et parvenant parfois à mener des affaires délicates, se ressentent inintelligentes. Il est donc important de distinguer : 1. le potentiel contenu dans les réalités d'être (intelligence, liberté, volonté), 2. la conscience qu'on en a et l'intégration à la personnalité qu'on en a faite (ce qui constitue le « roc d'être »), et 3. le fonctionnement de ces facultés. Ce dernier peut se conjuguer et s'harmoniser avec le fonctionnement de l'être ou peut se distancer de lui, voire s'opposer à son fonctionnement, par exemple agir pour le compte des ambitions de la personne, du paraître, de la jouissance procurée par l'action ou le maniement des idées. Quand on aborde l'observation du moi-je, on appréhende ces facultés intellectuelles, décisionnelles ou volitives, uniquement sous l'angle de leurs fonctionnements et de leurs interférences avec la croissance globale de la personne.

Les principaux phénomènes du moi-je et la croissance de la personne

L'image de soi

Il s'agit d'une représentation subjective que l'intelligence se fait de la réalité corporelle et psychologique de la personne à un instant donné. C'est la manière dont on se perçoit. Cette image est constituée d'éléments ressentis comme positifs (les qualités) ou comme négatifs (les défauts, les limites non encore acceptées) ou encore comme des limites constitutives perçues comme immuables.

Chez l'enfant, l'image de soi se construit surtout à partir du « miroir » des proches, de ce qu'ils disent de lui, de leurs attitudes, et également à partir du non-dit que l'enfant reçoit et décode à sa manière. Cette représentation évolue dans le temps et s'enrichit avec l'expérience de la vie. Toutefois, les premières perceptions ressenties, exactes ou erronées, ont eu tendance à se graver au niveau du moi-je et à structurer le jugement de la personne sur elle-même. La modification d'une image ainsi structurée se heurte souvent à des résistances inconscientes pour s'ajuster au réel. L'intelligence a de la difficulté à s'ouvrir à de nouvelles perceptions lorsqu'elle s'est déjà fait une idée de la réalité. Par exemple, il est difficile pour quelqu'un de se voir et de se croire volontaire s'il s'est toujours considéré comme velléitaire. Ces résistances à l'évolution de l'image de soi constituent un des freins principaux à la croissance.

Chez l'adulte, l'image de soi est influencée par plusieurs éléments :
– la manière dont on a été (et dont on est) perçu par les autres et ce qu'ils en expriment ;
– la manière dont la personne reçoit et interprète les reflets ou attitudes d'autrui ;
– la manière dont la personne va déchiffrer les racines de ses échecs ou de ses erreurs, ainsi que les raisons de ses réussites ; plus globalement, ce que l'analyse de ses actes révèle de ses capacités, dysfonctionnements ou limites ;
– les intuitions que la personne peut avoir sur elle-même et l'analyse qu'elle en fait ;
– les stéréotypes sociaux par rapport auxquels la personne se situe et se compare, ou est située et comparée...

De tous ces éléments, la personne retire une perception d'elle-même plus ou moins réaliste ou plus ou moins déformée, mais qu'elle ressent toujours comme étant sa vérité. Cette perception est sécurisante pour la personne. Consciemment ou non, elle se situe en relation, dans ses décisions, dans son action, à partir de l'image qu'elle a d'elle-même. On s'identifie à l'image que l'on a de soi, on trouve souvent normal d'être ainsi et l'on organise son existence en conformité à cette idée. Si le sujet se voit capable, il entreprendra, ce qui renforcera la confiance en lui-même et en ses capacités ; s'il se considère comme « bon à rien », il n'agira pas, ce qui aura pour conséquence de le maintenir dans une image faussée de lui-même ou encore d'accentuer cette image. Autrement dit, l'image de soi joue un rôle prépondérant dans le processus de l'actualisation et de la personnalisation de chaque individu. On ne peut dire « je » qu'en référence à une représentation de soi.

Lorsque la personne tend vers une représentation fidèle d'elle-même, vivant une critique ajustée de ce qu'on dit d'elle-même et intégrant autant ses aspects positifs que ses aspects négatifs et ses limites lorsqu'ils apparaissent dans son champ de conscience, on parlera d'image normale de soi.

Lorsque la personne perçoit surtout ses aspects négatifs (ses défauts, ses manques, ses incapacités, ses échecs, ses erreurs, le fossé qui la sépare de ce qu'elle voudrait être ou faire…), voire les grossit, lorsqu'elle ressent ses limites constitutionnelles comme des éléments négatifs et qu'elle n'a pratiquement pas accès à la conscience du positif en elle, on parlera d'image négative de soi. Cette représentation partielle et déformée représente un handicap important pour une saine relation à soi et aux autres et pour la croissance. Elle détruit la confiance en soi et, de ce fait, inhibe la personne dans ses relations et dans son action. La prise de conscience de ce phénomène et de sa genèse, l'acceptation humble de vivre aujourd'hui cette déformation de la réalité, constituent un premier pas vers une guérison ; une rééducation patiente et tenace de son intelligence, afin qu'elle capte les aspects positifs et qu'elle les assimile à l'image de soi, forme la deuxième étape de ce long cheminement vers la restauration d'une image normale. À noter que peu d'individus échappent à cette image négative d'eux-mêmes, au moins à certains moments de leur vie et/ou pour certains aspects de leur personne.

Enfin, lorsqu'une personne a beaucoup de difficultés à reconnaître ses aspects négatifs et ses limites, qu'elle justifie ses erreurs et ses échecs, et qu'elle hypertrophie au contraire son positif et ses réussites, on parlera d'image survalorisée. À l'origine de cette forme d'image, sous laquelle cohabite toujours une image négative, il peut y avoir un doute sur soi, de l'insécurité, une non-existence en profondeur vécue dans l'inconscience. Celle-ci est en quelque sorte occultée par un paraître compensatoire grâce à l'exploitation de dons périphériques réels, ce qui laisse à l'individu une impression d'existence et ne lui rend pas aisée la prise de conscience de cette survalorisation. Là aussi, les conséquences sur soi et sur les relations sont importantes : on a tendance à entreprendre au-dessus de ses moyens, à rebondir en cas d'échec, à se sécuriser dans des rapports de force où l'on domine, à dépendre psychologiquement des personnes reconnues socialement, etc. Ce phénomène apparaît souvent dans des milieux où la réussite sociale et où la sensibilité au « qu'en dira-t-on ? » prennent une place disproportionnée par rapport à l'invitation à être soi simplement et pleinement.

L'idéal de soi

Il s'agit d'une forme particulière d'image de soi vers laquelle la personne essaye de tendre. C'est ce qu'elle aimerait devenir. À la base de l'idéal de soi, il y a des aspirations qui cherchent à s'exprimer et des besoins qui attendent d'être satisfaits. Cet idéal est en effet la résultante de désirs provenant de différents lieux dans la personne :
– les potentialités de l'être aspirent à vivre et à se déployer, de là naît l'idéal de s'accomplir, de devenir toujours plus soi ; c'est un idéal stimulant et réaliste ;
– les stéréotypes sociaux présentés comme modèles, l'éducation reçue — souvent conformiste — ainsi que les attentes de l'entourage actuel proposent l'idéal de ce qu'il faudrait être pour « être bien ». D'où une image idéale visant la satisfaction des besoins d'être reconnu et aimé ; c'est l'idéal social ;
– le moi-je se bâtit lui aussi un idéal à partir de ses ambitions, surtout lorsque celles-ci ont pour objet de compenser une image négative ou une culpabilité sous-jacente ; c'est « l'idéal du moi » pour reprendre une expression de S. Freud. Le contenu de cet idéal est souvent marqué par des idées de perfection et/ou de toute puissance.

L'idéal de soi s'origine donc à la fois dans l'aspiration fondamentale à exister et à la fois dans une recherche narcissique et une dépendance affective vis-à-vis des autres, chaque individu ayant tendance à privilégier une forme d'idéal selon son histoire et son étape de cheminement.

Selon l'accent mis sur un type d'idéal plutôt que sur un autre, les conséquences sur la croissance ne seront pas les mêmes. L'idéal fondé sur les potentialités de l'être est très stimulant, il agit comme un aimant qui attire sans cesse la personne à progresser et à devenir elle-même. L'idéal fondé sur des stéréotypes sociaux est également stimulant mais il maintient la personne dans un état de dépendance, il alimente un mécanisme de comparaison, il est source d'insécurité et de culpabilité : on n'est jamais « comme il faudrait qu'on soit pour satisfaire tout le monde ! ». Enfin, l'idéal bâti par le moi-je est source de tensions, d'intolérance vis-à-vis de soi et des autres, il porte à ne pas tenir compte des limites que l'on a, il laisse souvent la personne dans un état de déception par rapport à ce qu'elle voudrait être ou réaliser.

Un idéal réaliste pourrait être défini comme suit : « *Être soi, c'est-à-dire ce qu'on se découvre être au tréfonds de soi, et non pas ce que les autres disent, souhaitent ou attendent. Rien que soi, c'est-à-dire ne pas enjamber ses limites et ne pas se laisser prendre par les ambitions et les « sirènes » du moi-je. Tout soi, c'est-à-dire ne rien laisser en friche de ce qu'on est, être attentif à tout ce qui émerge au niveau profond pour le mettre en œuvre, avec intelligence et ténacité* ». [21]

Les principaux fonctionnements du moi-je

En raison même de sa place et de son rôle [*], le moi-je, par les fonctionnements de l'intelligence, de la liberté, de la volonté, influe considérablement sur la personne, sa croissance, et également sur l'entourage et l'environnement. C'est sous cet angle de la croissance de la personne que seront abordés les fonctionnements du moi-je.

La majorité des fonctionnements à ce niveau résulte d'un acquis culturel (éducation et milieu ambiant). On a appris à fonctionner de certaines manières et à vivre certaines attitudes (par exemple, le volontarisme, le fonctionnement cérébral, ou encore le fonctionnement autonome, l'ouverture au réel, etc.). D'autres fonctionnements du moi-je proviennent d'une auto-éducation, voire d'une rééducation, tentant d'assurer une cohérence entre les principes, les idées, les aspirations profondes, d'une part, et les comportements et les actes, d'autre part.

Les fonctionnements de l'intelligence

L'intelligence a pour fonction de connaître et de comprendre la réalité (la sienne et celle du monde environnant), de réfléchir et de raisonner. Informée par les sensations,

---

[21] N. O. *L'idéal de soi*, p. 6, 1992.
[*] Cf. p. 94.

l'intelligence déchiffre ces messages véhiculés par la sensibilité, elle met en mot ce que la personne perçoit et ressent. Ainsi ce qui n'était qu'une impression, une intuition, un besoin ou une sensation, éprouvés mais informulés, passe dans le champ de la connaissance, de la conscience claire.

– *Fonctionnement ajusté de l'intelligence*

Lorsque l'intelligence travaille avec cette exigence de formulation exacte des réalités perçues, on parle de fonctionnement ajusté de l'intelligence. Il n'y a pas de décalage entre le senti et les mots et expressions qu'on emploie pour le décrire. C. Rogers utilise le terme de « congruence » pour évoquer cette adéquation. Dans cette manière de fonctionner, l'intelligence vit simultanément rigueur et ouverture. Elle n'enferme pas le réel dans la perception qu'elle en a aujourd'hui. Elle reste ouverte à tout ce qui peut enrichir sa connaissance de la réalité, même si c'est au prix d'une remise en cause des représentations antérieurement acquises et à partir desquelles la personne a pu prendre des décisions et mener des actions. Ainsi le fonctionnement ajusté de l'intelligence est toujours accompagné d'une humilité face au réel dont on n'a jamais fini de percevoir le contenu. Ce réel se présente rarement comme on l'avait/l'aurait imaginé, prévu ou voulu. L'intelligence, pour fonctionner de manière ajustée, est confrontée à un travail fréquent de deuil des images que l'on s'est faites de soi, des autres, de la vie, de toute réalité pour se réajuster au réel qui s'offre à soi. Cette ascèse de l'intelligence, pour rester bien au contact avec la réalité, rend particulièrement efficace la communication interpersonnelle qu'elle épure des projections et des interprétations, sources de beaucoup de malentendus.

 « *Ce fonctionnement ajusté de l'intelligence est capital pour bien conduire sa vie. Pour prendre l'image de la voiture, nous dirons que l'intelligence est comparable aux phares. Elle a à rejoindre le réel, à le connaître de mieux en mieux pour que la liberté puisse décider en connaissance de cause et avancer sur la terre ferme du réel.* » [22]

---

[22] N. O. *L'intelligence et ses fonctionnements*, p. 1, 1989.

Note : une part importante de la formation que propose l'organisme PRH consiste à développer ce rapport sain de l'intelligence avec le réel, à apprendre à en déchiffrer les composantes au fur et à mesure qu'elles se révèlent à soi, à intégrer ces découvertes dans l'ensemble de la réalité déjà perçue et à abandonner tout ce qui ne s'avère pas conforme au réel. C'est une école de vérité avec soi, avec les autres et avec la réalité extérieure.

— *Le fonctionnement cérébral*

Il arrive que l'intelligence fonctionne sans ce contact direct avec le réel pour le connaître. Elle travaille avec des idées reçues ou issues d'analyses antérieures, ou encore avec des schémas de pensée, des grilles interprétatives, des préjugés, des raisonnements. Il s'agit d'un fonctionnement cérébral. L'intelligence n'est plus en prise avec la réalité qu'elle évoque ou qu'elle cherche à connaître, elle a décollé du réel. Chez certaines personnes cette manière de parler sur le réel sans le ressentir est devenue un mode de fonctionnement habituel dont elles tirent satisfaction et valorisation. Elles n'ont pas conscience que cette mise à distance avec l'expérience immédiate correspond à un dysfonctionnement et/ou à une forme de fuite de certains aspects de la réalité rendus inaccessibles à cause d'un poids de souffrance refoulée dans l'inconscience.

— *L'atonie de l'intelligence*

L'intelligence peut aussi ne plus fonctionner dans certaines circonstances, elle ne parvient plus à analyser ni à comprendre. Elle capitule, et ceci non en raison d'une complexité ou d'un faible niveau d'intelligence, mais à cause d'un blocage qui paralyse son bon fonctionnement. On parle dans ce cas d'atonie de l'intelligence, symptôme d'une blessure à ce niveau du moi-je.

Exemple : chez certaines personnes, des blocages de l'intelligence surviennent face aux chiffres, face à des papiers administratifs à remplir, à propos de l'analyse de leurs sensations, lorsqu'il s'agit de théorie, d'idées, ou, à l'inverse, face à un problème pratique comme le maniement d'un appareil, etc.

Les fonctionnements de la liberté

Le fonctionnement libre, expression de cette faculté de choisir et de décider, n'apparaît que tardivement dans l'évolution de la personne, contrairement aux autres fonctions. Il est comme une fonction ultime dans le processus d'humanisation d'un individu qu'elle provoque à l'existence et à la responsabilité.

– *Le fonctionnement de dépendance*

Au début de la vie, ce sont les autres qui décident pour soi. L'enfant (et ceci d'autant qu'il est plus jeune) est trop peu conscient de ce qui se passe en lui et ne peut par conséquent distinguer ce qui est bon pour lui de ce qui ne l'est pas dans le bouillonnement de ses besoins, de ses envies, des idées qui lui traversent l'esprit, de ses réactions, des messages de sa conscience profonde qui commencent à lui parvenir. Il est d'ailleurs peu conscient même du bien-fondé de ce qu'on lui dit de faire. Il dépend de son entourage, ne pouvant subvenir seul à ses besoins vitaux physiques et psychologiques. Il vit donc un fonctionnement de dépendance, se conformant à ce que lui dictent les autres et recevant ainsi ce dont il a besoin : affection, reconnaissance et sécurité. À l'adolescence, la liberté prend la forme du « je fais ce que je veux, ou ce que j'ai envie de faire ». C'est une nécessaire étape de contre-dépendance à l'égard des lois extérieures pourtant déjà intériorisées et à l'égard des personnes représentant ces règles, mais en même temps, le fonctionnement de dépendance demeure : la sensibilité, le corps, le moi-je ou les réactions de soumission et de révolte vis-à-vis des autres règnent en maître dans la personne et commandent ses comportements. Ce fonctionnement de dépendance, normal chez l'enfant et l'adolescent, peut se prolonger à l'âge adulte et devenir un dysfonctionnement. Il apparaît lorsque les éducateurs ou les responsables ne veillent pas à développer la référence à la conscience profonde et maintiennent leur tutelle par principe, par habitude ou par insécurité, et tant que le sujet lui-même trouve un bénéfice à ce qu'on décide pour lui ou préfère se laisser mener par la tyrannie de ses besoins.

– *L'indécision*

L'indécision constitue une autre forme de dysfonctionnement de la liberté. Il s'agit d'une inhibition plus ou moins totale de la faculté de choisir et de décider, accompagnée généralement d'une forte angoisse. En amont de cette indécision, on trouve soit une certaine forme d'immaturité ; la personne a, par exemple, du mal à déceler ses préférences ou à renoncer à tout faire, soit, plus communément, une blessure psychologique repérable à des symptômes tels que la peur de l'échec, la peur de se tromper, la peur de se « faire avoir », la peur des réactions des autres, la culpabilité à exister, l'insécurité, etc.

— *Le fonctionnement libre ou autonome*
Le fonctionnement libre ou autonome apparaît avec l'émergence de la conscience profonde, avec la capacité d'exister au niveau de l'être et de se dégager des aliénations qui entravent l'exercice de sa liberté. Il est de plus en plus fréquent chez le sujet psychologiquement adulte, mais on le rencontre également dans certains choix de beaucoup de jeunes ou d'adultes peu matures. Il correspond au fonctionnement normal de la liberté après la phase de dépendance et de contre-dépendance décrite ci-dessus. Ce fonctionnement se caractérise par :
— la prise en compte de tous les éléments à considérer dans une décision à prendre : les autres (leurs attentes, leur point de vue, leurs réactions actuelles ou prévisibles...), la situation avec les événements et les conditions matérielles, soi-même avec ses réactions, les besoins et le possible de chaque instance ;
— une prise de recul face à ces divers éléments pour ressentir l'intuition de la décision qui sera à la fois constructrice de l'être, assumable par toute la personne, adaptée à la situation concrète et aux autres comme ils sont ;
— une sensation de maîtrise de soi ; on ne s'est pas laissé mener ;
— une sensation de paix en profondeur et de satisfaction au niveau du moi-je ;
— une sensation de fidélité à soi et de croissance personnelle.

Dans ce fonctionnement libre et autonome, l'intelligence joue un rôle fondamental. Son ouverture, son impartialité et son humilité pour accepter tous les éléments de la réalité, établissent déjà la personne dans sa liberté intérieure.

Le système explicatif PRH

Cette ascèse intellectuelle est souvent difficile à vivre tant certaines sollicitations sont alléchantes en termes de gratification immédiate pour telle ou telle instance de la personne. La liberté se conquiert à ce prix, par cette suprématie du « principe de réalité sur le principe de plaisir » pour reprendre une expression freudienne. Le bonheur de croissance qu'on retire de cette soumission à la voix de sa conscience profonde compense largement les frustrations endurées.

Les fonctionnements de la volonté

La volonté est cette faculté qu'a une personne de mobiliser ses énergies, de faire effort pour réaliser ce qu'elle a décidé. On distingue donc la volonté des automatismes, des réflexes, de l'impulsivité.

– Le fonctionnement volontaire

Le fonctionnement normal de la volonté — dénommé fonctionnement volontaire — est tributaire du potentiel de volonté, différent pour chacun, de l'éducation reçue qui l'a plus ou moins éveillée, et surtout de la nature et de la force des motivations. Celles-ci peuvent trouver leur source dans les différentes instances de la personne (l'affectif et le sensible entraînent à faire ce qui plaît, ce dont on a envie ; le rationnel et les principes poussent la volonté à faire ce qu'il faut faire ; l'être et la conscience invitent à agir pour être soi et être fidèle à soi). Généralement, le fonctionnement volontaire se vit sans tension et sans exigences exagérées lorsque le bien-fondé de l'action à mener est suffisamment conscientisé. Parfois, les circonstances réclament un effort plus soutenu et plus onéreux, un « coup de collier ». L'énergie dépensée alors nécessite une récupération après coup, si l'on ne veut pas être en dette avec son organisme.

– Le fonctionnement volontariste

Il existe une déviation de cette faculté : le fonctionnement volontariste. Celui-ci n'est pas toujours identifié comme un dysfonctionnement par les personnes qui le vivent tant leur éducation, leur milieu, ou simplement leur nature active et entreprenante, les ont incitées à considérer comme normale cette sollicitation constante et exagérée de leurs forces. Dans ce type de fonctionnement la volonté ne cherche plus à servir la personne et sa croissance. Elle perd le respect des limites du corps, qui est anormalement tendu. Elle s'assujettit au moi-je, aux satisfactions qu'il retire de l'action pour l'action, à ses ambitions, à son système de valeur où l'effort, la performance, le devoir, la « perfection » ont été promus à la première place. La relation aux autres s'établit dans des rapports de domination et dans une inacceptation de leurs « faiblesses ». On retrouve souvent derrière ce volontarisme une fuite de soi, de la non-existence au cœur de soi, un idéal de soi disproportionné accompagné d'une culpabilité de ne pas en faire assez, des carences du besoin d'être reconnu qui cherchent à être compensées par la valorisation qu'offre l'action. Ne pouvant être reconnu pour ce que l'on est, on espère l'être par ce que l'on fait.

— *L'atonie de la volonté*

À l'inverse de ce fonctionnement hypertrophié, il y a l'aboulie, l'atonie de la volonté. L'intelligence perçoit l'acte à poser, le choix peut même se faire, mais la volonté n'accomplit pas, comme si son pouvoir de commander le corps pour agir lui échappait. La personne laisse les choses aller, remet à plus tard, ressent une fatigue annihilante, comme un ressort cassé... Cette atonie peut être ponctuelle et résulter d'un manque de vitalisation et de stimulation motivante de la part de l'entourage ou d'une fatigue du corps facilement objectivable. Mais elle peut être aussi la traduction d'un mal de vivre profond, enraciné dans l'enfance, où l'élan naturel de vie a été meurtri, faute d'avoir été accueilli et apprécié. En ce cas elle est un mode habituel de « non-fonctionnement ».

Quelques mécanismes du moi-je, freins pour la croissance

Les mécanismes de défense

Lorsqu'une personne se sent menacée physiquement par l'agression de quelqu'un, d'un groupe, d'une situation, elle réagit instinctivement en mettant en place un système de défense (par exemple, elle se rebelle, elle fuit, elle agresse, elle se durcit...). Il s'agit là d'un réflexe normal de survie qui protège l'organisme de la souffrance ou même de la destruction.

Ce qui est vrai pour les agressions physiques l'est également pour les « agressions psychologiques ». L'observation fait apparaître un système de défense ayant pour fonction de protéger la personne de certaines vérités sur elle-même (ou sur autrui, sur la vie...), notamment celles qui :
– la dérangeraient ;
– remettraient en question l'image qu'elle s'était faite d'elle ou de la réalité extérieure ;
– révèleraient des incohérences entre ce qu'elle ressent, ce qu'elle pense, ce qu'elle dit et ce qu'elle fait ;
– la confronteraient à des souffrances jusque-là inconnues ;
– la déstabiliseraient dans des convictions bien établies, sur lesquelles elle s'appuie et qui parfois donnent du sens à sa vie.

Face à ce danger interne, ce déséquilibre potentiel, la personne, à son insu la plupart du temps, peut utiliser son moi-je pour se défendre, se protéger de ce qui l'insécurise, tenter d'échapper à l'inconfort du déséquilibre et de l'angoisse, et refouler la vérité qui se profile dans son champ de conscience.

Les mécanismes de défense maniés sont nombreux et variés, souvent subtils. Ils varient en fonction de ce qui est menacé (par exemple, le mécanisme de justification ou certains mécanismes de projection ou d'accusation de l'autre, protègent l'image survalorisée ; le mécanisme de dévalorisation de soi préserve l'image négative ou une survalorisation et rend cohérent le fait d'échouer ou la crainte de l'échec ; le mécanisme d'idéalisation de son passé est fréquent pour maintenir refoulée une souffrance accumulée inconsciemment ; le mécanisme de négation ou de minimisation de ses besoins réduit ou occulte la souffrance de manques, etc.).

Il est capital de ne pas faire une lecture morale et culpabilisante de ces mécanismes (en se jugeant ou en qualifiant autrui de menteur, d'orgueilleux, par exemple), mais de décoder ces comportements en termes de fonctionnements psychologiques liés à des traumatismes reçus, à accepter comme tels, et sur lesquels on peut engager un travail d'assainissement. Ils sont en effet nocifs pour la croissance s'ils tendent à devenir un mode habituel de fonctionnement. Ces mécanismes, en même temps qu'ils protègent de la déstabilisation, empêchent la personne d'avoir accès à une condition essentielle de sa solidité et de sa santé psychologique : la connaissance de son réel et l'acceptation de ce réel.

Parmi les mécanismes de défense, certains ont été plus particulièrement étudiés à PRH à cause de leurs effets nocifs sur la croissance. Il s'agit des mécanismes de doute sur soi, de culpabilisation, et le fonctionnement imaginaire.

Le mécanisme du doute sur soi

Il s'agit d'un mécanisme lié à l'intelligence. La personne devient incapable de percevoir ses richesses d'être et de faire confiance à ses possibilités et ses intuitions. Il se déclenche dans certaines circonstances, ou il peut être un état permanent. On retrouve aussi ce mécanisme du doute dans le domaine de la guérison. La personne, n'ayant pas encore suffisamment expérimenté sa capacité de sortir de certains dysfonctionnements, peut douter de son aptitude à acquérir une meilleure santé psychologique.

À l'origine de ce mécanisme, on peut repérer :
– un faible degré d'émergence de l'être. La personne a peu d'expérience et de certitudes au niveau de son être. De ce fait, elle doute de ses capacités, elle se sent insécurisée pour se lancer dans l'action. C'est l'expérience de la croissance de l'être et de la guérison de ce qui l'entrave qui aura raison de ces doutes, en établissant la personne dans la sécurité de la connaissance de ses réelles possibilités et limites ;
– un dysfonctionnement de l'intelligence. Celle-ci perçoit le réel mais la personne n'arrive pas à croire que sa perception rejoint une réalité. Elle ne croit pas ce qu'elle voit ou ressent. De ce fait, aucune certitude ne parvient à s'édifier en elle, tout est remis en cause en permanence, engendrant image négative, insécurité, angoisse et inhibition. Comme pour tout dysfonctionnement du moi-je, il freine la croissance. Il est donc important d'en comprendre la genèse (un événement, une personne qui a semé le doute...) et de travailler à la rééducation du bon fonctionnement, en l'occurrence la confiance en la vérité de ses sensations et l'adhésion de l'intelligence au réel.

Le mécanisme de culpabilisation

Avoir conscience de la part de responsabilité que l'on peut avoir dans certaines circonstances, se sentir à juste titre fautif d'un acte répréhensible, regretter ses dysfonctionnements et leurs conséquences, réparer les torts causés à autrui : tout cela correspond à quelque chose de sain et contribue à la santé des relations humaines.

Par contre, le mécanisme de culpabilisation est à considérer comme un dysfonctionnement destructeur, nocif pour la croissance de celui qui le vit, et « empoisonnant » les relations à autrui. Il s'agit d'une auto-accusation disproportionnée, souvent infondée, accompagnée de sensations de peur ou d'angoisse, pouvant aller jusqu'à des états dépressifs ou obsessionnels. Ce mécanisme se déclenche comme un réflexe — par exemple, lorsqu'on cherche le responsable d'une erreur — ou bien lorsque quelque chose ne va pas bien dans l'entourage, ou encore lorsqu'on a commis une maladresse ou un faux-pas. La personne se ressent alors abusivement comme fautive, comme la cause de tout. Son intelligence est incapable de prendre du recul par rapport à la situation. Elle ne peut situer avec objectivité sa part réelle de responsabilité, ni celle des autres ou des circonstances.

Le mécanisme de culpabilisation remonte souvent loin dans le passé de l'individu. Il peut trouver son origine dans plusieurs types de cause, dont voici quelques exemples des plus fréquentes :
– une éducation très moralisante et jugeante qui a pu induire le sentiment qu'on a toujours quelque chose à se reprocher ;
– une hyper-responsabilité ou un idéal qu'on ne peut assumer, d'où la culpabilité de ne pas en faire assez, de ne pas être à la hauteur, de ne pas y arriver, de ne pas être assez bien ;
– un interdit de bonheur, sous prétexte que d'autres sont malheureux, ce qui a pour conséquence de se culpabiliser de tout plaisir, de toute satisfaction, et même du goût de la vie ;
– un lien qui s'est établi entre le fait d'exister et le malheur de quelqu'un que l'on aime. Le mécanisme de culpabilisation se déclenche alors dès que quelqu'un souffre ;
– c'est aussi, de manière plus courante, un mécanisme qui s'est éveillé très tôt chez l'enfant face à l'absence de réponse à ses besoins fondamentaux d'être reconnu et aimé de la part

des personnes importantes pour lui. S'il n'est pas vu et apprécié, c'est parce qu'il ne le mérite pas, ressent-il de manière inconsciente. Il se ressent alors coupable de ne pas être valable et de ne pas être aimable.

Le fonctionnement imaginaire en tant que mécanisme de défense
Il existe un fonctionnement cérébral d'un type particulier parce qu'il est lié directement au vécu douloureux ou effervescent de la sensibilité : c'est le fonctionnement imaginaire, appelé aussi fonctionnement imaginatif (qui n'est pas à confondre avec une capacité imaginative, source d'inspiration et de création). Le fonctionnement imaginaire est de type cérébral car il fait appel à des représentations, des images, des idées, des interprétations, des projections décollées de la réalité. L'intelligence est déportée dans l'imaginaire où elle puise des éléments dramatisant ou édulcorant la réalité. Elle bâtit de toutes pièces un scénario à partir d'une peur ou d'une envie de la sensibilité, sans avoir conscience au moment même qu'il s'agit d'un fantasme. La perturbation sensible est renforcée par l'ampleur des représentations imaginaires, et une sorte de synergie se déclenche entre fonctionnement cérébral de type imaginaire et fonctionnement sensible.

Un déclenchement imaginaire passager n'est pas à classer dans la catégorie du fonctionnement imaginaire décrit ici, car il est de courte durée et son intensité reste proportionnée à ce qui a touché la sensibilité. Par contre, le fonctionnement imaginaire est l'indice d'une blessure à guérir lorsqu'il est fréquent, qu'il se prolonge, et que la déformation de la réalité est importante. L'analyse du besoin déclencheur de ce fonctionnement constitue la porte d'entrée de la compréhension, puis de la guérison de la part disproportionnée de ce phénomène. Par exemple, un besoin disproportionné de sécurité peut être à l'origine d'un fonctionnement imaginaire : on anticipe la situation qu'on va rencontrer, on imagine ce qui va se passer, ce qu'on va dire, cherchant ainsi inconsciemment à avoir une prise sur la réalité et à maîtriser la situation.

Ces divers mécanismes du moi-je, freins pour la croissance (et dont la liste n'est pas exhaustive) ne sont pas indépendants les uns des autres. Souvent, ils coexistent en interaction dans la personne. Ainsi, par exemple, les mécanismes du doute sur soi et de culpabilisation engendrent le fonctionnement imaginaire, ou encore la culpabilisation entraîne d'autres mécanismes de défense tels que la justification ou l'accusation d'autrui, etc.

Place et rôle du moi-je dans la croissance de la personne

Si l'être et la conscience profonde constituent les instances premières de la personne au regard de son fonctionnement harmonieux et du processus de sa croissance, le moi-je, lui, en est la réalité seconde. Cette place est directement liée au rôle du moi-je qui est de servir la croissance de l'être et l'harmonie de la personnalité dans sa globalité (physique, psychique et spirituelle).

Si le moi-je s'érige lui-même à la première place en imposant ses vues, son idéal, ses principes ou ses ambitions, la personne tout entière en pâtit, ainsi que l'entourage, à cause de la coupure qui se fait d'avec l'essentiel, l'être et la conscience profonde. Si le moi-je laisse la sensibilité, le corps, les événements ou autrui le supplanter, la personne est comme un navire sans capitaine, elle dérive au gré des pulsions dominantes ou des attentes et influences extérieures. Dans les deux cas, la dysharmonie et la division s'installent dans la personnalité, source à terme de névrose.

Il revient donc au moi-je de connaître et de gérer le potentiel de richesses dont la personne est dotée pour l'investir dans l'axe de ce pour quoi elle est faite, en vue d'une fécondité optimale et de l'enrichissement de la société. Son rôle est de mettre au service du meilleur de soi, ses facultés d'intelligence, de liberté et de volonté pour qu'il vive, se déploie au maximum, en cohérence avec le reste de la personne (notamment sa conscience profonde) et le réel extérieur. En ce sens, le moi-je a une fonction de chercheur, de décideur, d'investisseur des énergies du corps, de vigilance et de contrôle de la cohérence et du réalisme de ce qu'entreprend ou vit la personne, et aussi de communicateur par la verbalisation.

Son rôle consiste également à s'auto-éduquer à vivre des attitudes favorables à la croissance de l'être, comme par exemple l'ouverture à ce lieu profond de soi, l'acceptation de ce qu'il est avec ses richesses et ses limites, la confiance en ses capacités, le respect de ses limites, l'écoute de ses aspirations ou de ses intuitions, la référence à la conscience profonde pour décider, la patience face à la lenteur de la croissance de l'être, etc. Pour se rééduquer, il lui appartient parallèlement de démasquer les attitudes néfastes qu'il a acquises, telles la fermeture, le refoulement, la censure du positif contenu dans l'être, ou l'indifférence, la déformation du réel, la dévalorisation ou la survalorisation, la domination, le doute, le paraître, le perfectionnisme, la comparaison avec autrui, bref tous les dysfonctionnements étudiés plus haut.

La place et le rôle du moi-je ne sont pas faciles à tenir, car il est à la fois à un poste de gouvernement de la personne — ce qui lui confère les prérogatives décrites ci-dessus — et en même temps, ce pouvoir n'a de sens que subordonné à la vie et à la croissance de l'être et soumis humblement à la réalité. C'est pourtant à travers ce rôle et cette attitude humble qu'il trouvera lui-même son propre développement et sa plus grande satisfaction et efficience. C'est également à cette place et dans ce rôle que le moi-je favorise un chemin d'unification dans la personne. Au lieu de s'ignorer, de vivre de la rivalité ou de la distance, les deux centres autonomes principaux (être et moi-je) entrent dans des rapports de coopération dont toute la personne bénéficie ainsi que son entourage.

Le corps

Description

Le corps est considéré comme une instance de la personne, c'est-à-dire un lieu à partir duquel des actes sont posés (par exemple, pour subvenir à ses propres besoins ou s'adapter à l'environnement). C'est une instance liée à la sensibilité, qui est en contact direct avec un environnement humain et des réalités matérielles. Le corps est appréhendé avec son « territoire » vital, son habillement, les affaires qui le concernent, son cadre de vie direct.

Le corps est une réalité sexuée qui détermine l'identité d'une personne et influence ses choix, ses comportements, ses relations.

Le corps est une réalité biologique qui a ses lois spécifiques de fonctionnement, de développement et de vieillissement ; c'est une réalité qui a un potentiel et des limites : résistance, longévité, énergie, beauté, santé, etc.

C'est un « *réservoir et un producteur d'énergie* »[23] et de vitalité plus ou moins importants selon les personnes. Chacun possède un capital de départ qu'il peut entretenir tout au long de son existence ou qu'il peut dilapider, provoquant une usure prématurée de l'organisme physique.

Il agit comme un révélateur de la vérité du vécu intérieur de la personne. Les sensations corporelles (bien-être physique, tension, faim, chaud, etc.) contiennent chacune un message renseignant sur le vécu du corps et/ou sur le vécu psychologique. Ce langage du corps échappe au pouvoir du moi-je, les manifestations corporelles peuvent s'imposer sans que le moi-je puisse les contrôler (émotions, maladies…). Dans le même sens, on peut considérer le corps comme un « vieux sage » réaliste qu'il est nécessaire d'écouter.

Le corps représente un moyen d'expression de la personne, de sa sensibilité, de ses sentiments, de sa pensée, de son être… (à travers les gestes, le regard, les attitudes, la voix, la sexualité, mais aussi le choix des vêtements, etc.)

Il constitue un moyen privilégié d'accès à l'être et d'unification de la personne. La détente musculaire, des exercices respiratoires ou certaines attitudes du corps favorisent l'intériorisation et le ressenti des sensations profondes provenant de l'être. Par ailleurs le bien-être physique est un chemin qui ouvre au bien-être de la personne dans sa globalité.

Il existe une interaction constante entre les différentes instances de la personne et le corps. Les principes, les ambitions du moi-je, sa docilité ou son indocilité vis-à-vis de la conscience profonde ont des retentissements sur le corps, le tendent, l'épuisent ou le respectent. Les envies qui emportent la sensibilité, mais aussi les souffrances que celle-ci contient prennent beaucoup d'énergie. Enfin, il y a une unité onto-

---

[23] *FPM 46* « Gérer mon corps », p. 2, 1987.

logique entre les deux instances être et corps : « *Nous sommes être et corps, indissociablement, au point de pouvoir dire que nous sommes un être corporé.* ».[24] Ainsi ce qui touche l'être rejaillit et s'exprime dans le corps (par exemple, une joie profonde émanant de l'être de quelqu'un illumine son visage, une motivation profonde le mobilise, la sensation de liberté intérieure procure une aisance corporelle etc.). La réciproque est vraie, l'état du corps influe sur le moi-je, la sensibilité, et l'être (leur efficience est largement diminuée en cas de fatigue, ou au contraire renforcée quand le corps est en bonne forme, par exemple). La croissance de l'être humanise le corps. Ce dernier laisse de plus en plus transparaître le rayonnement de l'être. L'être humain se démarque ainsi du règne animal.

La relation de la personne à son corps

Cette relation s'inscrit dans une histoire. Histoire dont on sait qu'elle commence dans la vie intra-utérine, qu'elle est marquée dès le départ par l'hérédité, qu'elle passe par un profond bouleversement à la naissance, qu'elle se poursuit dans une interaction permanente entre l'état et le vécu du corps d'une part et d'autre part l'état et le vécu des autres instances et de l'environnement social et matériel dans lequel vit la personne. Histoire qui s'achève par le déclin des forces et la mort. Au cours de cette histoire, le corps se transforme et une relation s'établit entre la personne et lui, dans sa globalité et dans ses éléments constitutifs. Cette relation évolutive dans le temps est marquée par l'image corporelle qui s'est peu à peu forgée à partir d'une perception personnelle, à partir du regard et des réflexions des autres et aussi à partir des schémas culturels à propos du corps, en vogue dans la société où la personne est insérée. Chaque culture a ses modèles, ses jugements de valeur et ses tabous en ce domaine. La relation de la personne à son corps est tributaire de cette relation que les autres ont eue et ont encore avec son corps, avec leur corps, avec le corps humain.

---

[24] *FPM 1* « Guide de formation » p. 10, 1992.

Cette relation de la personne à son corps peut être envisagée sous deux angles : la manière dont la personne considère son corps, et la manière dont elle se comporte à l'égard de son corps.

Chacun vit un type de relation particulier avec son corps. Pour les uns, c'est un ami, un partenaire, un serviteur, un bon compagnon dont les limites sont acceptées et avec lequel une harmonie relationnelle s'est instaurée, qui apporte des satisfactions en termes d'action, de plaisir, de relation, de bien-être… Pour les autres, c'est une machine qui marche plus ou moins comme ils veulent, un objet utile mais dont il faut s'occuper… D'autres y voient leur ennemi, un traître, un tyran, une bête, un objet de honte, ou bien un « rabat-joie », une source de douleurs, d'angoisse… D'autres encore n'ont pas de relation à leur corps ; c'est l'inconnu, ils semblent vivre sans lui. À l'inverse, certains en ont fait un dieu, etc.

De la manière dont le corps est considéré, dépend, pour une grande part, la manière dont on le traite et dont on prend soin de lui. Là aussi, les registres de comportements sont amples et variés. Ceux qui le considèrent comme un ami prennent soin de lui, de sa santé, de son hygiène, satisfont ses besoins, respectent ses limites, le ménagent. Ceux qui le voient comme un objet utilitaire ont tendance à profiter de ses services, parfois à en abuser, à lui accorder le minimum vital et à ne s'en occuper vraiment que lorsque la « machine est en panne ». Ceux qui le perçoivent comme un ennemi le détestent, le maltraitent, cherchent à le dominer, parfois à l'anesthésier ou à le détruire, ils lui font payer les contraintes et désagréments qu'il leur impose. Ceux pour lesquels le corps est un inconnu, l'ignorent, n'en tiennent aucun compte, le négligent. Par contre, les personnes qui le déifient ont tendance à le survaloriser, à lui prodiguer une attention et des soins excessifs, à lui consacrer temps et argent de manière exagérée…

Les besoins du corps

On peut les classer en deux catégories : des besoins physiques fondamentaux ou non, et des besoins psychologiques liés au corps. (Les besoins compensatoires du corps seront étudiés dans le paragraphe concernant les fonctionnements du corps.)

Les besoins physiques

Les besoins physiques visent la vie ou la survie du corps et de l'espèce humaine ; ils visent également l'agrément du corps. Ce sont les besoins de dormir, manger, boire, respirer, se mouvoir, le besoin d'être soigné quand il est malade, le besoin de se protéger contre les dangers qui le menacent, les besoins de confort et de satisfaction des sens, les besoins sexuels, etc.

Les besoins psychologiques

Les besoins psychologiques liés au corps se manifestent très tôt chez l'enfant : il s'agit du besoin d'être reconnu en son corps, vu et apprécié en son identité sexuelle, aimé à travers le toucher de la mère et du père ; du besoin d'être en sécurité, du besoin d'être « bien », heureux dans son corps, « bien dans sa peau », du besoin de liberté pour exprimer son corps, lâcher ses tensions… À l'adolescence, c'est en plus le besoin de sentir que ses parents sont heureux des transformations de son corps et le besoin de pouvoir en parler simplement et librement. À l'âge adulte, certains de ces besoins s'estompent, d'autres subsistent même si leur insatisfaction est moins grave que chez l'enfant qui établit la relation à son corps à partir de la manière dont son entourage s'est comporté avec lui. Avec l'âge aussi, certains besoins apparaissent : besoin de ménagement, de repos, de soins, parfois de régime alimentaire…

Les réactions disproportionnées et répétitives du corps

Le corps, comme la sensibilité étudiée au chapitre suivant, réagit à son environnement ainsi qu'à ce qui se passe à l'intérieur de lui (les réactions biochimiques…). Ces réactions permettent au corps de s'adapter en continu à la réalité interne et externe et de préserver ainsi un certain équilibre.

Certaines réactions du corps peuvent prendre un caractère disproportionné et répétitif dans des situations ou événements particuliers, et avec certains types de personnes. On peut classer parmi ces phénomènes réactionnels spécifiques à cette instance certaines manifestations psychosomatiques (maux de tête, ulcères à l'estomac, lombalgie, allergies, atonie, etc.), certaines pulsions tyranniques (pulsions orales, pulsions sexuelles, pulsion de destruction, de mort, etc.), certains mal-à-l'aise, troubles émotionnels, honte vis-à-vis du corps des autres (hommes et/ou femmes), ou certaines mises à distance, des mouvements de fuite, ou au contraire des attractions irrésistibles à l'égard de certaines personnes, l'apathie de certaines fonctions (perte du sommeil, perte d'appétit,…). Ces réactions peuvent se chroniciser si on ne travaille pas aux causes profondes qui les provoquent. En effet, à la base de ces réactions, on retrouve des blessures liées au corps (violences, carences affectives, soupçons, négation de leur identité, dévalorisation, mépris, moqueries, mort d'êtres chers, etc.). Ces blessures ont été enregistrées dans le corps sous forme de tensions et de peurs, elles se réveillent dans des circonstances qui rappellent inconsciemment les circonstances originelles où le corps a pâti. Elles sont à la source de certains fonctionnements du corps (cf. § suivant).

La guérison des blessures psychologiques relève d'un travail psychothérapique spécifique, en particulier lorsqu'elles sont en lien avec le corps.

Note : les symptômes utilisés par le corps pour manifester une perturbation d'ordre psychologique ont un lien avec certaines faiblesses de l'organisme physique. Il existe un « terrain » favorable à certaines somatisations plutôt qu'à d'autres. Il semblerait également qu'il y ait un lien, quasi symbolique, entre le type de problème psychologique et le type de symptôme corporel. Par exemple, un mal de dos pourrait manifester une trop grosse charge morale.

Les fonctionnements du corps

Les fonctionnements du corps visent à satisfaire ses besoins. On peut en distinguer quatre types.

Fonctionnement instinctif

Il s'agit là du plus primaire. C'est une caractéristique de l'appartenance des humains au monde animal régi par les instincts. Les besoins instinctifs du corps cherchent un assouvissement immédiat, de manière automatique et impulsive, sans l'aval ni le contrôle du moi-je et de la conscience profonde. Les actes résultant de ce fonctionnement ne sont pas forcément néfastes pour l'être et sa croissance, mais l'absence de réflexion et de décision précédant l'acte est un manque à gagner en termes de liberté, de responsabilité consciente de ses faits et gestes, et donc d'humanisation. Ce fonctionnement est normal chez l'enfant, il devient anormal chez l'adulte lorsqu'il est un mode habituel de fonctionnement.

Fonctionnement compensatoire

Toutes les caractéristiques du fonctionnement instinctif s'y retrouvent. Toutefois, ce fonctionnement, comme son nom l'indique, a la fonction compensatrice d'un vide intérieur. Ce n'est pas la simple satisfaction d'un besoin qui est en jeu dans ce fonctionnement, c'est une recherche compulsive pour combler un manque, un mal-être, « *un non-bonheur profond et ancien lié à une blessure de non-existence* »[25]. Il y a excès ou inadéquation dans la manière de répondre aux besoins (boulimie, alcoolisme, tabagisme, fringale sexuelle, hypersomnie, activisme…). Le plaisir immédiat ressenti par la satisfaction du besoin qui s'était manifesté ne parvient pas à supprimer le vide existentiel sous-jacent. Un développement de l'être et une guérison du passé douloureux latent font progressivement disparaître ce type de fonctionnement.

L'apathie du corps

À l'inverse du pouvoir, voire de la dictature des besoins du corps engendrant les deux fonctionnements précités, le corps peut perdre de sa vie, de son tonus, perdre aussi l'usage de certains sens, le ressenti de certains besoins. C'est l'apathie du corps ou son non-fonctionnement. La cause peut en être le vieillissement ou certaines maladies, et elle peut être d'origine psychologique (l'analgésie, certaines surdités ou cécités, les apathies d'ordre sexuel, etc.). Cette non-vie du corps, ayant sa source dans une problématique psychologique, réclame une aide appropriée.

Le fonctionnement normal

Le fonctionnement normal du corps, pour un être humain, c'est un fonctionnement paisible. Il y a maîtrise de soi dans la manière de répondre aux besoins du corps. La personne tient compte de

---

[25] N.O. *Le corps et ses fonctionnements*, 1989.

ses besoins physiques et les satisfait avec mesure et justesse, sans précipitation ni avidité. « *On agit selon sa nature d'être humain non dominé par ses instincts* »[26]. Pour que ce type de fonctionnement devienne habituel et ne résulte pas d'un volontarisme, l'être doit avoir acquis une maturité suffisante et le moi-je doit prendre sa place aux commandes de la personne. Celle-ci ressent alors une grande satisfaction à se vivre ainsi libre et posée. La dignité d'un être humain passe aussi par la manière dont son corps fonctionne.

La gestion du corps

Prendre soin de son corps et gérer ses forces dépassent le seul bien-être corporel ou la santé du corps, même si cela en participe et a toute son importance. La gestion du corps est étroitement liée à la finalité existentielle de la personne : l'accomplissement de son être en son identité et son « agir essentiel ». Gérer son corps, c'est se donner les moyens d'accomplir jusqu'au bout ce pour quoi on est fait. Être conscient de cela apporte des motivations profondes pour prendre soin de son corps au quotidien et le ménager pour le long terme.

Une saine gestion du corps requiert une bonne connaissance de ce dernier : son potentiel, ses faiblesses, ses limites, ses besoins, ses rythmes, ses réactions, ses symptômes, ce qui le régénère, ce qui lui nuit et l'use prématurément, etc. Elle suppose également une conscience des principes (choisis ou reçus), des règles de vie que l'on applique dans ce domaine, ainsi que de leur fondement. En effet, tous les principes ne sont pas constructeurs, certains relèvent de « ce qui se fait » mais ne sont pas forcément adaptés à soi.

Cette gestion sera affaire d'équilibre entre ce que le corps dépense au cours du travail et des activités qu'il accomplit, et les forces dont il dispose, que celles-ci proviennent du capital de départ ou de la reconstitution apportée par l'alimentation, le sommeil, les exercices physiques, la détente, ou un cadre de vie propice. L'épuisement progressif du capital constitutionnel peut être freiné par cette gestion équilibrée de ses ressources et de ses dépenses.

Une écoute et un décodage de ses signaux permettent de tenir compte de lui, notamment quand on est amené à prendre des décisions où il aura à fournir de l'énergie.

Place et rôle du corps dans la croissance de la personne

Le corps vient après l'être et le moi-je dans une hiérarchie d'importance établie en fonction de la croissance de la personne. Il a à être soumis au moi-je et géré par lui pour le compte de l'accomplissement de l'être. Il arrive avant la sensibilité à cause de son lien étroit avec la vie de chaque individu.

Son rôle principal est de fournir les énergies dont l'être a besoin pour réaliser l'« agir essentiel » de la personne.

Il fait office de « tableau de bord » pour le moi-je, qu'il renseigne sur ce qui va (sensations de bien-être corporel, santé...), et sur ce qui ne va pas dans la personne (symptômes, mal-à-l'aise, maladies...). C'est un apport précieux pour conduire sa vie en fonction de la croissance de son être.

Il exerce aussi un rôle régulateur du moi-je qui est facilement ambitieux et qui se laisse griser par l'action. Ses limites, qui s'accentuent avec l'âge, contraignent la personne à modérer son fonctionnement extériorisé et peuvent favoriser un développement de l'intériorité et d'une certaine sagesse. Une nouvelle échelle de valeurs apparaît, le corps a pu en être l'instigateur discret mais efficace.

Le corps joue un rôle dans le processus de guérison de la personne. Comme la sensibilité, il a tout enregistré de ce qui a touché la personne. Les tensions qu'il a accumulées, tout autant que les énergies dont il dispose, rendent possible cette lente restauration, les unes favorisant la prise de conscience de ce qui a été blessé, les autres permettant l'évacuation de ces souffrances et le relâchement des tensions.

La sensibilité

Description

Le terme sensibilité est pris dans le sens d'une capacité de vibrer, d'être touché, de s'émouvoir, de résonner et de réagir

---

[26] N.O. *Le corps et ses fonctionnements*, 1989.

à ce qui atteint la personne physiquement et psychologiquement. La sensibilité est considérée comme une instance de la personnalité, très proche du corps certes, mais où le vécu psychologique (affectif notamment) est particulièrement présent. Cette instance met le moi-je en relation avec le monde extérieur par l'intermédiaire des cinq sens. Par les sensations, elle relie également le moi-je au monde intérieur, c'est-à-dire aux autres instances de la personne. Les stimuli touchant les sens ou les sensations émanant du psychisme (être, sensibilité, moi-je) et ressenties dans le corps, parviennent au cerveau par la voie du système nerveux, support physiologique de la sensibilité comparable à un « *fluide conducteur* » de ces messages. Le système nerveux garde trace de tous les événements de l'histoire du sujet depuis sa conception, à la manière d'une « *bande enregistreuse* », ainsi que l'ont confirmé les découvertes scientifiques de ces dernières décennies. La sensibilité joue donc un rôle fondamental dans le processus de la connaissance de soi, du fait de ses fonctions : ressentir, vibrer, transmettre les messages, les enregistrer et les restituer.

La sensibilité est présente et réactive dès le début de la vie. Elle est teintée de la personnalité de l'individu : d'une part le potentiel de sensibilité est variable selon chacun, et d'autre part le degré de cette sensibilité diffère selon les domaines (par exemple elle réagit plus dans les domaines où l'être aspire à vivre, ainsi que dans les secteurs où il est entravé pour se déployer). La sensibilité est aussi marquée par le contexte culturel, qui l'éveille en la faisant vibrer à certaines valeurs, centres d'intérêt, personnes ou choses (le beau, l'action, la nature, la littérature, l'altruisme, l'argent, la science…). La sensibilité est également influencée par les deux registres de l'affectivité : il y a ce qu'elle aime, ce qui l'attire, la gratifie, et, à l'opposé, il y a ce qui lui déplaît, la heurte, la blesse, la frustre, la révulse. Enfin la sensibilité est marquée par l'histoire de la personne avec ses joies et ses souffrances, ce qui engendre chez elle des réactions et des *a priori*, favorables ou défavorables selon la trace laissée par les expériences antérieures.

Deux zones dans la sensibilité

On peut distinguer deux zones dans la sensibilité liées au degré de profondeur de ce qui se passe dans cette instance.

Une zone superficielle

Celle-ci est très épidermique, réactive au premier degré, à l'instant même où la sensibilité est touchée. Là, les réactions sont souvent éphémères, imprévisibles et amplifiées comme si la sensibilité agissait à la manière d'une caisse de résonance de la réalité extérieure ou intérieure. Les contrariétés de la vie l'égratignent, provoquant parfois des blessures relativement superficielles, les plaisirs de la vie la gratifient sur le moment, l'absence de perturbation ou d'agrément la laisse paisible en surface.

Une zone profonde

Celle-ci est caractérisée par plus de stabilité; les réactions y sont moins primaires, les sensations y sont ressenties comme moins superficielles, plus chargées de contenu psychologique. C'est une zone irradiée par l'être, où l'on sent de la paix, de la vie, des aspirations profondes et toutes les manifestations de l'être. Toutefois, lorsqu'une personne se trouve confrontée à un environnement néfaste qui ne satisfait pas, ou pas suffisamment, ses besoins fondamentaux, une souffrance ou même une blessure peuvent se produire à ce niveau profond de la sensibilité et un système de défense se met en place pour protéger l'être.

À ce niveau aussi, on peut constater la présence de poches de souffrance, souvent non conscientisées, provenant de blessures du passé: notamment celles qui ont affecté l'aspiration fondamentale de l'être à exister, soit dans sa globalité, soit dans certains de ses aspects. Lorsque ces blessures se ravivent, elles engendrent des perturbations importantes qui se propagent dans toute la sensibilité, épidermique et profonde. Elles gênent l'actualisation des potentialités de l'être, et parfois même la bloquent.

Ces deux zones de la sensibilité comportent des parties saines — avec des réactions ajustées du fait de l'absence de traumatismes — et des parties blessées — devenues hypersensibles ou au contraire insensibles.

Les états de la sensibilité

Selon la zone concernée (superficielle ou profonde), selon aussi la nature de ce qui la fait vibrer (circonstances, personnes...) et de ce qui est touché (partie saine ou partie blessée), la sensibilité peut connaître divers états que l'on peut classer en quatre catégories :
– paisible, harmonieuse, calme, ajustée... ;
– excitée, emballée, euphorique, exaltée, effervescente, énervée, en colère, explosive, à vif, bouillonnante... ;
– douloureuse, perturbée, tiraillée, meurtrie, souffrante... ;
– gelée, anesthésiée, paralysée, indifférente, raidie, « blindée »...

Ces états de la sensibilité vont induire les différents fonctionnements propres à cette instance [*].

Au fur et à mesure de la croissance de la personne, les états de la sensibilité connaissent une évolution. Elle se dégèle dans les secteurs où elle s'était protégée en s'anesthésiant, elle s'apaise et devient plus harmonieuse et plus ajustée là où une guérison s'est produite, elle s'avive et s'affine du fait de l'ouverture croissante de la personne vers l'extérieur. En un sens, elle devient plus perméable, plus réceptive, et donc plus vulnérable. Parallèlement, la croissance de l'être rend plus solide, et le développement de l'intelligence aide à prendre du recul. Ainsi, l'avancée en maturité psychologique a tendance à augmenter la perméabilité de la sensibilité aux joies et aux souffrances, mais en même temps on est moins déstabilisé du fait de la solidité plus grande de l'être et d'une plus grande objectivité du moi-je.

Note à propos de quelques concepts comme l'hypersensibilité, l'émotivité, la vulnérabilité, la fragilité psychologique et l'insensibilité.

– Certaines personnes ont naturellement une sensibilité extrêmement fine qui vibre à presque tout avec intensité. On rencontre ce type de sensibilité chez des artistes, par exemple. Cette forme de sensibilité très vive, liée au donné génétique, est à distinguer de l'hypersensibilité, qui résulte d'un lourd passé de souffrance et/ou de systèmes de défense déficients qui n'ont pas réussi (ou qui ne réussissent pas) à protéger suffisamment la personne des agressions subies. Il est très vraisemblable que cette hypersensibilité se développe surtout chez des sujets déjà très sensibles par nature.

[*] Cf. p. 109.

– L'émotivité est une réaction forte de la sensibilité, accompagnée de manifestations physiques (pleurs, sueurs, rougeur, palpitations, tremblements etc.). C'est un phénomène naturel chez une personne qui n'a pas refoulé sa sensibilité et qui se trouve confrontée à une situation éprouvante ou inhabituelle. Les personnes à sensibilité très vive ont tendance à plus vibrer émotionnellement que les autres. Si cette émotivité est excessive et incontrôlable, elle peut provenir de blessures réveillées par certaines circonstances dans le présent.

– Certaines personnes assimilent être sensible et être fragile. En fait, être sensible suppose d'être ouvert et réceptif, de se laisser être atteint. Ainsi la vulnérabilité est le corollaire du fait d'être sensible. Cet état de vulnérabilité entraîne parfois l'individu à employer un système de défense sain pour éviter des souffrances destructrices, et ceci d'une manière qui peut être consciente et gérée. Cette vulnérabilité n'est pas en soi un signe de fragilité psychologique. Elle peut en effet s'accompagner d'une solidité de fond de la personnalité, qui d'ailleurs rend possible cette ouverture et cette réceptivité. La vulnérabilité est une caractéristique normale de la nature humaine et plus largement de la vie. Elle participe tout autant à la richesse d'une vie qu'à ses traumatismes.

Par contre, la sensation de fragilité psychologique, elle, est liée au manque d'appui possible sur le « roc d'être ». La personne se sent dépourvue de confiance en elle, déstabilisée, à la merci des autres ou des événements, incapable de faire face, insécurisée, angoissée. Alors que la vulnérabilité entraîne une prudence normale, la fragilité favorise l'hyperprotection à cause de l'insécurité qu'elle génère. Seule, l'humilité de reconnaître et d'accepter cette fragilité fait retoucher à sa vérité et, de ce fait, redonne accès à sa solidité.

– La dureté ou l'insensibilité peuvent apparaître comme le propre de gens « forts », capables de s'imposer, de faire face aux difficultés sans émois et d'endurer les épreuves. En fait, il s'agit là d'une forme d'hyperprotection, de « carapace » qui masque une fragilité de fond et/ou une non-acceptation de sa vulnérabilité. Dans les difficultés et les épreuves, il est normal que la sensibilité soit touchée et que la personne éprouve de la douleur.

Les différents types de réactions de la sensibilité

Les réactions normales de la sensibilité

Une réaction de la sensibilité est dite normale lorsque ce qui est ressenti et les réactions qui s'ensuivent sont proportionnés à l'ampleur du facteur déclenchant (circonstances, événements, personnes…). Ainsi un événement heureux, attendu depuis longtemps, procure une émotion intense ; et un reproche injustifié, exprimé avec agressivité, fait mal et provoque indignation, protestation, explications. C'est normal dans le sens où il y a proportion entre la cause et l'effet, signe que la sensibilité a été touchée dans une partie saine, non blessée. On peut ranger dans cette catégorie des réactions normales de la sensibilité, les réactions vigoureuses (protestations exprimées vivement, refus, mouvements de colère…) liées au fait que quelque chose d'essentiel a été atteint dans la personne, au niveau de son être. La réaction est proportionnée à la valeur que représente cet essentiel pour la personne. Dans ce cas, il n'y a pas le sentiment de perte de contrôle de soi, mais affirmation forte de soi.

Les réactions disproportionnées occasionnelles
Il arrive que la sensibilité réagisse, ponctuellement, trop vivement ou au contraire trop peu (des moments d'énervement, de déprime, d'indifférence…), alors qu'habituellement, dans les mêmes circonstances, elle réagit de manière ajustée. Ces réactions n'ont pas leur racine dans une blessure de la sensibilité. Elles peuvent être le fait de la fatigue de la personne, d'un moment de plus grande vulnérabilité liée à des circonstances, à un problème de santé, à un manque de vitalisation de l'être, etc. Il est sage d'identifier la cause exacte en vue de retrouver un meilleur fonctionnement.

Les réactions disproportionnées et répétitives
Il s'agit là de réactions de la sensibilité qui se déclenchent quasi immanquablement dans certaines situations, avec certaines personnes ou face à certains événements. Ces réactions peuvent se manifester de trois manières :
– explosion, colère (extériorisée ou interne), agressivité, violence, euphorie, emballement, attrait ou rejet démesuré… ;
– dépression, anéantissement, tristesse, mélancolie, abattement moral, repli sur soi, angoisse…,
– insensibilité, indifférence, anesthésie, froideur, apathie…

Le diagnostic de ces réactions n'est pas toujours facile à établir, surtout lorsque la circonstance présente contient des raisons objectives d'éprouver de la douleur (une injustice, une incompréhension, un rejet, un soupçon, un licenciement, un deuil...), ou encore lorsque l'entourage vit lui-même beaucoup de disproportion dans ses manières de réagir. Outre l'ampleur de la réaction, on peut repérer une disproportion à une durée anormale de la réaction, à l'ampleur du système de défense (fuite, mise à distance, agressivité, durcissement...) mis en place pour ne plus être confronté au facteur déclenchant ; on peut aussi être alerté par les réactions différentes des autres dans les mêmes circonstances.

Une fois la réaction identifiée comme disproportionnée, on peut remonter à la cause profonde dans le psychisme, grâce à une analyse des sensations éprouvées au moment-même de la réaction. En effet, l'observation de ce phénomène a permis d'en déterminer une explication psychologique. Une réaction disproportionnée et répétitive apparaît chaque fois que le facteur qui la déclenche a une analogie avec une situation, un événement, ou quelqu'un qui, dans le passé, a blessé la personne vivant cette réaction, et c'est ce qui lui donne son caractère répétitif.

L'incompréhension des causes profondes de ces phénomènes conduit souvent les personnes à porter des jugements moraux — en s'accusant, ou en accusant autrui, de méchanceté, de paresse, de laisser-aller, de manque de cœur, etc. — ou encore à projeter sur la situation présente la cause de leur réaction (Exemple : « Si on m'avait parlé sur un autre ton, je n'aurais pas réagi si violemment », ou bien « je suis complètement déprimé à cause du temps qu'il fait »). L'être humain, ayant besoin de trouver une explication à ce qu'il vit et qu'il ne maîtrise pas, justifie ainsi ses comportements.

Ce phénomène des réactions disproportionnées et répétitives et leurs causes seront repris dans le chapitre sur la guérison des blessures du passé.

Les fonctionnements de la sensibilité

La sensibilité peut fonctionner selon quatre modes.

Le fonctionnement ajusté

Elle peut fonctionner normalement, avec des réactions

proportionnées à ce qui la fait vibrer. Il n'y a pas de discordance entre le stimulus interne ou externe et la réponse de la sensibilité. En dehors de réactions plus fortes, légitimées par certaines circonstances particulières (deuil, licenciement, accident, ou plus communément contrariété, perte d'objets, difficulté relationnelle...), la sensibilité est habituellement calme. C'est pourquoi on parle de fonctionnement ajusté ou fonctionnement paisible. Il y a une sorte de régulation normale, sans refoulement, de la sensibilité par la vie de l'être et par le moi-je. Ce dernier a du recul, il n'est pas submergé, il est en mesure d'analyser les sensations émises et de les situer dans leur contexte. On est libre et maître de soi. Pour être assez constant, ce type de fonctionnement suppose que l'être ait suffisamment émergé. Celui-ci équilibre alors les mouvements parfois exagérés de la sensibilité.

Le fonctionnement sensible

À l'inverse de ce fonctionnement ajusté, il y a le « fonctionnement sensible » où on est emporté par sa sensibilité et ses envies, ses impulsions ou ses répulsions, ses souffrances, ses peurs, ses emballements. C'est elle qui domine et entraîne la personne, sans que le moi-je puisse la contrôler. C'est ce fonctionnement qui se manifeste dans les réactions disproportionnées évoquées au paragraphe précédent, et s'origine dans les souffrances du passé lorsqu'il prend un caractère répétitif. Le fonctionnement sensible engendre des actes teintés d'impulsivité, d'excès, d'impatience, et parfois chargés d'un vécu émotionnel intense. Pour progresser dans une atténuation de ce fonctionnement, une remise en ordre des fonctionnements des instances de la personnalité s'avère nécessaire : l'être a besoin de croître et de se densifier, le moi-je doit apprendre à tenir son rôle de gestionnaire de la personne et de contrôle de ses réactions, la sensibilité a à guérir de ses blessures du passé, le corps peut aider par sa détente.

Le fonctionnement compensatoire

Proche du fonctionnement sensible par le fait que la sensibilité prend également la première place et domine la personne, proche aussi du fonctionnement imaginaire[*], mais distinct de

---

[*] Cf. p. 93.

ces deux fonctionnements par ses caractéristiques propres, il y a la rêverie, ou fonctionnement compensatoire. Ce fonctionnement peut répondre à deux besoins :
– quand la sensibilité est douloureuse, la rêverie est un moyen que se donne la personne pour fuir sa souffrance et se réfugier dans un monde imaginaire où tout se passe pour le mieux, c'est-à-dire comme elle aurait aimé que le réel soit. Ce fonctionnement est un moyen de survie qu'emploient certaines personnes affrontées à de grosses épreuves ou ayant un lourd passé douloureux.
– ce fonctionnement peut aussi se déclencher à partir d'une effervescence de la sensibilité de type positif. La rêverie fait alors décoller la personne de la réalité en lui procurant un surcroît de plaisir. Celle-ci se forge un monde imaginaire dans lequel ce qu'elle vit et qui emballe sa sensibilité se prolonge et s'intensifie. Tous ses désirs sont comblés et elle baigne dans le bonheur.

Dans ces deux cas, la rêverie remplit une fonction compensatrice d'un état de malheur latent. La recherche de bonheur dans la rêverie, même illusoire, aura tendance à se maintenir tant que la personne n'aura pas expérimenté d'autres modes de satisfaction dans la réalité, et tant que le moi-je n'aura pas opté pour se maintenir dans la réalité et pour résister à la tentation de l'évasion. Cela requiert un niveau déjà élevé de motivations, car la sensibilité, perdant sa compensation, est confrontée à la frustration et à la douleur. Cette confrontation représente la seule voie pour espérer un jour guérir des souffrances sous-jacentes.

L'apathie de la sensibilité

Enfin, la sensibilité peut ne plus fonctionner, ne plus ressentir, ne plus vibrer, ne plus réagir. C'est l'apathie de la sensibilité ou insensibilité. Cette apathie peut être la résultante d'une éducation où le refoulement des sensations était valorisé comme une force et prôné comme un mode de fonctionnement efficace et virilisant. Certaines personnes se sont ainsi auto-éduquées à ne pas « s'écouter », à se « blinder » pour, peu à peu, ne plus ressentir. L'apathie de la sensibilité se rencontre également chez des

Le système explicatif PRH

personnes ayant eu à se protéger de souffrances aiguës. Le docteur Janov, dans un chapitre intitulé « *Le refoulement : les verrous du cerveau et la perte de la sensibilité* »,[27] montre comment l'organisme sécrète des endorphines à effet antalgique lorsqu'il est affronté à une douleur physique ou morale insupportable. La guérison de cette apathie est possible mais suppose un fort investissement de la personne et une aide appropriée.

La gestion des souffrances de la sensibilité

La manière dont on réagit, lorsque l'on souffre ou que l'on vit une perturbation, n'est pas sans conséquences sur soi, sur sa croissance et sur l'entourage.

Le premier réflexe de quelqu'un face à ce qui le fait souffrir, c'est l'évitement. L'être humain n'aime pas souffrir. Instinctivement, il cherche à éviter la souffrance, à la repousser ou à la supprimer quand elle apparaît. Chaque personne possède son registre de réactions primaires lorsque sa sensibilité est douloureuse :
— certains ont des réactions plutôt introverties du type : repli sur soi et même enfermement sur soi, auto-accusation, durcissement ; ils s'en prennent à leur tempérament, leur hérédité, à la fatalité.
— d'autres réagissent de manière plutôt extravertie en accusant les autres, les agressant, leur faisant des reproches ; ils cherchent un coupable en dehors d'eux.
— d'autres encore s'effondrent, se laissent submerger ou bien au contraire refoulent leur souffrance, l'ignorent, l'anesthésient.

Ces réactions instinctives sont normales et compréhensibles dans un premier temps, mais elles ne désencombrent pas vraiment la sensibilité de la souffrance, car celle-ci n'a pas été acceptée. Souvent même, ces réflexes alourdissent le vécu douloureux de la culpabilité d'avoir ainsi réagi.

Un deuxième temps est nécessaire pour gérer au mieux ses perturbations, c'est-à-dire en limiter les inconvénients sur soi

---

[27] *Le nouveau cri primal,* p. 48 à 66. Dr ARTHUR JANOV,
Édition Presses de la Renaissance, 1992.

et sur autrui. Il s'agit, à ce moment-là, d'accueillir le fait que l'on souffre, de consentir à la présence de cette souffrance en soi, puis d'en analyser le contenu afin d'en comprendre l'origine. Quand la situation le permet, le fait de laisser vivre la sensation éprouvée avec son contenu émotionnel aide à « évacuer » la souffrance. C'est là l'hygiène naturelle de la souffrance : on la laisse sortir, quitte à en pleurer, jusqu'à ce qu'elle s'apaise. Le temps fait le reste. Lorsque la souffrance s'origine dans le passé, une analyse de la sensation présente est le seul chemin d'accès aux sensations plus profondes du passé, encore vivantes et réactives mais enfouies dans l'inconscience. Peu à peu, elles réapparaissent dans la sensibilité avec leur acuité d'antan, leur analyse peut s'effectuer et leur contenu émotionnel peut ainsi s'évacuer.

Dans cette gestion des souffrances de la sensibilité, le moi-je joue un rôle important. C'est à lui que revient cette acceptation de la souffrance et la tâche d'en analyser la cause, puis de décider de réagir en accord avec l'être aux pulsions éveillées par la perturbation afin de contrôler les réactions dysharmonieuses qui surgissent.

Place et rôle de la sensibilité dans la croissance de la personne

La sensibilité exerce plusieurs rôles dans le processus de croissance.

Elle intervient au niveau de la connaissance de soi du fait de sa capacité de capter des messages et de les transmettre au moi-je grâce aux sensations vécues et analysables par lui. C'est la voie d'accès à l'être, au niveau de la zone profonde, et plus largement au réel.

La sensibilité, par la satisfaction des sens ou la sensation de calme, peut être un chemin pour s'enfoncer plus profondément au niveau de l'être, là où on expérimente du bonheur et de la paix profonde.

Elle tient lieu de mémoire organismique, comme une banque de données dans laquelle on peut puiser une connaissance d'éléments oubliés ou refoulés. Ce rôle est indispensable au processus de guérison. Quand la sensibilité se libère de ses tensions, contenues dans les kystes de souffrance, un regain de vie inonde la personne et vitalise l'être.

La sensibilité protège la personne du ressenti de certaines souffrances, ainsi que l'être des agressions, par un système de défense réflexe, utile au moment des blessures, mais handicapant la vie de l'être par la suite.

Plus la sensibilité est vive, ajustée et harmonieuse, plus elle favorise l'objectivité et l'intelligence du moi-je, lui donnant accès à des perceptions ou intuitions fines et subtiles.

Elle joue également un rôle dans l'humanisation de la personne par son caractère de vulnérabilité et de réceptivité. Elle complète en ce sens la rationalité du moi-je.

Elle habille l'expression des potentialités de l'être de sa couleur particulière, de ses teintes artistiques, affectives, masculines ou féminines, de son harmonie, etc. Elle entre ainsi dans le processus de personnalisation de l'individu.

La sensibilité elle-même se développe au fur et à mesure de la croissance et de la guérison, ainsi que grâce aux formations artistiques et culturelles. Elle s'affine et vibre à de nouvelles réalités l'ayant laissée jusque-là dans une certaine indifférence.

Sans être première, comme l'être et la conscience profonde, la sensibilité tient une place importante dans la personne et sa croissance, ainsi qu'on vient de le voir. Chez beaucoup de gens, cette place a besoin de s'ajuster. En effet, la sensibilité peut devenir un facteur handicapant pour la conduite de sa vie, si elle prend la première place de manière habituelle, et impose ses réactions, ses besoins, voire ses exigences à la personne (cas du fonctionnement sensible ou de la rêverie). Elle asservit alors la personne au seul registre du plaisir, du gratifiant immédiat, de l'émotionnel au premier degré. Cette manière de prioriser la sensibilité laisse la personne à la superficie d'elle-même et nuit au contact avec sa profondeur et à sa maturation psychologique. *A contrario,* un handicap comparable existe si les personnes n'accordent aucune place (ou trop peu de place) à leur sensibilité et à ses manifestations, car elles appauvrissent du même coup leur relation à elles-mêmes et à leur entourage. Elles deviennent prisonnières de leur propre protection qui les isole de la réalité tant interne qu'externe. Leur personnalité se rigidifie et se sclérose.

Ainsi, la sensibilité interfère dans la croissance globale de la personne pour la favoriser mais aussi pour l'handicaper, lorsqu'elle n'occupe pas sa juste place et/ou lorsqu'elle a été meurtrie et qu'elle déforme ou bloque les messages qu'elle reçoit.

La conscience profonde

La notion de conscience telle que nous l'abordons dans ce chapitre est prise dans le sens d'une conscience morale à laquelle la personne se réfère pour juger de ses actes, et non dans le sens d'une conscience psychologique liée à la connaissance, qu'on retrouve dans les expressions telles que : avoir conscience de quelque chose, le champ de conscience…

Avant de décrire la conscience profonde, il importe de la différencier d'autres types de conscience qui s'élaborent dans la personne au fur et à mesure de son évolution.

Différents types de conscience

La conscience socialisée

La notion de bien et de mal apparaît très tôt dans la vie de l'enfant. Les parents et les éducateurs, puis les milieux fréquentés, lui fournissent des fondements axiologiques pour juger d'un acte (s'il est bon ou mauvais, s'il est permis ou interdit, s'il comporte des dangers ou pas) et, plus largement, pour distinguer le bien du mal. Cet ensemble de règles morales apprises constitue la conscience socialisée de la personne. Cette conscience est caractérisée par le fait qu'elle représente une référence externe à soi, acquise, et légitimée par le bien de la personne et celui de la société.

Lorsque ces règles sont enseignées avec intelligence, par des personnes qui les appliquent elles-mêmes, et lorsque ces règles ne présentent pas de contraintes trop gênantes pour l'expression de la vie de l'être, leur acquisition et leur intégration chez l'enfant ne posent pas de problème. Très rapidement, un enfant sent intuitivement le bien-fondé de certaines exigences, surtout si on a pris la peine de le lui expliquer et si on lui accorde le délai nécessaire pour l'apprentissage de leur application.

Le système explicatif PRH

Ce qui complique souvent l'intégration de ces règles, c'est leur hétérogénéité selon les groupes d'appartenance et les milieux. Dans une même famille, les critères qui définissent le bien pour l'un, ne correspondent pas forcément aux critères de l'autre. L'éthique de certains milieux d'affaires ou de certains milieux scientifiques ou politiques, par exemple, ne converge pas toujours avec la morale sociale, la morale religieuse, la morale familiale... Ces divergences engendrent des conflits internes chez les personnes et facilitent en elles un phénomène de clivage de la personnalité accompagné d'incohérences comportementales, l'apparition d'un mimétisme de circonstance, d'un esprit conventionnel ou, au contraire, de contre-dépendance, de rébellion, et donc d'une aliénation.

À l'inverse, l'apport de règles homogènes avec l'être profond facilite la relation de la personne à elle-même et à son milieu, et participe à l'éveil de sa conscience profonde.

Toute sa vie, la personne reste marquée et souvent conditionnée par cet héritage moral provenant d'autrui. La conscience socialisée imprègne le moi-je de l'individu, y compris à un niveau inconscient, et d'autant plus, si le contexte social est très normatif et moralisateur.

Se soumettre aux exigences de sa conscience socialisée offre la sécurité de se sentir dans les règles, dans les normes, la sécurité de ne pas déparer avec l'idée que l'on se fait des attentes des autres, on a « bonne conscience ». Derrière cette recherche de sécurité, il y a généralement la peur de ne plus être aimé de quelqu'un ou encore la peur d'être exclu d'un groupe. Corollairement, la transgression des lois édictées par la conscience socialisée engendre de l'insécurité et/ou un sentiment de culpabilité plus ou moins éprouvant psychologiquement. On ne peut s'acquitter de cette culpabilité vis-à-vis des autres que grâce à la réparation, la sanction, le retour dans le cadre du permis, du légal, ou bien grâce à une désaliénation par rapport au jugement d'autrui et grâce à une référence à ses propres valeurs, celles qui proviennent de son être.

La conscience socialisée est caractéristique de l'étape de l'enfance, elle est nécessaire pour pallier l'immaturité de l'enfant et pour le protéger, ainsi que son entourage, des conséquences néfastes possibles de son inconscience. Elle prédomine tant que l'enfant (ou l'adulte) n'a pas acquis ses propres références par son expérience personnelle et par l'éveil de sa conscience profonde, donc tant qu'il n'a pas acquis une autonomie suffisante pour décider par lui-même. En ce sens, une société ne peut se passer de l'intériorisation de ces références éthiques de la part de ses membres. Quand elles sont homogènes avec la conscience profonde des individus, ces lois morales garantissent le bon fonctionnement social, et leur transgression engendre une forme plus ou moins grave de désordre social.

Chez l'adulte, la conscience socialisée peut devenir une entrave à sa croissance si elle le maintient dans une dépendance à l'égard des autres et donc dans une inexistence. De plus, cette soumission à la loi des autres engendre souvent l'irrespect à l'égard de soi : on sacrifie les aspirations de son être, on peut abdiquer son bon sens, on tyrannise sa sensibilité et son corps pour se plier aux exigences d'autrui.

La conscience cérébrale

Une autre forme de conscience s'éveille précisément lorsque la personne commence à acquérir cette faculté de penser et de décider par elle-même. C'est l'étape de l'adolescence. À partir de ses idées, de sa réflexion, de ses expériences, de ses ambitions et de ses besoins, à partir aussi de ce qu'elle a intériorisé et ratifié des normes sociales ou de ce qu'elle en rejette, la personne élabore ses propres règles de conduite, ses principes, qu'elle considère comme bons et auxquels elle cherche à se conformer. Se constitue ainsi la conscience cérébrale du sujet. Elle est souvent teintée de réactions de contre-dépendance à l'égard des règles morales reçues dans l'enfance. Cette référence à des principes que l'on choisit soi-même est une étape nécessaire pour passer d'une référence à la conscience socialisée à la référence à la conscience profonde. C'est un pas vers l'exercice d'une plus grande liberté intérieure.

Au niveau de la conscience cérébrale, l'idéal du moi-je peut occuper une place importante. Les exigences sont alors excessives par rapport aux réelles capacités de l'individu. Les échecs ou les manquements qui en résultent laissent des sensations de déception vis-à-vis de soi, d'humiliation, d'amertume ; on se sent coupable face à soi-même.

La conscience profonde

Le troisième type de conscience — la conscience profonde — commence à s'éveiller au tréfonds de l'enfant à partir du moment où ses facultés mentales sont suffisamment matures pour reconnaître les messages émanant de cette zone profonde, et lorsque l'être lui-même est assez vigoureux pour se manifester et faire entendre ce qui va dans le sens de son accomplissement et ce qui s'y oppose.

La conscience profonde se distingue des autres types de conscience par le fait qu'elle ne relève pas d'une élaboration du moi-je, le sien ou celui d'autrui ; ce n'est pas une loi « fabriquée », mais une loi interne « reçue » et expérimentée comme bonne pour soi, pour les autres, et favorable à la croissance. Cette loi, « *reflet de notre identité* » [28], le moi-je a la liberté de la reconnaître ou il peut en faire fi. Elle provoque à la liberté intérieure, à la fidélité à soi, même si cela doit déroger aux habitudes ou aux règles du milieu, alors que les autres consciences ont tendance à scléroser la vie avec des principes auxquels on se conforme de manière souvent volontariste. « *La docilité à la conscience profonde fait entrer dans des chemins inconnus, où l'on se sent toujours seul face à soi-même, même si d'autres sont engagés dans la même voie. C'est la solitude fondamentale de la personne qui, étant unique, se trouve engagée sur un chemin unique, avec une loi unique : celle inscrite en son être* ». [29]

Par ailleurs, les écarts vis-à-vis de la conscience profonde ne culpabilisent ni ne condamnent la personne, comme c'est le cas pour les autres types de conscience. Ces infidélités suscitent d'abord un sentiment de responsabilité, notamment pour les torts causés à autrui ou à soi, torts que l'on regrette sans pour cela sombrer dans la désespérance. La conscience profonde fournit des lumières pour réparer les conséquences de ces infidélités. Elle éveille à une lucidité plus grande sur les limites et sur les faiblesses que l'on peut avoir. Elle provoque à aller vers plus de justesse et de réalisme. Elle engage la personne dans une dynamique d'ouverture et de progrès. À l'inverse, les consciences socialisée et cérébrale tendent à enfermer dans l'angoisse et la

---

[28] N.O. *Les consciences*, p. 5, 1988.

[29] Idem, p. 7.

culpabilité lorsqu'il y a eu écart. Elles invitent souvent à rebondir et à se justifier plutôt que de chercher à s'ajuster.

Ces trois types de conscience coexistent à l'intérieur de la personne avec la prédominance de l'une ou l'autre selon les moments ou selon les secteurs de vie concernés, car il peut y avoir des décalages de maturité selon ces secteurs. Certains domaines génèrent une attitude infantile de conformisme social, d'autres invitent à se référer à la conscience cérébrale ou à se situer en contre-dépendance, d'autres secteurs, dans lesquels on existe plus unifié et mature, sollicitent le niveau de la conscience profonde. Cette coexistence est à l'origine de conflits intrapsychiques et de tiraillements, l'individu cherchant instinctivement à gratifier tout le monde, les autres et chaque instance de sa propre personnalité.

Pour qui veut orienter sa vie dans l'axe de sa croissance et veut connaître une réelle liberté et unification intérieure, un long apprentissage de la référence à sa conscience profonde pour tous les secteurs de sa vie est nécessaire. Cet apprentissage a fait l'objet d'une pédagogie spécifique dans la formation PRH.

Approche descriptive de la conscience profonde

Dès le début de la recherche PRH, la notion de conscience profonde est apparue comme fondamentale pour la croissance des personnes et l'exercice de leur liberté intérieure. C'est au moment de l'élaboration de la 3e représentation schématique de la personne[*] qu'elle a été différenciée explicitement de l'être et qu'elle a occupé une place dans le schéma de la personne comme une instance de la personnalité à part entière. Dans ce schéma, la conscience profonde est située intentionnellement à proximité de l'être, accolée à lui, traduisant par là sa place au tréfonds de la personne et son lien particulier avec l'être. Pourtant, la conscience profonde est différente des autres instances de la personne : ce n'est pas une réalité en contact direct avec ce qui est externe à la personne, elle n'a de contact avec l'environnement extérieur qu'à travers la perception qu'en ont

[*] Cf. p. 56.

les autres instances. Par contre, c'est une instance en contact direct avec les réalités transcendantes. Ainsi, par exemple, ceux qui vivent une relation à une Transcendance en perçoivent les « messages » par la médiation de leur conscience profonde.

La conscience profonde est une instance qui guide la personne dans la conduite de sa vie et dans la poursuite de son plein accomplissement. On pourrait la comparer à la boussole d'un voyageur, toujours disponible pour être consultée et pour indiquer la route à prendre. C'est le centre de référence interne pour apprécier ce qui va dans le sens de l'être et de sa croissance. « *La conscience profonde est la voix de l'être en croissance. Elle exprime les aspirations de cet être, ce qui est conforme à son bien et aussi au bien de toute la personne.* »[30] Comme la voix humaine n'est perceptible que si l'on parle, ainsi la conscience profonde n'est saisissable que dans son fonctionnement, notamment lorsqu'on y fait référence. C'est une sorte de loi de vie, de santé psychologique et de croissance, inscrite au tréfonds de soi, loi unique pour chaque personne puisque liée à son identité, à son destin et au réel de sa situation. « *Elle est la traduction en termes d'appels de ce que nous sommes destinés à devenir dans la ligne de notre identité foncière.* »[31]

Il ne s'agit donc pas d'une référence morale abstraite qui dicterait le bien et le mal « en soi », le licite et l'illicite à la manière d'une éthique sociale intériorisée. La conscience profonde vit en prise directe avec le vécu intérieur de la personne (avec ses désirs, ses besoins, ses aspirations, ses réactions, ses limites et ses blessures…). Elle est également connectée à la situation présente à travers ce que vit la personne, ceci afin d'optimiser la perception de ce qui est le meilleur pour la conduite de sa vie et qui favorise la fidélité à l'être et l'harmonie globale de la personne. C'est un « lieu-synthèse » des autres instances en contact avec une situation déterminée. D'où le réalisme de cette instance qui agit comme un lieu actif et réactif face à ce que vit la personne et à ce qui se présente à elle en orientant ses décisions dans la direction du « plus-être ».

À la différence d'un « surmoi » qui aurait tendance à imposer ses principes et ses lois à la personne, la culpabilisant si elle

---

[30] N. O. *Les consciences*, p. 2, 1988.
[31] Idem, p. 5.

n'obtempère pas, la conscience profonde, elle, n'exige rien de ce que la personne ne pourrait assumer. Elle tient compte du réel et reçoit l'assentiment de toutes les instances, même si parfois ce qu'elle demande déroute les idéaux ou les principes du moi-je, frustre certaines envies de la sensibilité ou réclame des efforts au corps. C'est pourquoi, faire confiance à sa conscience profonde et suivre ce qu'elle dicte est toujours une voie de croissance et d'expression juste de la liberté intérieure d'une personne. Choisir de déchiffrer au pas à pas cette loi interne et choisir de s'y soumettre place chacun dans les meilleures conditions pour devenir lui-même.

Note : n'y aurait-il pas un risque d'égocentrisme et même d'antinomie avec une morale altruiste ou simplement avec le bien commun, à considérer la conscience profonde sous l'angle d'une référence à ce qui est bon pour la personne et à ce qui favorise sa croissance ?
N'est considéré comme bon pour la personne prise dans sa globalité que ce qui est en harmonie avec l'être. Il est indispensable de ne pas perdre de vue ce postulat. Comment le bien de la personne, en effet, pourrait-il être en totale opposition avec ce qui constitue l'aspiration du plus essentiel d'elle-même ? Or, comme cela a été présenté au cours du chapitre sur l'être, l'une des caractéristiques majeures de ce qui constitue l'essentiel d'une personne, c'est sa dimension communautaire. Le mouvement naturel de l'être pousse la personne à s'ouvrir sur autrui, à vivre ses richesses et donc à enrichir son milieu de ce qu'elle est et de ce qu'elle fait. La conscience profonde, en faisant entendre au moi-je la « voix de l'être », l'appelle à actualiser les potentialités de l'être, à mettre ses dons à disposition de la société, alliant ainsi bien personnel et bien commun. Autrement dit, le bien d'autrui est inclus dans la référence à ce qui est bon pour la personne. En corollaire, ne peut être bon pour la personne ce qui détruit autrui.
À l'opposé, l'absolutisation de l'oubli de soi et la centration exclusive sur autrui sans tenir compte du bien personnel, peuvent être considérées comme des dysfonctionnements (fuite de soi, recherche de valorisation, fusion avec autrui, compensation inconsciente de manques, réparation suscitée par de la culpabilité, etc.). Ces comportements, aux apparences altruistes, alors qu'ils sont, de fait, égocentrés, engendrent des dépendances psychologiques et de la culpabilité dans les relations interpersonnelles. Le risque d'égocentrisme existe lorsque le moi-je se centre sur lui-même ou sur les besoins de la sensibilité et du corps sans tenir compte de l'accord de l'être et donc sans référence à la conscience profonde. La conscience profonde est une voix de sagesse qui n'oublie personne, ni les autres, ni soi. Elle rend libre en provoquant chacun à assumer la part juste de responsabilité qui lui incombe.

Le système explicatif PRH

La référence à la conscience profonde

La conscience profonde peut se manifester dans plusieurs types de circonstances : principalement, lorsqu'elle est consultée au cours d'un discernement; plus occasionnellement, lorsqu'un essentiel pour la personne est concerné, par exemple : sa vérité, son honnêteté, sa vie, sa foi, sa liberté, ses liens avec les autres… La conscience profonde envoie alors des « messages » au moi-je, sous la forme de sensations, d'intuitions ou même d'impératifs, le poussant à réagir pour le bien de la personne ou pour le bien d'autrui. Même si elle peut, de temps en temps, se manifester ainsi de manière quasi réflexe et non prévisible, elle reste néanmoins tributaire de l'importance qu'on lui concède et de la consultation qu'on lui accorde.

La référence à la conscience profonde est généralement un acte volontaire et conscient du moi-je lorsque la personne a quelque chose à décider, un choix à faire ou qu'une situation problématique réclame une solution. Le processus de consultation de la conscience, que le moi-je enclenche, peut revêtir deux formes :
– soit un simple et rapide arrêt pour choisir l'acte à poser ou pour vérifier si ce que l'on s'apprête à décider ou à faire, laisse la conscience profonde en paix ou non. Cette consultation quasi instantanée prend souvent la forme d'une question que l'on pose à sa conscience (par exemple : est-ce que je dis cela ou est-ce que je le garde pour moi? Qu'est-ce que je réponds face à cette sollicitation? De quelle manière employer ce temps libre? Est-ce que je fais cette dépense? etc.). On se laisse alors guider par ses intuitions ou par les réactions favorables ou défavorables de sa conscience profonde. Si une décision ou le projet d'un acte provoquent un malaise, il est probable que l'acte envisagé ou la décision sur le point d'être prise ne sont pas totalement les bons. Une recherche plus approfondie s'impose alors pour découvrir la racine de ces malaises et, si possible, pour parvenir à une décision plus satisfaisante. Par contre, si on ressent de la paix au niveau de sa conscience profonde, c'est souvent le signe qu'on peut décider et agir.

Ces arrêts peuvent être très fréquents dans le quotidien et devenir peu à peu un réflexe pour prendre ses décisions de moindre importance et pour poser ses actes ordinaires.

Ainsi s'éduque le discernement, lequel est relié à l'instinct d'être. « *Lentement, par expérience et en tâtonnant, nous parvenons à une sûreté de jugement. En même temps se dégage en nous une spontanéité « intelligente » face au quotidien.* »[32]
– soit cette consultation de la conscience profonde prend la forme d'un discernement plus long et plus fouillé, notamment lorsque la décision est importante ou quand le problème à résoudre est complexe. Durant ce travail de recherche de la meilleure décision possible, il se produit un mouvement interactif entre le moi-je et la conscience profonde. Une sorte de dialogue intérieur s'établit. La conscience profonde a besoin du travail de l'intelligence pour être éclairée le plus possible sur tous les éléments qui forment le choix à faire ou le problème à résoudre, et le moi-je a besoin de cette référence à la conscience pour prendre sa décision avec justesse.

Dans un premier temps, le moi-je vit une dominante d'écoute et de déchiffrage des messages émanant de chaque instance « convoquée » en quelque sorte en ce « lieu-synthèse ». En effet, toutes les instances de la personne réagissent lors d'un choix ou d'une décision. Au niveau de l'être, on peut ressentir du bonheur, de la paix, du dynamisme, une évidence qu'on est sur le bon chemin, ou au contraire la sensation qu'on ne pourra pas être soi ou se réaliser vraiment… Au niveau du moi-je, on peut ressentir que ce qu'on envisage est raisonnable, valable, adapté, réaliste, faisable, valorisant ou au contraire on vit des doutes, des réticences, des questions… Au niveau du corps, on peut ressentir son potentiel de forces, disponible et proportionné à l'acte à accomplir, ou au contraire on ressent de la fatigue, de la lourdeur, l'intuition qu'on n'aura pas les énergies… Au niveau de la sensibilité, on peut vivre une envie, une attraction ou au contraire une répulsion, on peut ressentir du calme, un bien-être, de l'effervescence, ou un malaise, une souffrance, des peurs…

---

[32] N. O. *Quatre types de décisions*, p. 3, 1985.

Durant ce premier temps, et en particulier s'il s'agit de décisions importantes, il est toujours utile de compléter ce tour d'horizon intérieur par la consultation de certaines personnes de bon sens à propos de la décision à prendre, afin de connaître leurs réactions, leur avis, leurs suggestions. Ces échos extérieurs peuvent apporter des éléments qu'on n'avait pas vus ; ils peuvent également favoriser la prise de conscience de mobiles plus inconscients qui faisaient pencher le discernement dans un certain sens ; ils sont parfois confortants d'une décision qu'on n'osait pas prendre en accord avec l'être .

Grâce à la conscientisation des réactions des différentes instances et grâce à l'apport d'avis extérieurs, le moi-je dispose d'éléments importants pour la prise de décision. Il lui faudra vérifier de temps en temps qu'il n'occulte rien du contenu de son champ de conscience (de nouveaux éléments peuvent apparaître, notamment des aspects du réel intérieur ou extérieur laissés dans l'ombre inconsciemment parce que remettant en cause ce que la sensibilité ou le moi-je auraient bien aimé décider pour leur satisfaction propre).

Un deuxième temps commence alors. Le moi-je prend du recul par rapport à toutes ces influences internes et externes et se place autant qu'il le peut dans une attitude d'écoute libre, disponible et impartiale à l'égard de ce que peut exprimer la conscience profonde. Le contact conscient avec le réel intérieur et le réel extérieur, de la manière la plus complète possible, permet ainsi à ce « lieu-synthèse » de la conscience profonde d'émettre soit l'intuition, soit l'évidence de qu'il est juste de décider (la décision pouvant être d'attendre pour arrêter sa décision car décider en l'état actuel de la situation serait prématuré).

Une fois la bonne décision à prendre (parfois, la moins mauvaise) suffisamment émergée à la conscience, il reste au moi-je trois temps :
– une ultime vérification que cette décision soit bien en accord avec l'être (on peut soumettre le résultat de son discernement à autrui et confronter les réactions de ce dernier aux intuitions de sa propre conscience profonde. Cette manière de procéder est particulièrement indiquée pour des décisions lourdes de conséquences).

– la responsabilité de prendre la décision, en docilité à la voix de la conscience profonde.
– l'engagement du moi-je dans la mise en œuvre concrète de cette décision. Durant cette phase d'actualisation de la décision, le moi-je doit rester à l'écoute de la conscience profonde et se laisser guider docilement par elle jusque dans les modalités pratiques de la mise en œuvre. Il n'est pas rare, en effet, que de nouvelles décisions aient besoin d'être prises lors de cette phase de concrétisation. Le moi-je est alors souvent tenté d'élaborer sa propre stratégie d'action sans se référer à la conscience profonde.

La liberté intérieure de la personne est à la mesure de l'humilité du moi-je à l'égard de cette « intelligence » qui le conduit, dont il peut vérifier après coup la profonde cohérence. Ainsi, la référence à la conscience profonde ne procède pas d'une réflexion purement rationnelle qui dicterait ce qu'on doit faire. Même si la raison incarnée par le moi-je a son mot à dire et s'il est important d'en tenir compte, elle demeure, à elle seule, insuffisante et restrictive. La conscience profonde fait appel à une autre logique, une autre source de cohérence, plus profonde et plus large, une autre sagesse, où la part intuitive, fondée notamment sur l'« instinct d'être » et sur des valeurs liées à une Transcendance, tient une place importante aux côtés d'éléments rationnels et/ou affectifs.

Les dysfonctionnements du moi-je à l'égard de la conscience profonde

Ce n'est sans doute pas un hasard si le mot conscience recouvre deux fonctions interagissantes entre elles : la fonction de connaissance et la fonction de référence morale. Dans son expression, la conscience profonde est pour une bonne part tributaire du fonctionnement de l'intelligence et du degré de connaissance qu'elle a acquis concernant le vécu interne et les différents éléments de la situation. Ainsi, le rôle du moi-je est tellement fondamental pour décider « en connaissance de cause » qu'il est utile de détecter certains pièges qui le guettent et qui altèrent sa référence à la conscience profonde.

– Il peut ne pas consulter la conscience profonde et laisser la personne être à la merci des influences dominantes.

– Il peut la fuir alors qu'elle se manifeste, et s'assujettir à d'autres « maîtres » comme des principes, des ambitions, un idéal, des envies de la sensibilité ou du corps, des attentes d'autrui, sans chercher plus loin si cela va dans le sens de la croissance globale de la personne.

– Il peut faire dire à sa conscience ce qu'il aimerait s'entendre dicter par elle, et argumenter autour de la décision qui a sa préférence.

– Il peut anormalement justifier certains actes réprouvés par la conscience profonde. Une expression populaire parle de « conscience élastique ».

– Il peut refouler certains mobiles inavouables et dérangeants.

– Il peut s'engager dans un discernement avec une idée déjà précise de la solution à adopter, et ne capter que les éléments le confortant dans la direction prise.

– Il peut éluder certains éléments de la situation qui ne vont pas dans le sens de ce qu'il aimerait décider.

– Il peut se focaliser sur une aspiration de l'être qui pousse la personne dans un certain sens, sans tenir compte d'autres aspects de l'être ou de contraintes liées à la réalité…

Seule, une mise en vérité avec le réel de ce que l'on vit, à l'aide d'une analyse méthodique, peut déjouer ces nombreux pièges ou dysfonctionnements vécus par le moi-je dans sa relation à la conscience profonde. L'exercice de la liberté intérieure suppose une forme d'ascèse : la soumission à la vérité telle qu'elle est et non pas telle qu'on la voudrait ou qu'on se l'imagine. Vivre ainsi une liberté intérieure, établie sur la reconnaissance humble de la réalité comme elle est, laisse le sujet dans une paix profonde, alors que le détournement de la vérité introduit le malaise.

À noter toutefois qu'une rigueur et une honnêteté intellectuelle ne pourront jamais rendre compte de la réalité dans toute sa complexité et son contenu ; elles ne mettent pas à l'abri d'erreurs de discernement. Certains mobiles restent inconscients, certains éléments de la situation peuvent échapper à l'investigation, des événements surgissent qui modifient les données. Aussi est-il sage, d'une part, de mettre ses discernements sous le regard de personnes susceptibles d'interpeller sur des éléments insuffisamment pris en compte, et d'autre part, de vivre une certaine souplesse dans la conduite de sa vie pour adapter ou même revoir ses décisions au fur et à mesure où de nouveaux éléments apparaissent. Autrement dit, suivre sa conscience profonde ne dispense personne d'une vigilance pour vérifier si ce qui a été décidé en conscience un jour, avec la connaissance que l'on avait à ce moment-là, demeure toujours d'actualité compte-tenu de la nouveauté incessante de la vie.

Place et rôle de la conscience profonde dans la croissance de la personne et dans la conduite de sa vie

La conscience profonde occupe une place aussi essentielle que celle de l'être dans une approche de la personne en croissance, en raison même de son rôle fondamental de référence au service de l'accomplissement de la globalité de la personne et principalement de son être en son identité et son « agir essentiel ».

On peut résumer son rôle autour de quelques points-clés :
– C'est une instance de référence, sans cesse en activité, disponible tout autant pour apprécier les petites décisions du quotidien ou les actes ordinaires que l'on pose, que pour les décisions importantes qui orientent la vie de la personne et son agir.
– Elle prend en compte et rassemble en synthèse les diverses données internes et externes à la personne, perçues par le moi-je.
– Elle réagit aux décisions qu'envisage le moi-je, aux attentes des autres en exprimant sous forme de sensations son consentement ou son refus aux décisions ou aux actes à venir.

Le système explicatif PRH

– Elle émet des intuitions de ce qu'il est juste de décider qui soit en accord avec l'être, et compatible avec le vécu de chaque instance.

– Elle influe sur la sensibilité par l'émission d'une sensation de paix lorsqu'il y a accord entre le moi-je et celle-ci, et d'une sensation de malaise lorsqu'il y a désaccord.

– Son rôle est soumis à la référence qu'on lui fait et à la docilité que l'on vit à l'égard de ses invitations.

Chapitre III

La personne et son environnement

L'environnement humain

Un individu ne s'humanise et par conséquent ne devient une personne qu'en contact avec d'autres êtres humains ayant eux-mêmes dégagé leur propre personnalité et donc leur humanité, et vivant dans une société donnée. C'est dire l'importance de l'environnement humain dans le processus de personnalisation et de croissance de chacun.

Cet environnement est composé de tous ceux qui gravitent directement autour de la personne : les membres de sa famille, les voisins, les amis, les collègues de travail, les gens et les groupes avec lesquels elle vit ses engagements.

Il est aussi constitué du milieu ambiant : milieu social, culturel, idéologique et religieux environnant ; milieu où se vivent des valeurs, des règles de conduite, des lois, des croyances, des idées sur l'homme, la femme, les enfants, les relations humaines... Ce milieu ambiant s'inscrit dans une histoire, un passé, des lieux...

Soulignons également dans cet environnement l'importance déterminante du contexte politique. On n'a pas les mêmes atouts pour devenir soi selon que l'on vit dans un pays démocratique, dans un état de droit, ou sous la férule d'un régime dictatorial, ou encore dans un pays en guerre.

Le milieu humain dans lequel la personne est immergée exerce une profonde influence sur sa personnalité : il imprègne les mentalités, favorise certains comportements et en proscrit d'autres, il induit un type de rapport de la personne à elle-même, à autrui et au monde. La réciproque est vraie, chaque personne marque son entourage. Cette influence peut être aidante ou nuisible pour la croissance. Dans les faits, la majorité des milieux humains contiennent, à des degrés divers, à la fois des aspects aidants et des aspects nocifs selon les moments.

Au début de son existence, l'enfant n'a pas le choix de l'environnement humain qui l'entoure, d'où sa dépendance quasi totale et sa grande vulnérabilité, d'où également la nécessaire prise de conscience pour les parents et pour les éducateurs de développer leur propre qualité humaine et une qualité relationnelle avec l'enfant. Plus tard, la personne peut davantage exercer sa liberté dans le choix de ses fréquentations afin qu'elles participent aussi à sa croissance.

Un contexte humain favorable est constitué de personnes suffisamment matures, capables d'éveiller par leur propre qualité humaine le meilleur chez l'autre, capables aussi de satisfaire les besoins psychologiques primaires tels que le besoin d'être reconnu et aimé, le besoin de liberté, le besoin de sécurité. Ce milieu encourage l'expression des aspirations profondes de la personne et en favorise l'actualisation. Il est également caractérisé par l'authenticité et la saine vigueur des personnes. Celles-ci sont assez solides et libres pour exprimer, à bon escient, ce qu'elles ressentent et qui peut aider l'autre, quitte à le déranger dans ses pseudo-équilibres. Dans ce contexte, la personne est provoquée à exister et à s'affirmer avec sa personnalité propre, assurée d'être acceptée comme elle est, d'être comprise dans ses inévitables tâtonnements ou erreurs et d'être stimulée sans cesse à progresser. Elle est ainsi en mesure de donner le meilleur d'elle et de développer sa liberté intérieure.

Un milieu humain néfaste frustre la personne dans ses besoins et la brime dans son désir d'exister telle qu'elle est. Ce peut être un milieu trop normatif, trop coercitif ou à l'inverse trop permissif, un milieu hostile, incompréhensif, insécurisant, pathologique, jugeant négativement, culpabilisant, ou simplement indifférent, égocentré, un milieu où les valeurs profondes sont bafouées (vérité, justice, amour...).

Ce peut être paradoxalement un contexte trop comblant ou trop protecteur qui ne permet pas à la personne d'avoir accès à ses désirs et qui la prive de l'initiative de la manière de les gérer. Dans de tels environnements, la personne est entravée dans son élan naturel d'existence. Instinctivement, elle a tendance à ne vivre que les aspects d'elle-même qui sont admis par son milieu et à refouler le reste jusqu'à parfois ne plus ressentir son désir d'être, à moins qu'elle ne se rebelle en s'imposant. Les blessures psychologiques apparaissent dans ces contextes.

L'environnement matériel

La personne ne peut être dissociée du territoire dans lequel elle vit et qui conditionne pour une part importante son existence et son développement. Comme pour l'environnement humain, l'environnement matériel agit dans le processus de croissance d'un individu, soit pour le favoriser, soit pour le gêner ou même le contrecarrer.

Cet environnement est constitué des objets ou biens qui appartiennent à la personne ou qui sont utilisés par elle pour sa subsistance, ou encore qui peuplent son univers (ses affaires, son appartement ou sa maison, les meubles, la décoration, son territoire professionnel...); il est fait aussi du cadre de vie plus large (urbain, rural, régional, national...) et du contexte économique; il est composé encore plus largement d'éléments comme le climat, les saisons, le cosmos.

Chaque individu a des besoins personnels en matière d'environnement matériel selon son âge, sa personnalité avec ses caractéristiques, ses goûts et aussi ses blessures, selon son « agir essentiel », son appartenance sociale, son état de vie, sa culture, son implantation géographique, etc. Il peut agir sur certains éléments de son environnement direct afin de les adapter à ses besoins et d'humaniser son cadre de vie, mais il doit se conformer lui-même aux exigences de certains autres éléments intangibles comme par exemple les exigences du contexte économique, ou les conditions atmosphériques du moment.

Considéré sous l'angle précis de la croissance des personnes, l'environnement matériel occupe une double fonction. La première est celle d'assurer à la personne la satisfaction des besoins vitaux de son corps. Dégagée des préoccupations de sa survie, elle est plus disponible pour se soucier de ce qui se passe en elle. La seconde fonction de l'environnement est celle de contribuer à un bien-être psychologique et même un épanouissement de la personnalité en offrant des moyens matériels et un cadre de vie, permettant la réalisation de soi et de son « agir essentiel ». Les formes, les volumes, les couleurs, les sons, les saveurs, les odeurs, les textures, la présence d'éléments de la nature peuvent participer à la vitalisation de la personne et éveiller son être.

Chapitre IV

La vie relationnelle et affective

LA VIE HUMAINE procède d'une relation. Elle ne peut subsister que grâce aux relations. Elle ne peut se développer qu'en contact avec des relations affectives, c'est-à-dire des relations dans lesquelles elle puise de l'affection et de la chaleur, où elle côtoie les sentiments profonds et positifs d'un autre à son égard. D'où le lien fondamental entre vie, croissance et amour ; entre vie, croissance et relations affectives. Ces relations prennent diverses formes (camaraderie, amitié, lien de sang, amour profond...) en lien avec les aspirations et les besoins des personnes en relation. Ces relations connaissent différentes étapes, allant de la dépendance à l'autonomie, étapes au cours desquelles des difficultés surgiront. Enfin, la qualité de l'amour vécu dans ces relations se développe peu à peu au cours d'un cheminement affectif qui tend vers de plus en plus d'inconditionnalité dans l'amour que l'on donne, et d'ouverture à l'amour que l'on reçoit.

Comment définir l'affectivité et la situer dans le schéma de la personne en croissance[*] ?

— Dans son sens classique, l'affectivité représente cette capacité d'éprouver des sentiments et des émotions (cf. *Vocabulaire de la psychologie* de Piéron). On utilise ce concept, dans la psychopédagogie PRH, pour désigner les deux mouvements intérieurs : aimer et être aimé.

[*] Cf. p. 56.

– Toute la personnalité est marquée et colorée par la présence et l'influence de l'affectivité. Chaque instance en est donc imprégnée et la vit ou l'exprime de manière spécifique.

– C'est au niveau de l'être que sont inscrites les potentialités affectives profondes (capacité d'amour, de tendresse, d'émerveillement, de communion, de don, de générosité, de fidélité, d'altruisme, de compassion, de pardon…) ; c'est là, également, que se vit le besoin fondamental d'être aimé, dont la satisfaction ou la frustration conditionnent beaucoup la capacité d'exister.

– L'affectivité accompagne les fonctions du moi-je. L'intelligence exprime la vie affective, par exemple par le choix de mots tendres. Elle a aussi enregistré des idées sur l'amour, et des principes qui poussent à aimer. La liberté peut choisir ou non d'aimer et/ou de s'ouvrir à l'amour d'autrui. La volonté joue aussi son rôle mobilisateur d'énergie dans le fait d'aimer ou d'être aimé.

– Le corps constitue l'un des moyens privilégiés d'expression de l'affectivité.

– La sensibilité est très particulièrement colorée de la vie affective de la personne, car c'est au niveau de cette instance que sont ressentis tous les affects.

Divers types de relations affectives

Parvenir à différencier les diverses relations affectives que l'on vit, permet de vivre dans la clarté, évite des désillusions, et aide à se situer avec justesse vis-à-vis de ceux avec lesquels on est en relation. Selon les moments, on peut passer d'un certain type de relation à un autre (par exemple, passer d'une relation amicale à une relation de croissance). Vivre consciemment ces passages possibles rend plus efficace et préserve de certains faux pas préjudiciables aux relations. Voici quelques types de relations où l'affectivité est présente :

Les relations de camaraderie ou de compagnonnage d'action

Il s'agit de relations simples, vécues dans le quotidien, avec des collègues, des voisins, des partenaires sportifs ou de loisirs, etc. Il existe un courant de sympathie mutuelle qui est bienfaisant sensiblement. Il peut s'y vivre une certaine entraide matérielle et une solidarité. Ce type de relation n'a pas la profondeur d'une amitié, on ne s'y implique que superficiellement. Ce sont des relations cordiales, liées aux circonstances : l'appartenance à la même entreprise, au même groupe sportif, au même immeuble. Elles cessent dès lors que les circonstances changent ou que les besoins de l'un ou de l'autre changent.

Les relations d'amitié

Il s'agit d'une relation plus forte et plus profonde qu'une « bonne relation » (que l'on nomme facilement amicale parce qu'on aime bien la personne, ou qu'on la connaît bien).

Au moins trois critères spécifient une relation d'amitié :
– un degré d'affinité et d'harmonie suffisant, expression d'une communion sur des valeurs, des idées, des engagements, des goûts partagés ;
– une communication en profondeur où chacun s'implique personnellement, livre son vécu, ce qu'il ressent, sa réflexion ;
– une réciprocité dans l'engagement au niveau de la communication, l'amitié est une relation d'égalité.

Une relation d'amitié, comme toute relation affective, évolue. Elle se perpétue et se renforce dans certains cas, nourrie par des échanges et un contenu affectif denses. Dans d'autres cas, elle se défait sous l'effet de changements individuels, de l'apparition de divergences importantes, d'éloignement géographique ou parfois seulement, du fait qu'elles ne sont plus nourries de partages en profondeur. Certaines vieilles amitiés sont comme latentes, elles sont prêtes à renaître si les circonstances le permettent à nouveau. On se retrouve alors d'emblée « sur la même longueur d'onde ».

Les relations de croissance

« *Une relation de croissance est une relation où je rencontre l'autre pour mon bien à moi : grandir, guérir, devenir moi* »[33]. L'initiative de la relation part du besoin de quelqu'un qui est

---

[33] N. O. *Quelques relations affectives*, p. 1, 1992.

demandeur et qui a à exprimer le plus clairement possible son besoin. Ce dernier peut être de voir clair et de comprendre ce qu'il vit, besoin de déposer et d'apaiser une souffrance morale qui le perturbe, besoin de partager des aspirations de son être et d'être aidé à les concrétiser, besoin d'écoute, de conseils, de compréhension, de soutien, etc. Ces relations sont ponctuelles, elles durent le temps nécessaire à la satisfaction du besoin. Elles supposent que la personne à qui l'on s'adresse accepte la demande et puisse effectivement y répondre.

Dans ce type de relation, l'aspect affectif existe toujours. On n'est jamais indifférent à quelqu'un qui écoute avec attention, bienveillance et compréhension, et qui s'intéresse à ce que l'on devient, surtout lorsqu'on n'a pas vécu ce genre de relation auparavant. Une relation de croissance n'est pas une relation d'égalité comme dans l'amitié, même s'il y a un fort courant affectif mutuel. Quand le demandeur a d'importantes carences affectives, ce courant d'affection peut prendre des formes exagérées, avec des tentatives d'accaparement, d'appropriation, avec une forte attente que l'autre comble ce qui a manqué autrefois et qui fait encore si mal aujourd'hui lorsqu'on est frustré.

Les relations d'aide

Il y a relation d'aide lorsqu'on répond à une demande d'écoute ou d'aide, que cette demande soit formulée explicitement ou non, qu'elle soit consciente ou pas. La relation d'aide peut prendre diverses formes selon les besoins de celui qui demande et le contexte de cette demande. Il y a relation d'aide, par exemple, quand on accepte d'écouter les confidences d'un collègue de travail à propos de sa vie personnelle et que celui-ci attend des conseils ou une réaction. Il y a relation d'aide quand on accueille quelqu'un qui exprime explicitement le besoin d'être aidé à résoudre un problème.

Les relations d'éducation et d'apprentissage

Il y a relation d'éducation lorsque l'initiative de la relation part de soi. Cette relation peut exister sans qu'il existe de demande de la part de l'intéressé (cas de la relation parents-enfants, par exemple). La relation d'apprentissage, elle, peut partir en outre d'une demande de l'autre (cas de l'apprenti qui sollicite un contrat avec un maître d'apprentissage…). Dans les deux cas, on établit la relation à l'autre pour le former, pour lui apprendre ce qu'il ne sait pas encore, pour le conseiller, pour le corriger, pour le stimuler dans sa croissance. On ressent une responsabilité à l'égard de l'autre. La globalité de cette responsabilité est variable selon que l'on est parent, professeur, éducateur occasionnel, maître d'apprentissage…

Les relations d'aide, d'éducation et d'apprentissage ont au moins deux points communs : d'une part, c'est la croissance de l'autre que l'on vise, et d'autre part, ces deux types de relation impliquent une dimension affective de la part de l'aidant pour être efficace. Vouloir aider et stimuler la croissance de quelqu'un suppose que l'on vive à son égard de la liberté intérieure, de l'authenticité, et une affection vraie, à base de compréhension profonde, de foi en l'autre, d'amour gratuit, de respect de sa liberté.

Les relations d'être, les liens d'être

Ces relations ont déjà été évoquées dans l'étude sur l'être, à propos des liens essentiels [*]. Une relation d'être naît entre deux ou plusieurs personnes à partir d'une reconnaissance mutuelle d'un lien d'être existant à l'intérieur de l'une et de l'autre de ces personnes. Cette relation est ordonnée à l'actualisation d'un « agir essentiel » commun. La part affective de ce type de relation est certes présente, mais la relation d'être dont il s'agit ici se situe au-delà de l'impact affectif positif ou négatif. On se sent lié à l'autre par cet engagement en commun que l'on a reconnu de part et d'autre et non d'abord par des besoins d'ordre affectif.

Les exemples les plus courants de ce lien d'être et de relation d'être peuvent être trouvés dans la relation de couple ou dans les liens de mission.

Ces relations d'être sont particulièrement constructives et dynamisantes pour l'action, mais elles sont aussi très exigeantes au niveau de l'engagement dans la relation.

Les relations de parenté, les liens de sang

Une relation affective peut se vivre avec ses parents, ses frères et sœurs, ses enfants, ses grands-parents, avec toutes les

---

[*] Cf. p. 62.

personnes avec lesquelles il y a parenté. Parfois, ces liens de sang peuvent se doubler de liens d'être, avec les caractéristiques mentionnées au paragraphe précédent. D'une manière générale, les liens d'être sont plus forts que les liens du sang (on quitte sa famille pour vivre son lien d'être de couple, par exemple). Les liens du sang enracinent la personne dans une histoire et une lignée humaine.

À la base de la vie relationnelle et affective : des aspirations et des besoins

Pour comprendre ce qui se passe dans les relations affectives qui viennent d'être présentées, comment elles se nouent, ce qui les fait durer, ce qui les éprouve, comment elles se dénouent, il faut remonter à la source de la vie relationnelle : les aspirations et les besoins de chacun. C'est en effet pour combler des aspirations (aspiration à être soi, à aimer, à créer, à donner...), et satisfaire des besoins (besoin d'être aimé, d'être compris, d'être encouragé...), que s'établissent et se maintiennent les relations affectives. Et c'est lorsque ces aspirations et ces besoins ne sont plus, ou plus assez, satisfaits que des tensions apparaissent et que les relations s'étiolent et meurent si rien ne change.

Note : quelle différence y a-t-il entre une aspiration et un besoin ?
Une aspiration provient d'une potentialité de l'être qui cherche à s'actualiser. C'est une énergie contenue dans les réalités positives de l'être, qui pousse à l'action. Par exemple, la potentialité d'amour gratuit, aspirant à vivre et à s'incarner, porte l'individu vers autrui sans rien attendre de retour. On peut aussi parler d'aspiration à créer, à diriger, à servir, à entrer en relation, etc.
Un besoin est une manifestation du corps, de la sensibilité, du moi-je ou de l'être qui demande ou qui attend ce qui est nécessaire à l'équilibre physique et psychologique de la personne (par exemple, besoin de tendresse, besoin de calme, besoin de compréhension, besoin de reconnaissance, etc.). Le besoin est caractérisé par l'attente d'un retour. On va vers l'autre pour recevoir quelque chose qui satisfera le besoin que l'on a, c'est un mouvement égocentré vers l'autre. Si l'autre ne répond pas à ce que l'on attend de lui, une frustration s'éveille.

On peut distinguer deux sortes de besoins :
- les besoins normaux qui appellent à être satisfaits et qui poussent l'être humain vers les personnes susceptibles d'y répondre favorablement. (Par exemple, parmi les besoins normaux de l'être, il y a le besoin d'être reconnu, d'être aimé, de sécurité, de liberté...). Ces besoins existent toute la vie. Leur frustration peut être gérée paisiblement jusqu'à un certain seuil.
- les besoins « en creux » sont des besoins normaux au départ, mais qui ont été carencés dans le passé de l'individu. Ils proviennent donc de la manifestation d'un besoin normal, exacerbé par des frustrations issues de manques (manque de reconnaissance, d'amour, de sécurité...). Ces besoins « en creux » sont la plupart du temps tyranniques dans leur quête de satisfaction. Toute frustration est intolérable, elle réveille la souffrance de l'enfant qui a manqué de quelque chose d'essentiel pour lui. Ces besoins sont insatiables et disproportionnés. Seule, la guérison de la souffrance psychologique qui est à la racine de ces manques, peut apaiser la part excessive du besoin. Ce thème sera repris et développé dans le chapitre concernant le phénomène de la guérison.

De la dépendance à l'autonomie

La vie relationnelle et affective s'inscrit dans une histoire et dans une évolution, caractérisées par plusieurs étapes.

La fusion

Le nourrisson naît dans une symbiose totale avec sa mère. Il ne peut se ressentir comme distinct d'elle. Cet état de fusion complète s'estompe peu à peu grâce notamment à la présence du père, à l'expérience de la frustration, à l'acquisition du langage et à la maturation physiologique de l'enfant, lui permettant une utilisation de son intelligence et de sa motricité. Cet état fusionnel laisse une trace indélébile dans la personne, qui restera longtemps partagée entre l'envie de grandir et le désir de régresser dans cet état de comblement et de sécurité qui caractérise la fusion, surtout si sa vie n'est pas satisfaisante.

À l'adolescence et même à l'âge adulte, on peut connaître, dans certaines relations affectives, un état de fusion psychologique. On n'existe pas, on se fond dans l'autre en épousant sa personnalité et en se modelant sur ses désirs, on se gomme, on s'efface, on se sacrifie. Pendant tout un temps, cet état peut être agréable à vivre, on y trouve des avantages, on vit par l'autre, cela occulte un vide existentiel latent et évite la confrontation avec ses responsabilités. Mais ce type de relation est précaire. L'aspiration à exister se réveillant chez l'un, le besoin d'être respecté dans sa liberté, chez l'autre, secouent la relation, faisant apparaître des conflits souvent douloureux car, en amont de cette fusion psychologique, il y a des manques ayant engendré une non-existence plus ou moins totale.

La dépendance d'apprentissage

C'est une forme de dépendance nécessaire qui prépare l'autonomie. En effet, avant de pouvoir assumer seuls leur vie, l'enfant et l'adolescent doivent passer par une étape d'apprentissage de savoirs. Durant cette période d'acquisition, on dépend de ses parents et de ses éducateurs pour leurs connaissances et leur expérience. Ceux-ci peuvent se contenter de dispenser l'enseignement nécessaire, mais ils peuvent aussi amener peu à peu ce jeune à trouver en lui sa propre référence et à faire confiance en son être, ce qui favorise l'accès à l'autonomie. Celle-ci sera plus difficile à acquérir si l'adulte maintient une tutelle sur l'enfant et ne lui permet pas de s'expérimenter tout seul.

Tout au long de sa vie, un être humain vit une dépendance d'apprentissage à l'égard des personnes détentrices de connaissances dont il a besoin.

La dépendance psychologique

La dépendance psychologique se manifeste lorsqu'une personne n'ose pas exister telle qu'elle est devant autrui. Elle est comme contrainte intérieurement à répondre favorablement aux attentes des autres, que ces attentes soient réelles ou supposées. Une peur l'inhibe ou la paralyse (peur du jugement, peur du rejet, peur de décevoir, peur de la punition, peur de faire souffrir, etc.). Chez le jeune, c'est une étape qui est fréquente, étape dont l'origine peut être liée au jeune lui-même qui a encore trop besoin de sécurité et d'amour pour oser prendre ses distances. L'origine peut également provenir des éducateurs, trop insécurisés eux-mêmes, pour accepter que le jeune prenne cette nécessaire distance et vole de ses propres ailes, sans eux.

Chez l'adulte, cette dépendance psychologique persiste lorsque l'on a été très dépendant dans son passé et que l'on n'a pas pris soin de la croissance de son être. C'est cette croissance qui permet de s'affirmer face à l'autre, qui rend suffisamment solide pour exister malgré les réactions éventuelles des autres. La croissance de l'être libère de l'aliénation.

La contre-dépendance

Caractéristique de l'adolescence, cette étape arrive lorsque le jeune est suffisamment prêt à prendre lui-même ses décisions, à s'affirmer avec sa personnalité propre, et à prendre du recul par rapport aux références de son entourage. C'est une étape de prise d'indépendance. Même s'il ne peut acquérir complètement son autonomie, ne serait-ce que matériellement, une aspiration le pousse à ne plus se subordonner à ce qu'on lui dit de faire, et à expérimenter ses propres repères. N'ayant pas encore grande confiance en lui, il emploie alors l'opposition, l'agressivité, pour se faire entendre et se positionner.

L'intensité de cette contre-dépendance est proportionnelle à l'ampleur de la dépendance que l'adolescent a connue, à l'ambivalence dans laquelle il se trouve, partagé qu'il est entre vouloir être soi et ne pas couper la relation, ne pas déplaire, et à l'éventuelle force d'opposition à son autonomie de la part des éducateurs. Elle est parfois violente lorsque les tensions internes sont fortes. Elle se déroule plus calmement lorsque les parents ou les éducateurs encouragent l'adolescent à suivre ses intuitions profondes et sa conscience plutôt qu'à se conformer à ce qu'on attend de lui, et lorsque ce jeune est lui-même déterminé à s'affirmer comme il le sent juste.

À l'âge adulte, certaines personnes connaissent des phases d'adolescence psychologique dans les relations où subsiste de l'aliénation. Ces phases sont douloureuses à vivre, tant pour l'entourage que pour la personne elle-même. Elles conduisent parfois à des mises à distance, des remises en question, des conflits éprouvants. Il s'agit d'un passage obligé pour passer de la dépendance psychologique à l'autonomie.

L'autonomie

L'autonomie, c'est cette capacité d'exister librement, tel que l'on est, et de décider en conscience ce que l'on a à vivre, tout en restant ouvert aux autres, à leurs avis et leurs conseils, sans s'aliéner à eux. La peur du jugement, la peur du rejet ou la culpabilité peuvent encore subsister, mais elles sont atténuées. La personne n'est plus esclave de ces mouvements intérieurs comme c'était le cas dans la phase de dépendance psychologique. Elle n'agit plus en fonction des autres, elle est devenue capable de se faire proche d'eux tout en conservant sa liberté intérieure. Elle sait s'adapter pour tenir compte d'eux, sans se renier pour autant. Dans ces relations, une réelle communion est possible. Cette communion, faite d'estime profonde et d'unité, est autrement plus satisfaisante que la fusion. La communion s'enracine dans la liberté et l'existence profonde des personnes, alors que la fusion s'enracine dans la non-existence d'au moins l'un des deux partenaires.

Parvenir à une certaine autonomie est relativement aisé lorsqu'on a à faire à des personnes avec lesquelles on est peu lié affectivement, ou qui ne sont pas proches.

Par contre, elle est plus longue à acquérir vis-à-vis des personnes importantes pour soi, c'est-à-dire celles que l'on a investie d'un pouvoir sur soi, celles dont on cherche l'approbation et dont on aimerait éviter la désapprobation ou la critique négative. Avec ces personnes, il faut aller chercher plus loin en soi les motivations qui poussent à préférer être soi plutôt que d'être comme elles veulent que l'on soit.

« *Le test de l'autonomie réelle c'est la capacité qu'on éprouve de se faire proche de ces personnes tout en restant libre.* »[34]

Aimer
(amour gratuit, amour captatif, amour-devoir)

Au cœur de l'être et de la vie affective, il y a l'aspiration à aimer et le besoin d'être aimé. Ce terme « aimer » est ambigu dans la langue française, car il recouvre des significations très

---

[34] N. O. *Les autres*, p. 3, 1992.

différentes. Une observation du vécu sous-jacent à ce que l'on nomme amour, permet de différencier au moins trois réalités bien spécifiques : l'amour profond et gratuit, l'amour captatif et l'amour-devoir.

L'amour profond et gratuit

C'est un amour qui émane du tréfonds de soi face aux qualités d'être que l'on rencontre en quelqu'un, ce qui suppose que l'on aille au-delà des apparences. Une attirance et un émerveillement se produisent alors en soi devant la beauté intérieure de cette personne. Une sorte de courant chaleureux, à la fois dense et calme, accompagné d'une estime et d'une affection profonde, s'éveille en soi. Naissent, souvent au même moment, le désir profond que l'autre devienne pleinement ce que l'on intuitionne qu'il est, ainsi qu'une exigence intérieure de respecter sa liberté pour qu'il vive sa vie comme il l'entend, et sa croissance à son rythme, comme il le sent bon pour lui. Ce respect de la liberté de l'autre n'est pas de l'indifférence vis-à-vis de lui, ni un cautionnement de tout ce qu'il fait. L'amour ne laisse pas l'autre dans ses dysfonctionnements sans chercher à l'aider pour en sortir ; libre à lui d'accepter ou non cette aide.

C'est un amour unique puisqu'il est lié au regard que l'on pose sur l'être de l'autre (des parents, vivant cet amour profond à l'égard de chacun de leurs enfants, ressentent leur amour, différent pour chacun).

Cet amour profond est un mouvement gratuit vers l'autre. Il n'y a pas d'attente de retour. On n'est pas frustré si la réciproque n'est pas vraie. S'il y a retour de l'amour que l'on donne, c'est bienfaisant, c'est une aide pour exister pleinement, mais on n'est pas dépendant de cet amour reçu en échange du sien pour exister et aimer.

C'est un amour « créateur », au sens où il apporte à l'autre une forme d'énergie qui favorisera la croissance de ses potentialités. « *Il permet à l'autre de pouvoir exister librement, sans rien gommer de lui, et d'emprunter les chemins de sa propre existence, sans rien renier de ses aspirations, sachant qu'il sera aimé et même apprécié en cette affirmation de lui.* »[35]

---

[35] N. O. *Il y a aimer et aimer*, p. 2, 1985.

Ce sentiment profond d'amour pour quelqu'un doit s'exprimer, tant verbalement que non verbalement, pour rejoindre l'autre. C'est le rôle de la communication par des mots qui traduisent les sentiments que l'on éprouve, par les gestes de tendresse, par un regard dans lequel l'autre peut percevoir affection, estime, admiration, par du temps donné, par des services rendus, par des attentions apportées, par une prévenance. Cette communication est aussi importante pour celui qui la donne que pour celui qui la reçoit. Quand elle est vécue avec justesse, sans effervescence, elle est source de croissance pour les deux. Aimer ainsi profondément et gratuitement fait exister le meilleur de soi ; être aimé avec cette qualité d'amour donne confiance et pousse à donner également le meilleur de soi.

La capacité à aimer gratuitement peut apparaître très tôt chez l'enfant. Mais, la plupart du temps, cet amour profond et sans attente se vit plus ou moins mélangé avec de l'amour captatif, à cause des manques que l'on a connus, ce qui engendre des comportements contradictoires et provoque même des ambiguïtés. Les relations affectives ont tendance alors à se compliquer.

Quand une personne a suffisamment guéri de ses propres carences affectives, et qu'elle a libéré son potentiel d'amour profond, cette qualité d'amour et de don de soi gratuit s'intensifie et se communique de plus en plus librement. Ces personnes, décentrées d'elles-mêmes, laissant vivre leur cœur profond à l'égard des autres, ont un rayonnement social indéniable. Les relations qu'elles suscitent sont claires, franches, chaleureuses, sécurisantes et vitalisantes. Elles sont facteurs d'humanisation partout où elles sont.

L'amour captatif

C'est une forme d'amour qui porte vers autrui et dans lequel peuvent se manifester attention, estime et affection, mais ce n'est pas gratuit. Si l'on aime, c'est pour recevoir. Le mouvement vers l'autre est en fait égocentré, ou le devient, alors qu'au départ, il pouvait être gratuit. Il y a une attente d'être aimé en retour qui engendre une frustration, une souffrance et même des réactions d'agressivité si elle n'est pas satisfaite. C'est ainsi qu'amour et haine alternent si souvent dans les relations affectives à dominante d'amour captatif.

Cette forme d'amour constitue une étape normale dans le développement affectif de l'enfant. Chez l'adulte, l'amour captatif prend sa source dans la sensibilité blessée ou bien reflète une immaturité affective. Cette captation de l'amour de l'autre, qui se glisse dans le mouvement vers celui-ci, est généralement symptomatique de la présence de manques. Lorsque l'on n'a pas reçu suffisamment d'amour gratuit et de reconnaissance dans le passé, les aspects de soi non vus ou rejetés ne parviennent pas à s'actualiser. Le besoin normal s'est creusé, comme on l'a vu [*]. Une attente inconsciente demeure de pouvoir rencontrer celui ou celle qui comblera ce manque initial pour que les aspects de soi refoulés, mais qui aspirent encore à vivre, puissent se concrétiser. Quand cette rencontre se produit, l'aspiration à exister se réveille fortement en même temps que la peur de ne pas recevoir, ou de ne pas recevoir assez, ce qui avait fait défaut autrefois. L'attente est démesurée. La captation et la domination se manifestent alors comme des réflexes de survie pour garder l'autre, dont on dépend pour vivre.

Ces mouvements captatifs, qui altèrent l'amour profond et gratuit, disparaissent au fur et à mesure de la guérison des souffrances de non-amour et de non-reconnaissance. Même si l'amour captatif est fréquent et intense chez une personne, il est rare qu'on ne puisse déceler chez elle des mouvements d'amour gratuit. Par exemple, choisir de respecter la liberté de l'autre alors qu'on a des attentes sur lui, est un acte qui fait grandir cet amour vrai et qui guérit de son égocentrisme.

L'amour-devoir

Cette forme d'amour part d'une exigence du moi-je. « *Il est plus un acte de volonté qu'un sentiment du cœur.* »[36] On veut aimer car on estime qu'on doit le faire. Il y a une référence implicite à un commandement qui a été intériorisé, dans la conscience socialisée de la personne, comme un devoir à accomplir : on doit aimer ses parents, on doit aimer ses enfants, on doit aimer les autres, on doit aimer ses ennemis, on doit rendre service, on doit pardonner… L'élan affectif profond et chaleureux qui part de l'être est quasi absent, ce

---

[*] Cf. note p. 139.
[36] N. O. *Il y a aimer et aimer,* p. 1, 1985.

qui donne une tonalité froide à cet amour. Il n'y a pas de joie, pas de tendresse, pas d'émerveillement, pas de complicité, comme dans l'amour profond, et pourtant le don de soi est présent, parfois de manière héroïque.

Dans l'amour-devoir, il y a une attente inconsciente de reconnaissance, attente d'un retour, ce n'est pas gratuit. L'expression courante « après tout ce que j'ai fait pour toi... » légitime les attentes que l'on a sur ceux à qui on a donné par devoir. Partie d'une bonne intention, cette forme d'amour s'avère souvent culpabilisante voire aliénante pour qui la reçoit. Une sorte de dette est à payer pour les efforts prodigués, pour les contraintes et la peine que l'autre a subies pour soi.

C'est un amour qui n'est vitalisant profondément ni pour celui qui le donne ni pour celui qui le reçoit. Il donne bonne conscience à qui le vit, et n'est certes pas sans avantages pour qui bénéficie des services rendus. Mais il prive l'un et l'autre de quelque chose d'essentiel : la vibration chaude, spontanée et heureuse d'un cœur vraiment aimant.

La relation sexuelle dans la vie affective

Selon les époques et les cultures, la conception des relations sexuelles change du tout au tout. Pour certains, ces relations font l'objet de tabous, elles sont méprisées, ou même associées à une faute morale et culpabilisées ; chez d'autres, au contraire, les relations sexuelles sont vécues sans aucune référence morale, parfois de manière débridée. Elles sont survalorisées par les uns, banalisées par d'autres, souvent éloignées, voire dissociées d'une relation affective profonde. Pour d'autres, elles correspondent à une forme particulière et privilégiée d'expression de leur amour. Certaines personnes, elles, choisissent de ne pas vivre de relations sexuelles et d'exprimer autrement leur vie affective.

Au-delà des époques et des cultures, il y a également les avatars de l'histoire de la personne, avec les conséquences psychologiques de certaines expériences.

Toutes ces manières de considérer les relations sexuelles et de les vivre ne sont pas neutres sur la vie affective de la personne. L'expérience montre que c'est au cœur d'une relation affective où domine l'amour gratuit, que la relation sexuelle peut prendre tout son sens. Elle offre un réel épanouissement par l'expression de cet amour profond, par le plaisir partagé et par les effets sur l'unité entre les personnes, qui en résultent. C'est toute la personne et la relation qui s'en trouvent grandies. La relation sexuelle, vécue hors du cadre de cette vie affective profonde, peut certes apporter un plaisir physique aux partenaires, mais n'enrichit ni la personnalité d'un surcroît d'amour et de bonheur, ni la relation qui reste dans une dynamique d'égocentrisme souvent peu durable.

À noter que, si cela correspond à un choix de vie en harmonie avec l'être, l'absence de relations sexuelles n'est pas en soi un handicap au cheminement jusqu'à la maturité affective, ni un frein à la plénitude d'une vie.

Les difficultés relationnelles

Les relations humaines, et principalement celles qui contiennent une composante affective importante, comportent des moments plus difficiles, avec des tensions interpersonnelles. C'est un phénomène normal et inévitable dont on n'a pas à se culpabiliser, ni à accuser les autres.

En effet, la mise en relation des individus est causée par la recherche de la satisfaction de besoins et d'aspirations. Or, personne ne peut combler autrui autant qu'il le souhaiterait, ni dès que ses besoins se manifestent. Toute relation contient donc des moments de frustration plus ou moins inconfortables selon le type de besoin insatisfait ou selon la force de l'aspiration brimée.

Tout être humain, fonctionnant normalement, est équipé d'une capacité à assumer ces tensions interpersonnelles, et d'une aptitude à comprendre les raisons qui empêchent l'autre ou soi-même d'être gratifiant. Il est également apte à chercher des solutions pour vivre au mieux avec cet inconfort ou pour l'amoindrir.

L'égocentrisme

Dans les difficultés relationnelles, l'égocentrisme tient une place centrale. Alors qu'une relation harmonieuse s'établit sur des bases d'ouverture à l'autre et d'échanges, l'égocentrisme nie en quelque sorte l'autre avec ses besoins et ses aspirations. Il n'y a de place que pour soi dans la relation à l'autre. Tout est vécu en référence à soi, dans une recherche constante de son bien à soi, utilisant la relation à l'autre et l'autre lui-même pour prendre ce dont on a besoin. Cet égocentrisme est nocif pour les relations, car il va à contre-courant de ce qui est la véritable source de vie : l'amour gratuit. L'amour que l'on prend chez l'autre ne comblera jamais. Seul peut combler l'amour que l'on reçoit de la part d'une personne dont on a respecté la liberté.

On retrouve les symptômes de cet égocentrisme dans des mouvements comme la captation (la sensibilité a « faim » de l'autre et le prend), la domination (le moi-je impose à l'autre ses vues et ses volontés), l'appropriation (le moi-je s'érige en propriétaire de l'autre et l'utilise à sa guise), et aussi dans le fonctionnement imaginaire (tout est interprété en référence à soi et à ses besoins).

Pour sortir de l'enfermement provoqué par l'égocentrisme, une décentration de soi est nécessaire, accompagnée du choix d'une ouverture à l'autre. Grâce à cela, la personne rétablit une relation à l'autre, et elle retrouve peu à peu l'accès à la possibilité de donner et de recevoir

Les peurs
Une autre caractéristique des difficultés relationnelles, c'est la présence de peurs et de leurs conséquences : le phénomène de la distance et les rapports de force.

Quand on a eu à subir des manques essentiels dans des relations aussi vitales que la relation à ses parents ou à des personnes très importantes pour soi, une souffrance a marqué profondément le psychisme, même si aujourd'hui, sous l'effet du refoulement, elle semble absente. Cette souffrance laisse une trace : la peur. Dans les relations qui pourraient avoir une analogie avec la situation relationnelle initiale et blessante, la peur de l'autre, de son jugement, de son rejet, de son incompréhension, de son indifférence, de sa violence…, se réveille et engendre un réflexe de mise à distance. Cette peur se concrétise soit par un retrait, on se retire de la relation ; soit par une manifestation d'agressivité, on entre dans un rapport de force, avec, à la fin du compte, un dominé et un dominant. Ces rapports de force, où l'on fait pression sur l'autre pour qu'il pense ou agisse comme on le voudrait, sont une voie de déséquilibre relationnel et occasionnent de nouvelles blessures. Les problèmes ne peuvent se résoudre durablement avec ce fonctionnement.

La communication interpersonnelle joue un rôle de premier plan pour assainir ces sources potentielles de conflits. Pour que le dialogue s'établisse dans de bonnes conditions, il est indispensable que les personnes en cause aient pu prendre du recul et que leur sensibilité se soit apaisée. Elles peuvent alors s'engager dans une dynamique de compréhension mutuelle plutôt que de rester dans une logique stérile d'affrontement. Lorsque les personnes réussissent ainsi à bien communiquer, leur relation a davantage de chance de se rétablir, elles en ressortent parfois grandies.

Les étapes de croissance vers la maturité affective

La maturité affective est le résultat d'un long cheminement, et continue d'évoluer jusqu'à la fin de sa vie, même lorsque certains seuils sont franchis.
– La première étape de ce cheminement affectif est caractérisée par la prééminence du besoin d'être aimé. C'est vital pour soi de recevoir cet amour pour son développement psychologique et plus particulièrement pour que ses potentialités affectives puissent, à leur tour, émerger et que les premières expériences d'amour gratuit apparaissent, marquant la fin de cette première étape.
– Suit alors une seconde étape où coexistent dans la personne le besoin d'être aimé et l'aspiration à aimer. Aimé, on devient aimant. Pas aimé ou mal aimé, on a plus de mal à continuer de ressentir et d'exprimer son amour pour l'autre. Le besoin en creux d'être aimé peut déjà être présent et gêner l'actualisation de l'aspiration à aimer, à cause de l'attente égocentrée qu'il engendre. La croissance de l'être d'une part, la guérison

Le système explicatif PRH

des carences affectives d'autre part, font évoluer la personne vers un seuil caractérisé par l'émergence d'une capacité à aimer toute personne que l'on rencontre. Le regard que l'on porte alors sur l'autre contient un *à priori* positif, alors qu'auparavant ce regard avait tendance à être défensif. On ne se sent plus menacé par l'autre.

— Une troisième étape arrive peu à peu, grâce à la disparition du besoin maladif d'être aimé et à la croissance de la capacité d'amour gratuit. L'amour que l'on éprouve pour l'autre n'est plus conditionné par une gratification de sa part, mais résulte du déploiement d'un regard profond que l'on porte sur son être et du recul que l'on est capable de prendre, face à ce qui heurte la sensibilité. On aime l'autre parce qu'au fond de soi, une source d'amour s'est libérée et ne demande qu'à se manifester pour l'autre. À cette étape, le besoin normal d'être aimé demeure mais il n'est plus aussi vital pour exister. On atteint une certaine autonomie affective. Le fait de se sentir aimé reste et restera toujours un facteur important de vitalisation de l'être pour un accomplissement de plus en plus plénier de soi. Mais la frustration de ce besoin n'handicape plus comme avant l'affirmation de soi. De ce fait, on peut affronter des milieux plus défavorables et y exister, alors qu'antérieurement on n'osait exister qu'en présence d'un entourage dont on se sentait reconnu.

Les moyens favorisant le cheminement affectif

Ce cheminement affectif est la résultante à la fois d'une maturation interne liée au dynamisme de croissance de l'être, et des moyens que l'on prend pour avancer. Parmi ceux-ci, citons les principaux qui influent favorablement sur cette acquisition d'une maturité affective :
— fréquenter des personnes qui aiment gratuitement ; auprès de ces gens, un éveil et une croissance de l'être se font ;
— s'entraîner à rejoindre le meilleur de soi pour ressentir son amour pour autrui et s'en imprégner ; goûter la joie paisible et la liberté que l'on ressent quand on expérimente cette manière d'aimer ;

– exprimer son amour profond et gratuit, poser des actes concrets qui manifestent cet élan profond vers l'autre ;
– travailler à conscientiser ce que l'on vit dans ce domaine de l'affectivité, chercher à mettre des mots sur ce qui se passe à l'intérieur de soi lorsqu'on est en relation avec quelqu'un que l'on aime ou dont on attend d'être aimé ;
– être attentif aux symptômes des blessures que l'on a reçues pour, peu à peu, guérir de ses carences affectives en laissant s'évacuer la souffrance, encore vivante en soi, d'avoir manqué de ces marques d'amour gratuit ;
– écouter et déchiffrer les signaux du corps qui mettent en piste pour cerner le vécu affectif (besoins compensatoires, etc.).

Ces moyens seront d'autant plus efficaces s'ils sont soustendus par des attitudes intérieures telles que :
– l'ouverture à tout ce qui se passe en soi, que cela soit agréable ou que cela remette en question l'image qu'on avait de soi ;
– la recherche de la vérité comme elle est et non comme on aimerait qu'elle soit, et l'acceptation humble de ce réel que l'on vit, tant positif que négatif ;
– la détermination à progresser pour déployer le positif et réduire le négatif.

Place et rôle de la vie relationnelle et affective dans la croissance

Les relations humaines, dans lesquelles se vit un courant affectif positif, tiennent une place de premier plan dans l'éveil, puis la construction de la personnalité. À l'inverse, lorsqu'il n'y a pas d'amour manifesté et qu'il y a rejet ou simplement indifférence, leur impact négatif est un réel handicap pour une croissance harmonieuse.

Durant l'enfance et l'adolescence, c'est surtout dans le regard des personnes importantes pour soi et à travers les attitudes qu'elles ont, qu'on ressent si l'on est aimable ou pas, si l'on est valable ou pas, si son existence est un cadeau ou un fardeau, si on a le droit d'être soi ou non. Autrement dit, c'est la construction de l'image de soi qui se fait dans ce regard que l'on reçoit. Les premières expériences relationnelles sont à cet égard très importantes, elles impriment dans le psychisme de la personne soit de la confiance, de la sécurité, du bien-être, ou au contraire de la peur, de l'insécurité, de la méfiance, de la culpabilité. Rapidement des réflexes se prennent, soit de communication libre et authentique, d'ouverture et d'existence fluide, soit de protection, de fermeture et de non-existence.

Tout au long de sa vie, les relations affectives contribueront à l'avancée de la personne ou l'entraveront, elles ne seront jamais neutres, même si leur influence est moins déterminante à l'âge adulte que dans les premières années.

Chapitre V

Le phénomène de la croissance

LA CROISSANCE de la personne tient une place centrale dans la psychopédagogie PRH : « *La croissance des personnes est la valeur numéro un d'une Société humaine. Nous disons la croissance des personnes, et pas seulement la personne, est la valeur numéro un d'une Société humaine* ».[37] En effet, une personne resterait-elle une « personne humaine » si on l'amputait de sa possibilité de devenir elle-même, et une société pourrait-elle être « humaine » avec des membres qui n'évolueraient pas ? Le phénomène de la croissance, commun à toute espèce vivante, prend un caractère particulier chez l'être humain qui a la faculté d'y coopérer. Toute la recherche psychologique et son application dans le travail de formation poursuivent cet objectif de favoriser et même de « hâter » la croissance. Il importe donc d'en définir le concept et d'en décrire les mécanismes, les manifestations, les facteurs favorisants, et aussi, de relever les freins et même les « accidents » sur cet itinéraire de croissance.

Le concept de croissance à PRH

La croissance représente le mouvement naturel de développement global de la personnalité d'un individu, et plus particulièrement la dynamique d'émergence toujours possible de son être, sa conscientisation, son affirmation et son actualisation.

---

[37] N.O. *Comment faciliter la croissance des personnes*, p. 2, 1990.

Pour le moi-je, la sensibilité et le corps, on emploie le terme de développement; pour l'être et la personne, on utilise de préférence le terme de croissance. La croissance est considérée comme une transformation, une maturation progressive de la personne, un processus de personnalisation, d'autonomisation et d'ouverture, en un mot, un processus d'humanisation et d'insertion sociale. Elle fait passer l'individu d'un état d'instinctivité, d'indifférenciation, de dépendance et d'inconscience à sa dimension d'être humain de plus en plus personnalisé, « en ordre », conscient, capable d'exercer son libre arbitre et de prendre sa vie en main, relié à autrui et aux réalités qui le transcendent.

La croissance des personnes ne s'effectue pas de manière linéaire et constante, mais discontinue, avec des avancées, des stagnations, parfois des régressions. Elle se poursuit tout au long de l'existence de la personne.

Le phénomène de la croissance et les cinq instances de la personne

Toutes les instances de la personne sont concernées par le mouvement de croissance.

L'être

L'être est le premier concerné, car les potentialités qui le constituent dès le départ subissent une évolution considérable au cours de la vie de la personne, rendant cette dernière davantage consciente de ses richesses et de ses limites et la rendant apte à entreprendre de plus en plus de choses. On pourrait comparer cette mutation à celle de la graine d'un arbre dont le processus de croissance permet le développement progressif du tronc, des branches et du feuillage, puis la fructification. Ainsi, le dynamisme de croissance de l'être pousse constamment le sujet tout au long de son existence dans le sens d'un « plus-être », d'un accomplissement.

Le moi-je

Le moi-je vit un développement de ses fonctions intellectuelles et cognitives (apprentissage du langage verbal, de la lecture, de l'écriture, du calcul, développement de la mémoire, des capacités d'analyse et de compréhension, de la réflexion, du raisonnement, du jugement, etc.), décisionnelles (développement d'une capacité de discernement et de faire des choix, etc.), et volitives (développement de la capacité de faire effort, de gérer ses énergies, etc.).

La sensibilité

Dans un premier temps, la sensibilité s'éveille aux réalités externes et internes par l'intermédiaire des cinq sens. Puis, il se produit un développement par affinement des capacités sensorielles et perceptives de la personne. Celle-ci capte les messages extérieurs et intérieurs avec de plus en plus de finesse et de subtilité, faisant progresser du même coup les facultés d'intuition et de connaissance.

Le corps

Le corps possède lui aussi un potentiel de développement : développement physique des premières années, développement de capacités comme la souplesse, l'adresse, la force, l'endurance, l'adaptation, la détente, etc.

La conscience profonde

La conscience profonde, comme « lieu-synthèse » des autres instances et comme « voix de l'être en croissance », apparaît au fur et à mesure de la croissance de l'être et du développement du moi-je, de la sensibilité et du corps. Pour exercer de mieux en mieux son rôle au service de l'accomplissement de l'être et de la conduite de la vie de la personne, la conscience profonde est tributaire de l'évolution des instances de la personnalité et plus particulièrement de l'émergence de l'être et du développement de la référence du moi-je à ce « lieu-synthèse ». Le développement de l'action de la conscience profonde et de ses manifestations est donc une résultante de la maturation de la personne et de son bon fonctionnement.

Le mécanisme de la croissance

À la base du mécanisme de la croissance globale d'une personne, il y a le dynamisme de croissance de l'être, ressenti intérieurement comme une aspiration fondamentale à exister. Une énergie vitale anime les potentialités de l'être et pousse le sujet à les actualiser. Ce dynamisme de croissance est indissociable du phénomène de l'existence.

Autrement dit, le processus de croissance tire son origine du potentiel contenu dans l'être de la personne et dans la force d'actualisation qui habite ce positif en puissance.

Cette dynamique qui préside à la croissance de toute espèce vivante, est une condition nécessaire mais non suffisante pour que le mécanisme de croissance fonctionne harmonieusement.

Deux autres phénomènes interviennent :
– le rôle fondamental du fonctionnement des autres instances de la personne (moi-je, corps, sensibilité). La croissance, définie comme mouvement naturel de développement global de la personnalité d'un individu, requiert la participation des trois fonctions du moi-je : l'intelligence pour conscientiser les aspirations et les potentialités de l'être et pour en concevoir la concrétisation, la liberté pour adhérer à cette dynamique interne de l'être et y coopérer, la volonté pour la mise en œuvre de ce potentiel de richesses. Le mécanisme de la croissance suppose aussi la participation des énergies du corps et la bonne réceptivité et la juste transmission des messages de la sensibilité.
– le rôle important, et parfois décisif, de l'environnement humain et matériel. L'expérience montre que l'entourage compte beaucoup pour aider la personne à exister selon son être, principalement dans la phase initiale de l'émergence de ce dernier. Un minimum de conditions matérielles est également nécessaire à la personne pour ne plus être polarisée par les besoins vitaux du corps d'une part et pour, d'autre part, favoriser la vie de l'être (vitalisation par la nature, par la décoration de son espace vital, bien-être physique par un minimum de confort...).

Ainsi, le mécanisme de la croissance est la résultante de trois facteurs en interaction :
– le dynamisme de croissance de l'être ;
– la capacité du moi-je à prendre conscience de cette dynamique de vie, à choisir de la vivre, et à actualiser ce

potentiel avec les énergies fournies par le corps, le fonctionnement ajusté de la sensibilité ;
– et enfin, un environnement favorable.

Cela suppose que, parallèlement à l'émergence naturelle des potentialités de l'être, la personne :
– s'entoure d'un milieu vitalisant pour son être ;
– mette de l'ordre dans le fonctionnement des instances de sa personnalité. En effet, celles-ci sont spontanément portées à satisfaire au mieux et au plus vite leurs propres besoins, sans nécessairement se préoccuper que cette satisfaction se vive en harmonie avec l'être et sa croissance. Souvent, une rééducation s'avère indispensable, car peu de personnes ont appris à fonctionner de manière normale, c'est-à-dire en référence à l'être ;
– guérisse des blessures qui entravent l'actualisation de l'être.

On a ainsi les trois pôles du mécanisme de la croissance d'une personne :
– déploiement des potentialités, résultant de leur conscientisation, de leur actualisation, et de la façon dont elles sont accueillies et prises en compte par l'entourage ;
– guérison des traumatismes du passé qui altèrent l'expression de la vie de l'être et qui parasitent les divers fonctionnements des autres instances de la personne ;
– mise en ordre des fonctionnements pour que les actes que pose la personne aillent dans le sens de sa croissance et de son accomplissement.

Pour progresser sur ces trois pôles, l'engagement de la personne est fondamental.

Les manifestations de la croissance dans la personne et dans sa vie

À quoi peut-on reconnaître l'évolution d'une personne, et notamment la croissance de son être ? Nous avons pu observer plusieurs signes tangibles de cette croissance dans le vécu intérieur et dans les comportements des personnes. Citons-en quelques-uns.

Manifestation de la croissance par la sensation-même de croître et par le bonheur qu'on en retire

Selon les moments de la vie, la sensation de croître est plus ou moins perceptible. Le plus souvent, on ne mesure la croissance que l'on vit, qu'après coup. La personne constate qu'elle a changé, en plus et/ou en mieux, par comparaison avec ce qu'elle vivait antérieurement.

Cependant, il existe des périodes de forte émergence de l'être, où la sensation de progresser est importante. Ce sont des périodes très fécondes en prise de conscience, en ajustement de ses fonctionnements, en mise en œuvre de ses capacités et en créativité, et elles propulsent la personne en avant. Ces moments peuvent céder le pas à des périodes de latence, ce sont souvent des temps d'intégration de séquences antérieures de croissance, et de maturation intérieure préparant une nouvelle étape de développement. À l'inverse, la personne peut aussi connaître la sensation de régresser, avec la réapparition de dysfonctionnements dont elle se croyait affranchie : c'est le cas notamment lorsque le besoin d'une instance n'a pas été suffisamment pris en compte (besoin de repos du corps, besoin affectif, besoin de vitalisation de l'être…), ou lorsque des souffrances du passé se réveillent.

La sensation de croître et de progresser s'accompagne d'une sensation de bonheur et de vie. Devenir soi procure assurément l'une des formes de bonheur les plus comblantes qu'un être humain puisse connaître.

Note : ce vécu subjectif et ponctuel à propos de la sensation de croissance n'a à être ni idéalisé quand tout va au mieux, ni dramatisé quand on retombe dans ses ornières ou que l'on stagne, mais décodé avec intelligence et intégré plus globalement dans l'histoire de ce long processus de croissance du sujet. Les témoins extérieurs, comme un accompagnateur-éducateur de croissance ou un conseiller en relation d'aide, peuvent être précieux pour cette prise de recul et cet accompagnement des « hauts » et des « bas » inhérents à toute croissance humaine. Ils aident à rester réaliste et à ne pas sombrer dans le découragement devant la lenteur de l'émergence de sa capacité d'exister ou face au temps qu'il faut pour résoudre certains dysfonctionnements

Manifestation de la croissance par la montée en conscience

Le phénomène de la croissance se traduit par une évolution de la connaissance de soi et de la réalité extérieure, connaissance qu'on acquiert expérimentalement peu à peu. Le champ de conscience de la personne se modifie, s'élargit, s'enrichit, s'approfondit. On devient plus lucide. Certaines sensations de type psychologique se font plus nettes, plus précises, plus denses, plus fortes, plus riches de contenu. Les sensations fines sont davantage captées. Grâce à l'expérience et à l'analyse des sensations, ce qui n'était que pressentiment devient certitude, puis peu à peu évidence. Une confiance en soi et une assurance pour s'affirmer avec ses richesses et ses limites se développent.

**Manifestation de la croissance
par une relation nouvelle à la réalité**

À partir de sa propre expérience et à partir de ce qu'elle a perçu des autres, des événements, de son environnement, la personne s'est forgée une certaine représentation de la réalité. Cette expérience a laissé des traces ressenties comme positives ou négatives dans sa relation à ce réel, surtout les premières expériences dans l'enfance. La personne a pu réagir aux aspects douloureux de la réalité au moyen de certains mécanismes qui ont encore plus altéré sa relation au réel (mécanismes de fuite, de refus, de doute, d'« arrangement » du réel à sa convenance, en hypertrophiant certains aspects de la réalité, en minimisant ou même en occultant d'autres aspects insupportables, etc.)

La croissance d'une personne s'exprime par un rapport plus sain et plus ajusté à ce qui est. La réalité est davantage perçue, accueillie et acceptée comme elle est. On lâche progressivement le pouvoir qu'on essayait d'exercer sur ce réel pour qu'il se plie à ce qu'on aimerait qu'il soit. Une attitude de saine humilité (entendue ici comme acceptation du réel) se développe, libérant des comportements d'adaptation ou

Le système explicatif PRH

provoquant des choix pour ne plus subir la réalité mais faire alliance avec elle, avec ses côtés agréables et ses côtés frustrants.

Manifestation de la croissance
par le développement des capacités d'action et d'engagement

La croissance dans la connaissance de soi et dans la foi en soi entraîne des modifications dans l'agir. La croissance se manifeste alors par des actes plus efficaces, plus féconds, plus en harmonie avec l'être, ceci même pour les actions répétitives, nécessaires ou obligatoires. La personne voit se développer en elle un sentiment de responsabilité vis-à-vis de ce qu'elle est et de ce qu'elle fait, d'où une force d'engagement qui grandit. Elle devient plus entreprenante et plus créative dans l'axe de son « agir essentiel ». Ses aspirations profondes, au lieu de rester des désirs sans lendemain, se concrétisent davantage. Elle devient de plus en plus apte à assumer la solitude existentielle, inhérente à toute personne.

Manifestation de la croissance par la progression
en autonomie vis-à-vis des autres
et par une amélioration des relations à autrui

La croissance d'un être humain est perceptible par le développement de sa capacité à se situer dans ses rapports à autrui comme personne autonome, unique et donc différente, capable d'exister face à cet entourage en fidélité à sa conscience profonde plutôt qu'en conformité à ce qu'on attend de lui. De plus, cette liberté intérieure permet une ouverture aux autres, une attention à eux, à leurs aspirations et à leurs besoins, ainsi qu'une compréhension plus profonde de ce qu'ils vivent.

Le regard porté sur les autres change. On devient plus tolérant, plus écoutant, moins jugeant. On se reconnaît, pour une part, concerné par la réussite de la vie de l'autre et équipé de dons susceptibles de servir cette finalité. La croissance d'un individu se manifeste par ce passage de la préoccupation exclusive de son bien personnel, à une décentration de soi. Il s'ensuit le développement d'une perception de la dimension collective et une recherche du bien commun le plus en harmonie possible avec le bien des personnes.

Manifestation de la croissance par une ouverture grandissante à une Transcendance

Comme nous l'avons vu [*], la personne, au fur et à mesure de son évolution, prend conscience qu'elle ne trouvera pas en elle, ni dans les arts, ni dans les sciences, une réponse satisfaisante à toutes les questions qu'elle se pose, notamment à propos du sens de son existence, de la mort, ou du pourquoi de certains événements. Elle découvre une autre facette de la réalité, irrationnelle, invisible, métaphysique, et néanmoins faisant partie de sa propre vie. L'univers limité de sa propre individualité ainsi que de la réalité visible, rationnelle et objective, ne lui suffit plus. L'observation montre que des personnes connaissent très tôt dans leur enfance des expériences d'une ouverture à une Transcendance. Cette ouverture s'amplifie au cours de la vie avec un intérêt croissant pour une quête d'absolu qui les entraîne plus loin. On constate alors une interaction entre la croissance de la personnalité et le développement de la relation à une Transcendance.

Cette ouverture peut être entravée par des expériences religieuses négatives ou difficiles.

Les axes d'un cheminement de croissance

On peut distinguer trois axes principaux dans le cheminement de croissance d'une personne. Il s'agit de l'axe de la solidité de l'être, l'axe de la maturité affective et l'axe de la docilité du moi-je à la conscience profonde. *« Le cheminement personnel se fait par une progression simultanée et convergente sur ces trois axes. »*

Quelques étapes jalonnent le cheminement sur chacun de ces axes.

L'axe de la solidité d'être

C'est l'axe de la croissance du « roc d'être » et de la libération de ses aliénations. La personne sent se développer en elle des assises de plus en plus solides sur lesquelles elle peut s'appuyer pour conduire sa vie et prendre du recul par rapport aux événements, aux autres, aux perturbations de sa propre sensibilité.

[*] Cf. p. 63.

Plus confiante en elle, la personne progresse peu à peu dans une capacité à tenir debout dans sa vie et face aux autres.

Nous avons repéré trois étapes dans l'évolution sur cet axe :
– l'étape de l'aliénation quasi totale aux autres, aux influences de la sensibilité, aux ambitions du moi-je. N'ayant pas dégagé ses propres références, la personne se conforme à son entourage, aux envies de sa sensibilité, aux visées ou aux principes de son moi-je, pour mener sa vie et prendre ses décisions ;
– l'étape du commencement de la référence à ses propres certitudes et évidences profondes. Une solidité intérieure apparaît avec l'émergence du « roc d'être ». Plus solide, la personne subit moins la pression des événements, des autres et de ses pulsions. Elle commence à s'affirmer en tant que sujet et à choisir librement ;
– l'étape de la liberté intérieure et de la solidité. À ce stade, les références intérieures et la conscience profonde ont été suffisamment expérimentées et conscientisées pour que la personne en ressente la force et la solidité, la rendant autonome par rapport aux autres et maîtresse d'elle-même.

L'axe de la maturité affective

C'est l'axe de la croissance de la capacité d'aimer inconditionnellement autrui, de la croissance de cet amour qui émane du tréfonds de soi pour l'autre, et corollairement, l'axe de la guérison du besoin maladif d'être aimé qui rend égocentré, intéressé et dépendant, agressif, distant ou inexistant.

Sur cet axe, on repère trois étapes :
– la personne vit une dominante d'amour captatif, car son besoin d'être aimée est très fort. Quand il lui arrive de donner, ce n'est pas gratuit, elle attend un retour et vit une frustration douloureuse lorsque rien ne vient. Elle souffre beaucoup lorsqu'elle ne se sent pas appréciée ;
– la personne commence à pouvoir poser des actes d'amour gratuit. Elle se décentre progressivement d'elle-même pour s'ouvrir à la réalité de l'autre, à ses besoins, à son bien. Elle apprend à mieux vivre les inévitables frustrations affectives ;
– le besoin maladif d'être aimé a disparu. La personne peut accepter que quelqu'un éprouve des sentiments négatifs à son endroit, même si sa sensibilité n'y est pas indifférente, surtout

lorsque la relation est très marquée affectivement, mais cela ne conditionne plus son propre investissement affectif. Le besoin normal d'être aimé subsiste et contribue à favoriser la croissance et à apporter du bonheur. L'amour inconditionnel et universel se développe.

L'axe de la docilité à la conscience profonde

Le moi-je peut avoir plusieurs « maîtres » : le devoir, le paraître, le perfectionnisme, le pouvoir, l'avoir, le savoir, la reconnaissance des autres, etc. L'axe de la docilité à la conscience profonde correspond à ce choix du moi-je de mettre l'accomplissement de l'être à la première place de ses préoccupations et d'abandonner progressivement ses propres projets et/ou ses esclavages. Pour vivre cette docilité, il faut que le moi-je se rende attentif à l'être et à ses aspirations, qu'il en déchiffre les messages, qu'il accepte de se soumettre aux invitations de l'être et, enfin, qu'il mette en œuvre ce qui va dans le sens de ce qui est bon pour l'être et pour toute la personne.

Nous avons relevé quatre étapes sur cet itinéraire de croissance en docilité :
– le moi-je ne prête aucune attention à l'être. Il se laisse conduire par d'autres « maîtres », ou il n'en fait « qu'à sa tête ». Il est docile aux autres, à ses principes, aux conventions, etc., mais pas à l'être dont il ignore parfois l'existence-même ;
– le moi-je, soit spontanément, soit sous l'impulsion d'une manifestation de l'être (réflexe d'être, événement d'être, impératif d'être...) commence à vivre une attention à l'égard de cette zone profonde. Il perçoit des aspirations qui proviennent de l'être et cela ne le laisse pas indifférent ; à certains moments, cette vie de l'être influence ses décisions importantes ;
– le moi-je commence à vivre une fidélité à l'être et à goûter la satisfaction profonde de prendre les décisions importantes en accord avec la conscience profonde. Le moi-je accepte de lâcher ses vues, ses ambitions et ses projets, ou des gratifications sensibles, pour aller dans le sens des invitations de l'être ;
– de fidélité en fidélité grâce à des choix, le moi-je en arrive peu à peu à un état de docilité spontanée à l'être et à ses

motions. Il occupe pleinement et sans résistance sa place au service de l'accomplissement de l'être et de la personne.

La progression sur ces trois axes à la fois fait tendre la personne vers une maturation et vers une harmonisation de sa personnalité. La personne s'unifie. Ce cheminement de croissance, de reconstruction et de mise en ordre libère les énergies de la personne qui peut ainsi s'investir à plein dans son « agir essentiel ».

Les facteurs de croissance
(moyens et attitudes)

Comme on l'a vu au paragraphe sur le « mécanisme de la croissance », le phénomène de la croissance résulte de la conjugaison d'au moins trois facteurs principaux : un phénomène naturel lié au dynamisme de croissance inscrit dans l'être, le fonctionnement des autres instances au service de l'accomplissement de l'être, et la collaboration d'un environnement. Ceci revient à dire que, pour une bonne part, la croissance est un processus qui s'opère naturellement à partir du moment où soi et l'entourage ne le contrecarrent pas, mais que pour une part aussi, la croissance peut être accompagnée consciemment et même favorisée par une manière de vivre et d'être, provenant de choix et d'attitudes. Le propre de l'homme, c'est de pouvoir engager sa liberté pour contribuer à sa propre croissance et donc à sa propre humanisation.

Quand un botaniste observe ce qui favorise le plus la croissance des plantes, il constate, entre autres choses, le rôle de facteurs comme la lumière, l'humidité, la température, l'humus..., le rôle de facteurs génétiques, mais aussi le rôle du jardinier. Il s'aperçoit également que les « épreuves », telles que le froid, la sécheresse, le vent, peuvent contribuer à renforcer les résistances de la plante, à condition toutefois que ces « épreuves » ne dépassent pas un certain seuil, etc. De ses observations, il peut tirer des lois de croissance à propos des végétaux.

Sur le plan psychologique, il en va de même. L'observation des êtres humains permet de dégager des constantes dans les facteurs qui favorisent leur croissance. Ces facteurs sont de deux natures différentes et complémentaires : d'un côté, il y a des moyens à mettre en œuvre pour progresser, et par ailleurs, il y a certaines attitudes intérieures à développer pour faciliter cette croissance et adhérer aux changements que cela implique. Les moyens renvoient au comment faire pour devenir soi et pour croître, et les attitudes au comment être pour cheminer vers l'accomplissement de soi. Ces moyens et ces attitudes sont à vivre ensemble, même si certaines étapes du cheminement peuvent faire porter prioritairement l'attention sur un moyen ou une attitude plus particuliers. Ils constituent dans la personne une sorte de « tableau de bord » permettant de diagnostiquer plus rapidement où peuvent s'originer certaines stagnations dans le cheminement et donc d'être plus efficace dans la manière de gérer sa croissance.

Six moyens pour progresser

La personne peut collaborer à la construction de sa personnalité en employant ces six moyens de progresser :

— *Vivre des relations vitalisantes*

Comme on l'a vu, la personne n'a pas de pouvoir direct sur la croissance de son être [*]. Par contre, elle peut exercer son intelligence, sa liberté et sa volonté pour se créer un environnement humain et matériel qui stimule la vie de son être et l'actualisation de ses potentialités. Il s'agit là d'un moyen à privilégier, car il est prioritaire pour la croissance : « *Les relations vitalisantes sont le pain de la croissance* »,[38] en d'autres termes, une « nourriture » essentielle pour qui veut croître.

— *Vivre et agir en accord avec son être*

La structuration de la personnalité d'un individu et son évolution harmonieuse sont tributaires, certes, du donné génétique de départ, puis de l'environnement socio-culturel dont il dépend, mais aussi de sa manière de vivre, de prendre ses décisions et d'agir. Les décisions et les actes que l'on pose

---

[*] Cf. p. 64

[38] *Guide de formation personnelle méthodique FPM 1*, p. 15, 1992.

Le système explicatif PRH

ne sont jamais neutres sur la croissance : soit ils permettent à l'être de s'affirmer, de se densifier, et l'on devient de plus en plus soi-même, soit ils entravent l'être, déforment la personnalité ou renforcent les déformations déjà acquises.

— *Se laisser imprégner des réalités importantes de l'être*
La vie ordinaire ne se prête guère à une fréquentation de son intériorité pour s'y recentrer, s'y « baigner », s'y ressourcer et s'y unifier. Elle a tendance à extérioriser l'individu, et de ce fait, à le dépersonnaliser au profit de comportements grégaires.

Ce troisième moyen met l'accent sur la fréquentation consciente de son être et sur l'imprégnation de ce qui est constitutif de soi à ce niveau : son identité, son « agir essentiel », ses « liens d'être », sa relation aux réalités transcendantes, ses motivations pour être et agir. Il s'agit d'un mouvement d'intériorisation en profondeur pour rejoindre les sensations vivantes de ces aspects de soi ou de ces réalités.

— *Guérir des souffrances du passé*
Vivant une dynamique d'existence, la personne se heurte, à certains moments, à des résistances internes, des peurs, des doutes, des blocages. Ces entraves personnelles au mouvement naturel d'actualisation des potentialités de l'être sont l'indice de la présence de blessures dont il importe de guérir.

— *Faire la clarté sur soi par l'analyse de son vécu*
Il n'y a pas de croissance de la personne sans progrès en connaissance de soi. De fait, c'est la connaissance de soi qui fait progressivement passer l'individu de son état de départ d'inconscience totale, d'indifférenciation et de dépendance à ses instincts, à un état de maturité, caractérisé par la lucidité sur soi, par la clarté sur les motivations des actes que l'on pose, par l'exercice conscient de sa liberté...

C'est à cause de son rôle primordial dans la croissance des personnes, dans le développement de leur liberté et de leur personnalisation, que l'outil de l'analyse du vécu a une place de premier ordre dans la psychopédagogie PRH [*].

---

[*] Cf. p. 51-52.

– *Vivre la sagesse de son corps*

D'un certain point de vue, le corps peut être considéré comme un « sage » qui connaît et exprime des messages que l'intelligence ne peut percevoir que par son intermédiaire. C'est un « sage » à l'école duquel on doit se mettre pour progresser de manière harmonieuse.

Cinq attitudes fondamentales pour progresser

La croissance de l'être et de la personne en sa globalité est largement facilitée par la mise en application des moyens décrits ci-dessus, mais elle peut l'être encore davantage si la personne développe parallèlement certaines attitudes intérieures. Ce sont des manières d'être et de travailler sur soi particulièrement favorables à la connaissance de soi et à la mobilisation de ses énergies dans le sens de son évolution. Grâce à ces dispositions intérieures, on progresse plus vite et on est entraîné plus loin, avec plus de force, sur son chemin de croissance et de guérison. Explicitons ces cinq attitudes fondamentales avec un commentaire pour chacune :

– *La volonté de se connaître soi-même*

Cette attitude est à la base de tout cheminement de croissance puisqu'il ne peut y avoir croissance au sens où nous l'entendons, sans développement de la conscience de soi. Vivre une volonté de se connaître soi-même, c'est d'une part décider de se connaître, et c'est d'autre part concrétiser cette volonté par des actes, notamment la mise en œuvre de moyens qui permettent cette connaissance (par exemple : « faire la clarté sur soi par l'analyse » en notant par écrit ses analyses). C'est une attitude du moi-je qui fait appel au fonctionnement libre et au fonctionnement volontaire.

– *L'ouverture au réel intérieur*

Pour se connaître vraiment, on ne peut faire l'économie d'une observation de soi en direct et d'une analyse méthodique de ce qu'on vit intérieurement et des comportements qui en découlent. Réaliser ce travail de découverte de soi suppose que le moi-je s'ouvre au monde intérieur avec les sensations, les émotions, les désirs, les résistances, les senti-

Le système explicatif PRH

ments, les pensées, les fantasmes qui l'habitent. Or, cette ouverture de l'intelligence peut être plus ou moins large. Elle peut être sélective, ne laissant filtrer à la conscience que certaines sensations « inoffensives ». Elle peut se fermer à certaines réalités inconnues dont on craint qu'elles ne soient déstabilisantes, sources de remises en question ou même de souffrances.

— *Le goût de la vérité sur soi*
Ayant la volonté de se connaître, s'ouvrant à son réel intérieur, la personne va découvrir des vérités sur elle, qui vont modifier son champ de conscience et risquer d'entraîner conséquemment des changements plus ou moins importants et parfois inconfortables dans sa manière de vivre, de se percevoir, d'exister face à autrui... Face à la prise de conscience de ces vérités sur soi, le moi-je peut avoir plusieurs attitudes :
— il peut rejoindre au niveau de l'être ce goût inné d'être vrai et de reconnaître le réel comme il est, même s'il n'est pas à la convenance de la personne et s'il perturbe sa sensibilité ;
— le moi-je peut aussi biaiser avec ce réel, par exemple en cherchant à le justifier, en le minimisant, en le majorant, en le censurant, en ne le regardant que superficiellement, en le laissant dans un certain flou pour en éliminer ou en diluer les aspects dérangeants.

Pour qu'elle soit saine et solide en ses fondements, la personnalité doit se construire à partir d'une droiture de l'intelligence à l'égard de la réalité vécue par la personne. Le goût de la vérité est moteur pour se connaître, il rend la personne chercheuse.

— *L'humilité face à soi-même et devant autrui*
On peut reconnaître que le réel est bien comme on le découvre (attitude de vérité sur soi), mais ne pas accepter qu'il en soit ainsi. L'attitude d'humilité face à soi-même consiste à lâcher progressivement la vérité qu'on aimerait vivre ou qu'on aurait aimé vivre pour accepter le réel tel qu'il est ou tel qu'il a été. Cette attitude d'humilité s'applique tout autant à l'acceptation de ses richesses d'être, qu'à

l'acceptation de ses blessures et de leurs conséquences, qu'à l'acceptation de son passé ou de son étape actuelle de cheminement.

L'attitude d'humilité devant les autres, elle, consiste à se montrer à eux tels qu'on est, avec ses richesses, ses faiblesses et ses limites, en acceptant qu'il en soit ainsi aujourd'hui, sans s'enfermer ou se laisser enfermer dans cette image. Cette attitude vis-à-vis d'autrui est faite d'authenticité, de simplicité et de congruence, on ne cherche pas à donner une autre image que ce que l'on vit réellement. Cela ne revient pas à dire qu'on a à tout exprimer de soi devant n'importe qui. Le bon-sens est de rigueur pour ne livrer de soi que ce qu'on sent en conscience avoir à livrer.

Progresser dans le vécu de cette attitude accélère considérablement le cheminement personnel. En effet, « *Il y a un paradoxe : pas de changement possible sans acceptation préalable de ce qui est* ». L'humilité libère d'un combat intérieur qu'on menait contre certains aspects de soi. Elle ouvre la porte à une réconciliation avec soi-même et à une qualité d'existence où rien n'est nié, où tout son vécu intérieur a droit d'existence, où on peut exister au grand jour simplement comme on est, librement.

– *La détermination à progresser*

Cette attitude se caractérise par une motivation très archaïque : l'envie de vivre, d'être soi, de plus en plus soi. Elle prend naissance au niveau de l'être et du dynamisme de croissance qui l'habite, alors que la volonté de se connaître, elle, est un phénomène lié au moi-je. C'est une force irrésistible qui pousse en avant dans le sens du déploiement de soi, du « plus-être ». C'est grâce à cette force que certaines résistances lâchent, que certaines fatalités se brisent, que les changements importants au cours de son cheminement s'opèrent. Sans l'émergence de cette attitude, la personne est condamnée à un volontarisme souvent épuisant pour croître et changer. Avec l'apparition de la détermination à progresser, la personne ressent comme un « moteur » à l'intérieur d'elle-même, qui ne cesse de l'aiguillonner partout où elle peut avancer.

Les freins à la croissance

Après avoir décrit ce qui favorisait la croissance de la personne, observons ce qui l'entrave. Le mouvement naturel de croissance d'une personne peut être contrecarré par deux types de freins : des freins externes à la personne et des freins internes.

Les freins liés à des facteurs externes

L'élan de croissance peut être inhibé, voire annihilé, par un entourage néfaste, rejetant, ayant beaucoup d'attentes sur la personne, perfectionniste ou au contraire pas assez stimulant, etc. Il peut aussi être affecté par des conditions de vie difficiles, comme par exemple, la malnutrition, le bruit, la surcharge, le chômage, la promiscuité… Dans ces conditions, les énergies sont plus canalisées pour faire face aux difficultés et survivre, que mises à disposition du déploiement de soi.

Les freins liés à des facteurs internes

Ils peuvent être nombreux et ils échappent souvent à la conscience de celui qui les vit. Ils sont la plupart du temps l'expression de dysfonctionnements au niveau de l'une des instances de la personnalité, notamment du moi-je à cause de son rôle particulier dans la croissance.

Parmi ces freins internes, l'image que l'on a de soi, à laquelle on tient car elle est devenue familière, occupe sûrement une place importante : on a organisé son existence en cohérence avec elle et c'est à partir d'elle, le plus souvent, qu'on prend ses décisions. Il y a une sorte de résistance intérieure à se voir autrement et à se montrer ainsi aux autres. De ce fait, on ne change pas, on reste prisonnier de cette représentation de soi, de ce qu'elle permet ou interdit de vivre.

Dans ces freins à la croissance, liés à l'image de soi, positive, négative ou surfaite, on peut ajouter l'influence de conceptions négatives de l'être humain. Comment espérer un changement lorsqu'on a appris que l'homme est fondamentalement mauvais, égoïste, jaloux, dominateur, régi par ses instincts…? De plus, maints exemples viennent accréditer cette conception anthropologique.

D'autres dysfonctionnements du moi-je ralentissent la croissance : citons le volontarisme, la fuite du réel, le doute sur soi, l'aliénation aux idées des autres ou à ses propres principes, l'auto-suggestion négative, etc.

Comme autres freins internes, on peut rencontrer une manière de vivre à la superficie de soi, très extériorisée, sans prendre de temps d'intériorité facilitateurs de l'émergence de l'être. Cette manière de vivre se double souvent d'un manque de profondeur au niveau des motivations pour progresser et d'un contentement d'une vie où la sensibilité est relativement paisible.

La croissance suppose, pour une part non négligeable, que les forces du corps puissent actualiser ce pour quoi on se sent fait.

Les blessures de la sensibilité jouent également un rôle prépondérant dans ces entraves à la croissance. Les blessures bloquent la vie de l'être et entraînent les dysfonctionnements qu'on vient d'évoquer. Lorsque la personne guérit de ces traumatismes qui l'handicapent, non seulement ces blessures ne la freinent plus mais elles l'ont enrichie d'une expérience susceptible de favoriser la croissance de certains aspects de sa personnalité qui ne se seraient probablement pas développés de la même manière autrement. Par exemple, ceux qui n'ont pas reçu beaucoup d'attention à ce qui constitue le cœur de leur être peuvent développer, une fois guéris, une qualité de présence à l'autre en son essentiel, ceci en raison même de la souffrance qu'ils ont vécue et qui les aura rendus sensibles à l'importance de ce type de regard porté sur autrui.

L'évolution de la place des autres dans un cheminement de croissance

À plusieurs reprises déjà, la place et le rôle des autres ont été évoqués et présentés comme faisant partie des éléments fondamentaux du cheminement de croissance de la personne. Si cette importance de l'environnement humain est une constante durant la vie du sujet, on peut toutefois remarquer une évolution de la place des autres au cours du processus de sa croissance. Cette évolution n'est toutefois pas automatique ni générale, elle est tributaire du niveau d'humanisation de l'entourage et du choix de l'autonomie de la personne elle-même.

Les premières années, les autres occupent une place essentielle et irremplaçable. L'enfant apprend auprès d'eux ce qu'est un être humain et comment il fonctionne. Il s'identifie plus ou moins aux modèles qui l'entourent et absorbe par osmose leurs valeurs et leurs schémas de comportement. Grâce à l'expérience de cette identification, l'enfant va développer de lui-même les potentialités qui entrent en correspondance avec celles de son propre être, et laisser instinctivement de côté celles qui ne résonnent pas avec sa propre personnalité. La place des personnes importantes pour lui (celles dont il attend la reconnaissance et l'amour) est alors essentielle : l'approbation ou la désapprobation de ses comportements tâtonnants vont influer sur la manière dont il va croître, en harmonie avec son être ou pas.

Au moment de l'adolescence, les autres sont investis différemment selon qu'ils exercent une autorité ou pas, selon aussi l'influence que le jeune leur accorde. Leur présence est nécessaire à l'adolescent, mais la relation est vécue souvent de manière ambivalente par lui. Pour une part, les adultes conservent une place de référence, mais en même temps, l'adolescent refuse cette référence externe et cherche à expérimenter les siennes ou teste celles de son entourage de jeunes. À cette étape de la vie, en effet, l'influence des autres dans les mêmes âges a tendance à remplacer l'influence parentale et rejaillit sur la croissance de manière plus ou moins positive selon les cas. La place des autres est moins vitale pour l'adolescent que pour l'enfant, toutefois, la croissance du jeune reste très marquée par les influences reçues et par l'accueil ou, au contraire, le rejet qu'il reçoit de la part de son entourage vis-à-vis de ses « pas d'existence ».

Chez l'adulte, la place des autres dans le cheminement de croissance se modifie. La progression en autonomie relativise cette place par rapport aux premières années de la vie. On peut davantage exister sans cette dépendance du regard de l'autre et assumer une forme de solitude. De plus, on peut

s'éloigner de ceux qui sont néfastes, ce qu'un enfant ne peut pas faire. Ceci dit, la place d'autrui reste importante à plus d'un titre :
– L'environnement humain occupe une place privilégiée au niveau de la vitalisation de l'être, source essentielle pour la croissance, comme on l'a vu.
– Cet environnement peut constituer également un milieu propice à la guérison de blessures du passé. Certaines relations de qualité contribuent à restaurer en profondeur des potentialités bloquées par des traumatismes anciens, causés par des relations néfastes.
– Enfin, la place des autres permet de vivre ses potentialités essentielles au service des autres. Participer ainsi à l'avancée collective avec d'autres donne du sens à sa vie et stimule beaucoup la croissance.

Le degré d'importance de la place des autres dans le processus de croissance a tendance à diminuer au fur et à mesure de la progression en maturité de la personne pour ce qui concerne la recherche de satisfaction de ses besoins personnels de type psychologique (reconnaissance, amour, sécurité…). On s'assume plus soi-même et de ce fait, on recourt moins à autrui. Par contre, l'importance de cette place des autres dans la croissance s'accentue par la possibilité qu'ils offrent d'actualiser ses potentialités. Autrement dit, avec l'âge et la maturité, la croissance se fait plus en vivant ce pour quoi on est fait au service des autres qu'en recevant d'eux des gratifications.

Note : accepter que les autres puissent avoir une place dans son cheminement de croissance n'est pas facile ni évident pour tout le monde. Certaines personnes rencontrent des résistances. Ainsi, certains ont tendance à se culpabiliser dans leurs relations aux autres lorsqu'il s'agit de leur croissance personnelle. Ils s'accusent d'« utiliser » les autres à leur profit, ils se jugent égoïstes et vont parfois jusqu'à s'interdire toutes les relations dont ils tirent un avantage, voire à s'obliger à entretenir des relations difficiles ou même nuisibles sous couvert d'intentions altruistes. En semblable cas, une clarification sur ce que l'on vit s'impose. Voici quelques pistes possibles pour comprendre ce phénomène :

Le système explicatif PRH

— cette culpabilité peut remonter à une éducation moralisante où le Bien résidait dans une centration permanente sur la recherche de la satisfaction des besoins d'autrui et dans un oubli de soi. On a vu [*] que cette forme d'éducation pouvait justifier bien des dysfonctionnements. La référence à la conscience profonde plutôt qu'à la conscience socialisée aide à retrouver de la justesse ;

— il se peut que la personne exprime à travers cette culpabilité un malaise face à une dépendance psychologique nuisible dont elle peut s'extraire. Il est souhaitable, à un certain moment de son cheminement, de ne pas se conforter dans ces aliénations et de viser l'autonomie ;

— cette culpabilité prend souvent racine dans une méconnaissance des lois de croissance de la personne humaine. À l'âge adulte, on commence toujours un cheminement de croissance par une phase de centration sur soi qui nécessite une prise de distance d'avec autrui, afin d'acquérir les forces nécessaires pour aborder l'étape de décentration de soi. Vouloir brûler les étapes ne fait pas progresser plus vite ;

— les relations humaines vitalisantes, elles, demeureront toujours une nécessité pour que l'être émerge et pour que la personne puisse, à son tour, apporter aux autres les richesses qu'elle détient en puissance. Autrement dit, il n'y a rien d'égoïste ni de coupable à chercher chez certaines personnes vitalisantes ce dont on a besoin pour être soi, avec l'objectif de redonner, le moment venu, ce que ces relations ont permis de révéler ou de dynamiser et qui peut aider autrui à exister. Vécues dans le respect de la liberté des autres, ces relations offrent à ceux-ci la possibilité de donner le meilleur d'eux-mêmes, et sont donc source de croissance aussi pour eux.

Les différentes étapes vers la maturité

Le mouvement global de croissance de la personne s'actualise selon une certaine chronologie, même si chaque individu a son parcours personnel. Ce mouvement s'amorce dès la conception, mû par le dynamisme de croissance présent au niveau de l'être. Au départ de la vie d'une personne, c'est principalement le corps (y compris ses cinq sens) qui se développe.

Grâce à cette maturation physiologique, le bébé commence à réagir à son entourage, il balbutie ses premiers phonèmes, il manipule les objets à sa portée et esquisse ainsi ce qui deviendra

[*] Cf. p. 121.

une parole, un jeu, un acte. Le moi-je du tout jeune enfant commence alors à s'éveiller et à se développer. C'est le début d'innombrables apprentissages. Cette éclosion de vie chez l'enfant peut être soit favorisée par l'entourage, soit au contraire contrecarrée. Si c'est le cas, des blessures se produisent qui vont handicaper le processus de la croissance.

À un certain stade du développement du corps et de l'intelligence, l'être de l'enfant se manifeste ainsi que sa conscience profonde. Il ressent des aspirations qui lui sont personnelles et en actualise certaines (décider par lui-même, jouer, entrer en relation, communiquer, faire plaisir, créer, imaginer...). Son instinct d'être peut déjà guider certains de ses choix. Ainsi débute pour lui l'aventure de devenir soi, de libérer le potentiel de richesses qu'il a, et d'apprendre à les actualiser en accord avec sa conscience profonde.

Avec l'adolescence, c'est une nouvelle étape qui se franchit au niveau de la personnalisation du sujet. Le jeune commence à quitter les repères qui l'avaient guidé jusque-là et se met en quête de nouveaux repères, les siens. À travers le choix de ses études, de son métier, de son état de vie, de ses engagements, c'est toute une part essentielle de lui-même qui peut surgir et commencer à s'actualiser, mettant au jour de nouvelles potentialités et de la confiance en lui et en ses possibilités.

Pour qu'elle devienne adulte, la personne doit prendre conscience, à un moment donné, qu'elle peut être actrice de sa propre évolution et qu'elle a à s'engager sur les deux pôles de la croissance et de la guérison.

Au niveau de la croissance, la personne en voie de devenir adulte poursuit la conscientisation de son identité. Elle s'engage progressivement sur l'axe de son « agir essentiel ». Des « liens essentiels » apparaissent. Son aspiration à exister se manifeste beaucoup à travers tout ce qu'elle réalise.

Une fois les bases de sa personnalité suffisamment dégagées, la personne entre dans une phase de déploiement.

Comme nous l'avons vu, ce processus de croissance peut être freiné du fait de la présence de blessures du passé. Aussi, la personne qui vise une maturité d'adulte devra-t-elle s'engager sur le pôle de la guérison des blessures du passé pour retrouver sa capacité d'exister comme elle sent, en conscience, avoir à le

Le système explicatif PRH

faire. Cette étape dure plus ou moins longtemps selon les cas. Une transformation en profondeur se réalise, les instances de la personnalité se mettent progressivement en ordre, les fonctionnements compensatoires de la non-existence de l'être cèdent la place à des fonctionnements normaux. La personne s'unifie peu à peu autour de son être qui peut alors exister à plein et continuer de révéler toutes ses richesses.

Ainsi, le phénomène de la croissance se manifeste tout au long de l'existence du sujet, au moins tant que les fonctionnements du moi-je, de la sensibilité et du corps le permettent, car la croissance est indissociablement liée au bon fonctionnement des facultés liées à ces instances, même si ces facultés sont limitées.

Les « accidents » dans la croissance d'une personne : le phénomène des blessures et de la non-existence

Pour décrire ces « accidents » survenant dans le processus de croissance, il est important de revenir aux deux fondements du processus de la croissance : l'aspiration à exister et la satisfaction du besoin d'être reconnu en son droit d'être soi. Puis, on abordera le phénomène des blessures lorsqu'on est frustré dans l'obtention de cette reconnaissance et donc contrarié dans cette aspiration fondamentale à être soi. Le phénomène de la non-existence chez l'enfant sera traité à la suite comme une conséquence de cette non-reconnaissance du droit d'exister tel qu'on est.

L'aspiration à exister et le besoin d'être reconnu

L'enfant vient au monde avec une incoercible aspiration à exister qui le pousse naturellement à croître dans l'axe de la personnalité en germe en lui, et qui le caractérise. Mais aussi fort en lui, vit un besoin d'être reconnu en cette aspiration à devenir qui il est, principalement de la part des personnes importantes pour lui (sa mère, son père, ses frères et sœurs, ses professeurs, ses camarades, etc.). Il a besoin qu'on lui reconnaisse le droit d'exister comme il est, surtout dans ce qui constitue le cœur de lui-même, et qu'on ne l'abandonne pas. C'est plus essentiel pour lui et sa croissance que de recevoir de la tendresse, qui pourtant, lui est bienfaisante, mais qui peut lui être accordée alors que ses besoins d'être reconnu et de sécurité affective sont carencés.

Pour éprouver ce sentiment d'être reconnu, l'enfant a besoin de ressentir que sa vie a du prix aux yeux de ceux qui lui sont chers, qu'elle est accueillie avec bonheur, qu'on est prêt à s'investir pour qu'elle réussisse, parce qu'on y croit, qu'on le sent capable de devenir quelqu'un ayant de la valeur, susceptible d'apporter quelque chose de bon aux autres. L'enfant perçoit par là qu'il a une place, une importance et un rôle dans l'univers qui est le sien ; un espace lui est offert pour que son aspiration à exister s'actualise. La satisfaction de son besoin d'être reconnu apparaît aussi quand il sent que ce qu'il est en profondeur et qu'il essaye de communiquer à sa façon intéresse, que c'est vu, entendu, compris, respecté, apprécié. Par ailleurs, l'enfant a le besoin d'être accueilli et accepté avec ses limites, qu'on en tienne compte pour qu'on n'attende pas de lui quelque chose qui est hors de sa portée.

Sa sensation d'être reconnu s'éveille au contact de ces milliers de messages verbaux et non-verbaux qu'il reçoit de la part de son entourage. Un enfant lit dans le regard de ses parents ou de ses proches, dans le ton de leur voix et le contenu des paroles qu'on lui adresse, dans le soin qu'on prend de lui, etc. non seulement combien on lui reconnaît le droit d'exister comme il est, mais en plus combien sa personnalité est perçue comme profondément aimable. C'est une manière d'être et de faire à son égard assez constante qui induit ce sentiment d'être reconnu et aimé. Ce sentiment peut certes disparaître momentanément lorsque les personnes importantes pour lui le frustrent dans son besoin, par exemple : leur attention est accaparée par un autre enfant, ou ils sont indisponibles au moment où son besoin d'être écouté se manifeste, ou bien encore lorsque l'autre est fâché contre l'enfant. Lorsqu'elles sont occasionnelles, ces frustrations ne sèment pas de doute profond chez l'enfant. Le sentiment d'être reconnu et aimé, latent en lui, se restaure dès que l'autre explique son comportement, reconnaît sa maladresse ou son erreur et s'en excuse auprès de l'enfant. Ce dernier apprend ainsi que les autres ne sont pas toujours comblants, qu'ils ont eux-aussi leurs limites et des faiblesses. Il ne doit donc pas compter que sur eux pour être bien en lui. Cette expérience favorise le sain apprentissage de l'autonomie.

Ainsi, dans la mesure où l'enfant reçoit suffisamment satisfaction de son besoin d'être reconnu, sa personnalité croît harmonieusement. Les difficultés de la vie éprouvent sa sensibilité sans qu'il n'y voie durablement la manifestation d'une malveillance ou d'une hostilité de la part de son entourage, dont il est assuré de la reconnaissance, de l'amour et de la protection si cela s'avérait nécessaire. Il n'a pas à se protéger anormalement pour exister tel qu'il est, même s'il doit tenir compte de son entourage et adapter son mouvement naturel d'existence afin qu'il respecte aussi l'existence des autres.

Le phénomène des blessures

Le concept de blessure est ici signifiant d'un traumatisme d'ordre psychologique, survenu la plupart du temps dans l'enfance, qui a atteint le système nerveux et qui altère le fonctionnement normal de la personne. Une blessure n'implique pas forcément la présence d'une douleur. En effet, certaines blessures sont effectivement ressenties douloureusement dans le corps et la sensibilité, alors que d'autres ont été refoulées, anesthésiées, comme enkystées. La personne peut même en ignorer l'existence. Elles sont pourtant présentes dans une forme de mémoire dite « organismique », et repérables aux dysfonctionnements qu'elles engendrent.

On n'inclut pas dans ce concept de blessure les souffrances plus superficielles et passagères qui agressent la sensibilité. Dans ce cas, la personnalité n'est pas affectée en profondeur. Par contre, des traumatismes physiques ont pu engendrer des insécurités profondes.

La recherche des causes de la majorité des blessures psychologiques montre leur rapport direct avec une frustration importante du besoin d'être reconnu tel qu'on est, décrit plus haut. En effet, un enfant est très vulnérable, et il suffit qu'une seule personne importante lui refuse durablement le droit d'exister tel qu'il est pour qu'une blessure se crée, entravant son aspiration à exister et, de ce fait, provoquant un « accident » dans sa croissance et dans la construction harmonieuse de sa personnalité. La blessure sera d'autant plus grave et profonde si ce sont plusieurs personnes qui ne le reconnaissent pas, et particulièrement sa mère, son père, un adulte proche ou un frère, une sœur, et si la non-reconnaissance affecte des aspects essentiels de son être. Parfois, c'est l'enfant en sa totalité qui est refusé. Autant dire que la très grosse majorité, pour ne pas dire tous les humains, portent en eux des blessures et donc des dysharmonies.

À noter que certaines blessures surviennent à l'âge adulte, dans des contextes de vie et de relations particulièrement difficiles (licenciement, chômage, divorce, agression, accident, guerre, etc.). Toutefois, ces blessures ressenties comme très douloureuses sont moins graves que celles produites dans l'enfance car le système de défense de l'adulte est plus élaboré que celui de l'enfant. L'adulte se protège psychologiquement mieux contre les agressions extérieures, il peut relativiser, il peut comprendre avec plus d'objectivité, il est plus capable qu'un enfant de tenir debout, car son existence ne tient plus uniquement à la reconnaissance des autres. De ce fait, il a moins besoin de refouler ce qu'il ressent.

Parfois, ces traumatismes psychologiques à l'âge adulte arrivent sur un terrain déjà blessé, d'où l'ampleur de certaines réactions disproportionnées, d'où aussi la difficulté à faire la part des choses, entre ce qui provient de blessures d'enfance et ce qui relève de blessures actuelles.

Comment se produit une blessure?

Une blessure est en quelque sorte la résultante de deux facteurs : un facteur externe blessant et un facteur interne de réceptivité propre à la personne. Autrement dit, les mêmes causes ne produisent pas exactement les mêmes effets selon les sujets.

Parmi les facteurs externes susceptibles de créer à terme une blessure chez un enfant, on peut rencontrer :
– des paroles. Des paroles de rejet, de condamnation, de négation, de moqueries, d'ironie, de soupçon, de chantage, de jalousie, de dévalorisation, de survalorisation, de comparaison, des injures, des paroles mensongères, des calomnies ;

– des gestes. Des gestes de violence, de mépris, de rejet, d'irrespect du corps ;
– des actes. Des actes de tyrannie, de vengeance, de viol du territoire, de sanction abusive, de perversité sexuelle, d'abandon, de destruction d'objets affectivement chers ;
– des attitudes. Des attitudes d'indifférence, de mépris, de domination, d'utilisation, de surprotection, de sur-responsabilisation, d'attentes exagérées, de doute ;
– une ambiance. Une ambiance de conflit, de destruction, de tristesse, de répression, de rivalité, d'insécurité, de culpabilisation, d'interdits, de jugement, de méfiance, de paraître, de solitude ;
– un événement. Le décès d'un membre de sa famille, la naissance d'un petit frère ou d'une petite sœur, un accident, la séparation des parents, une maladie grave, un suicide...

On peut ajouter aussi, comme sources potentielles de blessures : le refus d'une grossesse non désirée ; la proximité d'un autre enfant plus vivant, plus attirant, ou dont l'état exige plus d'attention ou de soins ; le lien entre exister et faire le malheur de quelqu'un, etc.

Tous ces facteurs atteignent l'enfant, parfois dès le sein de la mère, dans son élan d'existence. L'enfant ressent plus ou moins consciemment et douloureusement que sa vie, ce qu'il est, ses comportements, ou seulement certains aspects de lui ne sont ni reconnus, ni acceptés, encore moins appréciés. C'est ainsi qu'apparaît le phénomène de la non-existence.

Le phénomène de la non-existence chez l'enfant

Le phénomène de la non-existence se manifeste par un système de défense interne qui empêche l'enfant non seulement de ressentir son aspiration à exister dans les domaines où il ne se sent pas accepté, mais aussi de vivre ses capacités. L'enfant introjecte le refus de son existence et la culpabilité de n'être pas comme on voudrait qu'il soit.

« La non-existence s'installe parce que, d'une manière habituelle, l'enfant se voit refuser le droit d'être lui-même. On ne l'accepte pas comme il est. »[39].

[39] N.O. *L'aspiration à exister. Le besoin d'être reconnu. Le phénomène de la non existence*, p. 5, 1992.

Il peut arriver parfois que la non-existence apparaisse d'emblée lors de traumatismes de non-reconnaissance. La plupart du temps, l'enfant lutte pour se faire reconnaître, il manifeste l'injustice qu'il ressent à son égard, il pleure son impuissance devant des attentes qu'il ne peut satisfaire, il revendique son droit à être aimé tel qu'il est, il émet toutes sortes de messages pour crier la souffrance interne de ne pas être reçu dans ce qu'il est. Mais si l'entourage ne comprend pas sa détresse, si rien ne change, si on lui reproche ses manifestations, sa quête existentielle va baisser d'intensité. Il va progressivement ressentir l'inutilité de ses efforts et de ses cris, et entrer dans une forme de désespérance de pouvoir exister tel qu'il est faute de pouvoir être entendu et compris dans son besoin vital de reconnaissance. Une cassure dans la communication avec ces personnes importantes s'installe. Un système de défense se met en place pour ne plus avoir mal.

En effet, chercher à être soi et ne pas être reconnu dans cette existence est une souffrance tellement intolérable et parfois destructurante pour un enfant, que son psychisme, dans un réflexe de survie, préfère capituler et refouler son aspiration fondamentale à exister, plutôt que de ressentir cette indicible blessure. « *L'échec du premier essai d'exister, à cet âge de l'enfance où on est encore très vulnérable, fait entrer dans un doute profond sur soi et sur sa capacité à être reconnu, estimé et aimé.* »[40] C'est ainsi que naissent les images négatives de soi.

Chez la plupart des enfants, un instinct de vie pousse à ne pas se laisser complètement anéantir et conduit à compenser cette non-existence du cœur de soi par l'emploi de formes déviées d'existence, ceci afin de glaner tout de même quelques ersatz de reconnaissance. Selon sa personnalité et son entourage, l'enfant utilise des types particuliers de moyens pour continuer à vivre.

– Le moyen le plus courant est le « rebondissement » pour tenter de rétablir un équilibre. Non reconnu dans ce qui constitue l'essentiel de lui, l'enfant rebondit par le développement de potentialités qui sont appréciées par son entourage et qui correspondent à l'attente de ces personnes. Par exemple, il va réussir à l'école et se faire reconnaître par un bulletin de notes dont

---

[40] N.O. *L'aspiration à exister et le phénomène de la non-exitence*, p. 6, 1989.

ses proches se sentent honorés, ou bien il va s'investir dans la réussite sportive s'il a des dons dans ce domaine et si cela plaît, ou bien encore il va hypertrophier ses potentialités d'obéissance, de gentillesse, de serviabilité, de générosité, d'humour, ses dons manuels, intellectuels ou artistiques, etc.

— Certains enfants ou adolescents, plus ou moins conscients des failles chez les adultes, ont réagi à la non-vie qu'on leur imposait, par une révolte, par une opposition quasi systématique, par une déviance (mensonge, vol, drogue, fugue…) ou une marginalité. Ils rétablissent inconsciemment une forme de justice en étant eux-mêmes frustrants pour leur entourage.

— D'autres enfants exercent une sorte pression sur les personnes dont ils attendent d'être reconnus et aimés, comme pour les forcer à prendre en compte leur existence. C'est le cas, par exemple, des enfants qui utilisent la maladie, des échecs, leurs peurs, pour s'attirer l'attention des adultes, voire leur pitié ou seulement leur inquiétude, preuves qu'ils ne sont pas totalement inexistants à leurs yeux.

— L'enfant peut aussi trouver un moyen terme à sa non-existence en compensant ailleurs sa frustration auprès de personnes qui le reconnaissent. Il s'éteint dès qu'il est en contact avec un entourage néfaste, et s'épanouit partout où il est vu et estimé dans ce qu'il est en profondeur.

À noter que certains enfants, vraisemblablement plus fragiles psychologiquement, ne parviennent pas à compenser d'une manière ou d'une autre, et développent des pathologies mentales en se coupant d'un réel dont ils ne peuvent assumer l'angoisse qu'il génère.

Les « accidents » de la croissance que constituent les blessures du passé ne sont pas irrémédiables. L'être humain possède en lui des potentialités de guérison de ces traumatismes et de leurs conséquences comportementales. C'est ce qui sera observé au cours du chapitre suivant.

Avant de clore ce chapitre consacré au phénomène de la croissance, reprenons-en l'essentiel sous forme schématique (cf. schéma page 185) [41].

---

[41] N.O. *Aspirations et besoins*, 1989.

– Un sous-sol – Le passé
L'enfant apparaît sur terre équipé d'un faisceau de potentialités qui aspirent à vivre, et avec des limites constitutionnelles.

Il rencontre deux types de milieux qui influent sur son développement : des milieux vitalisants qui le reconnaissent et l'apprécient avec ses potentialités, qui en encouragent l'actualisation, et qui l'acceptent avec ses limites ; des milieux néfastes qui ne voient pas le meilleur de lui, qui ne l'acceptent pas, qui ne l'aiment pas comme il est, ou encore qui ne le stimulent pas à être « lui ».

Ces milieux néfastes blessent l'enfant en son aspiration fondamentale à exister. Ils sont à la base d'un passé douloureux et du phénomène de la non-existence.

– Premier niveau – Les réalités
Dans la personne devenue adulte, on rencontre deux types de réalités :
– des potentialités, dont l'éclosion a été facilitée par la fréquentation de milieux vitalisants ;
– des manques, qui résultent des insuffisances des milieux néfastes et donc du passé douloureux de la personne.

– Deuxième niveau – Les aspirations et les besoins
Les potentialités donnent naissance d'une part à des aspirations qui poussent à actualiser les potentialités, et d'autre part à des besoins normaux, dont la satisfaction est nécessaire pour la croissance de la personne (besoin d'être reconnu, aimé, d'avoir une place, d'être cru, d'être encouragé, etc.).

Les manques, eux, donnent naissance à des « besoins en creux », caractérisés par la disproportion de l'attente de leur satisfaction et par l'ampleur de la frustration si rien ne vient.

– Troisième niveau – Les mouvements intérieurs
Dans le vécu subjectif de la personne, les aspirations et les besoins sont ressentis comme des mouvements intérieurs qu'on peut classer en trois catégories :
– les aspirations produisent des mouvements « flèche droite », mouvements qui n'attendent pas de retour et qui propulsent en avant pour vivre qui l'on est et ce pour quoi on est fait ;

– les besoins normaux génèrent des mouvements « flèche recourbée », mouvements qui partent vers l'autre, mais pour en recevoir quelque chose. Il y a une attente. Celle-ci est relative à la croissance ;
– des mouvements manifestent une forte attente et une soif insatiable d'être comblé. Ce sont les mouvements nés de « besoins en creux ». On prend l'autre pour satisfaire ses manques.

– *Quatrième niveau – Le vécu intérieur global*

Les différents mouvements précités coexistent à l'intérieur de soi, souvent dans une certaine confusion. Il importe d'apprendre à les démêler pour savoir ce qui est à la racine des actes qu'on pose.

– *Cinquième niveau – Les actes*

Les actes se déclenchent à partir de ce vécu intérieur où se mélangent les trois types de mouvements intérieurs : « flèche droite », « flèche recourbée », mouvements nés de besoins en creux. Le discernement de ses actes commence par une élucidation de la part respective de ces différents mouvements intérieurs.

Schéma récapitulatif

Ce schéma peut être utilisé de haut en bas pour comprendre l'origine des actes que l'on pose et des mouvements intérieurs que l'on ressent. Mais on peut également le visualiser de bas en haut, il offre alors une clé de compréhension du processus de la croissance.

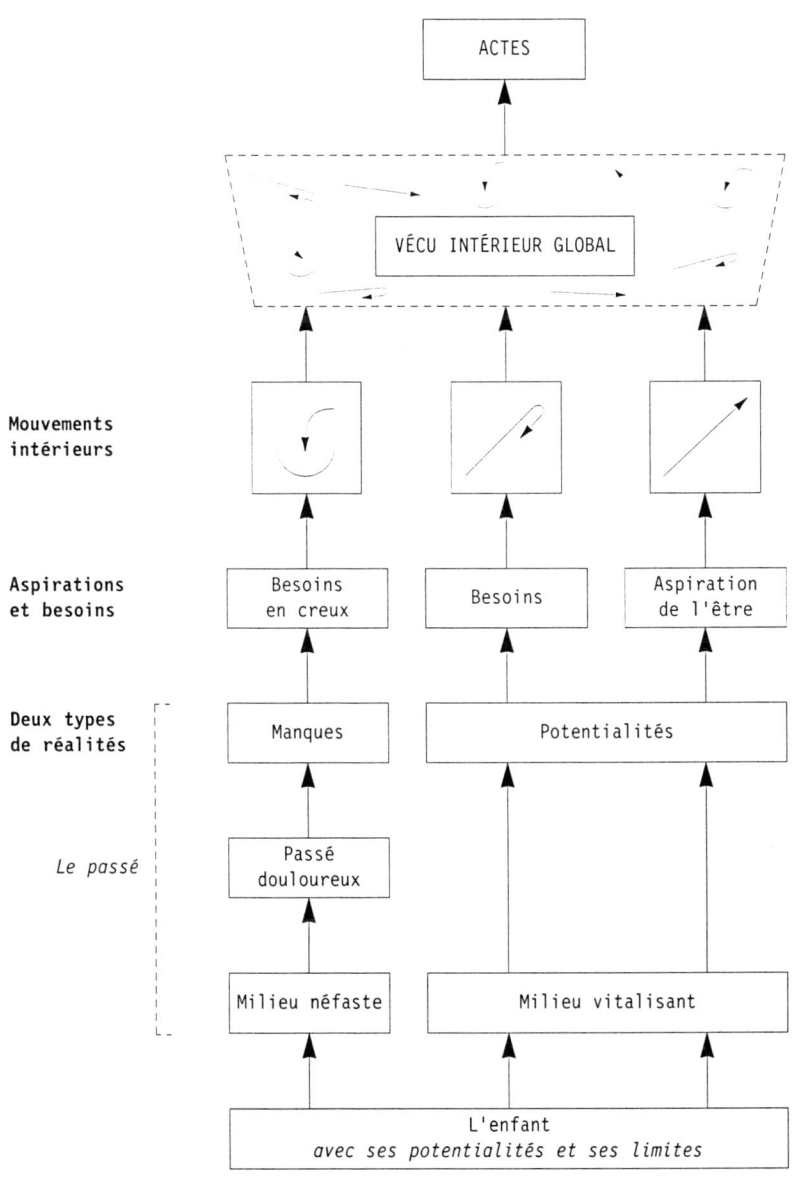

Le système explicatif PRH

Chapitre VI

Le phénomène de la guérison des blessures du passé

LES BLESSURES DU PASSÉ non guéries nuisent au bon fonctionnement de la personne. Elles entravent l'actualisation des richesses de l'être jusqu'à la maintenir parfois dans un état de sous-développement. Elles perturbent l'objectivité de l'intelligence, faussent ses perceptions, provoquent des dysfonctionnements comme l'aliénation, le volontarisme, le fonctionnement cérébral ou les différentes atonies des fonctions du moi-je. Ces blessures encombrent et parasitent la sensibilité. Elles prennent beaucoup d'énergie au corps. Elles altèrent les relations aux autres et à soi-même, et sont elles-mêmes l'origine de blessures causées à autrui. Bref, leur présence dans le psychisme d'un être humain est néfaste, autant pour ce dernier que pour son entourage.

Un processus de guérison est donc nécessaire pour débloquer ce qui aspire à vivre, favoriser la croissance de l'être, réduire les conséquences négatives de ces blessures et permettre à la personne de se vivre en ordre. L'expérience prouve qu'une guérison de ces blessures est possible à certaines conditions.

Le terme de guérison est pris dans un sens très précis dans la psychopédagogie PRH ; il convient de le définir dans un premier temps, puis seront abordés successivement : le phénomène de la non-existence chez l'adulte, les conditions nécessaires pour qu'une guérison se fasse, la manière dont se produit le processus de la guérison, les obstacles à la guérison, et le chapitre se terminera par un paragraphe abordant la manière de gérer la guérison d'un passé douloureux.

Le concept de guérison à PRH

Dans un cheminement de croissance, on entend par guérison, le phénomène de restauration progressive de la capacité de la personne à exister dans les domaines où l'actualisation de ses potentialités était entravée du fait de la présence de blessures. Guérir, c'est retrouver sa capacité d'exister en accord avec son être et sa conscience profonde.

Le processus de la guérison, comme celui de la croissance, est un phénomène inscrit dans la nature humaine. On peut le favoriser ou le mettre en échec. Une analogie peut être faite avec les blessures physiques même profondes, qui tendent à se cicatriser d'elles-mêmes selon un processus naturel, mais qui requièrent aussi des soins pour faciliter cette cicatrisation et éviter les complications. En effet, à la base du phénomène de la guérison, on retrouve l'aspiration latente à exister au cœur de soi et le besoin latent d'être reconnu en cet essentiel de soi. Au tréfonds de soi, même brimée et refoulée, l'aspiration à être soi demeure, même frustré et anesthésié, le besoin d'être reconnu et aimé attend satisfaction. Tant que la personne est vivante, son être tend à s'actualiser en cherchant, parfois de manière déviée, la reconnaissance et l'amour dont elle a besoin pour exister. C'est ce dynamisme de croissance de l'être, toujours présent dans la personne même très blessée, qui rend possible la guérison.

Ainsi, la guérison des blessures du passé est :
– la résultante d'un surgissement du dynamisme de vie au niveau de l'être de la personne, surgissement qui rend de plus en plus intolérables les défenses qui empêchent d'exister vraiment, et de plus en plus enviable le fait d'être soi,
– la résultante d'une détermination à guérir et donc d'une décision de prendre les moyens nécessaires.

Note à propos du terme « guérison » :
le terme de guérison fait peur à certaines personnes qui entendent par là une notion de maladie à traiter, et qui redoutent de ce fait d'être considérées comme des « malades ». Disons d'emblée que, dans l'approche psychologique PRH, le phénomène de la guérison est intégré au cheminement de croissance dont il constitue l'une des composantes. Le terme « guérison » a été retenu parce qu'il

représente bien la notion de blessure qui a meurtri la personne, et qu'il évoque la notion de restauration d'un état de santé et de bon fonctionnement.

Il importe de différencier une personne qui vit des dysfonctionnements, gênants pour elle ou pour son entourage, liés à des traumatismes du passé, et une personne atteinte d'une maladie mentale (névroses invalidantes, psychoses...). Les domaines de la psychopathologie et des traitements psychiatriques ne relèvent pas de la compétence de l'approche PRH.

Le terme de guérison, paradoxalement, suscite chez d'autres personnes une sorte de fascination. Elles veulent guérir à tout prix. La guérison devient une quasi-finalité de leur existence et non plus ordonnée à la croissance. La finalité d'un travail sur soi tel qu'il est pratiqué dans la psychopédagogie PRH n'est pas d'abord de guérir mais d'exister et de croître ; elle n'est pas non plus d'abord de supprimer la souffrance, mais de tenir debout devant les difficultés et les épreuves que l'on rencontre. La guérison vient comme un fruit de l'émergence et de la croissance de l'être et de l'engagement du moi-je.

Note à propos de l'assimilation possible de PRH à une forme de psychothérapie :
le terme de psychothérapie a beaucoup évolué ces dernières années. Autrefois, il était réservé au domaine de la psychopathologie et à tout ce qui relevait du traitement des troubles psychologiques importants et celui des maladies mentales. Aujourd'hui, ont tendance à être englobées sous le vocable de psychothérapie, toutes les méthodes qui apportent un mieux-être aux personnes (cf. la citation d'Edmond Marc mentionnée au début de ce livre p. 36). Cette extension du contenu du concept de psychothérapie soulève légitimement la question du positionnement des formations humaines et des psychopédagogies telles que PRH par rapport à la psychothérapie. Il nous semble important de ne pas confondre ces deux approches qui, certes, ont entre elles des points communs (entre autres le travail sur le pôle de la guérison, les effets bénéfiques sur le vécu psychologique des personnes...), mais qui ont aussi des différences qui les particularisent, notamment des dominantes spécifiques :
– au niveau des objectifs (le développement personnel pour la formation humaine, la guérison pour la psychothérapie) ;
– au niveau du type de population concernée (des personnes présentant des degrés de perturbation différents) ;
– au niveau du type de méthodes utilisées (sessions de formation, relation d'aide visant l'intégration des acquis de la formation d'un côté, et d'un autre, utilisation du transfert, de l'interprétation des rêves, de l'hypnose...),
– au niveau des modes d'intervention et au niveau des domaines de compétence des intervenants (le formateur n'est pas impliqué de la même

Le système explicatif PRH

manière dans la relation au « client » qu'un psychothérapeute du fait de l'utilisation d'outils pédagogiques permettant une auto-formation et faisant fonction de médiation entre le formé et le formateur ; dans le cas de la psychothérapie, la relation transférentielle qui s'établit est le facteur principal du processus d'évolution de la personne. De plus, la personne qui suit une formation humaine peut s'adresser simultanément à différents formateurs, alors que la psychothérapie exige un travail avec un seul et même thérapeute).

– au niveau des références théoriques, qui, elles aussi, sont teintées des dominantes de chaque approche (accent mis sur la théorisation de la structure psychique sous l'angle de la dynamique de croissance de la personne dans la formation humaine telle que PRH ; accent davantage mis sur la théorisation des conflits intrapsychiques inconscients et sur leurs manifestations symptomatiques dans les approches psychothérapiques…).

De ces différences découlent des formations spécifiques pour les formateurs et pour les thérapeutes.

On retrouve à travers cette comparaison l'une des différences qui a distingué André Rochais de Carl Rogers. André Rochais s'est davantage situé dans le champ de la psychopédagogie avec un ensemble d'outils pédagogiques à l'appui (la formation PRH), visant à doter les personnes de connaissances sur elles-mêmes, leur permettant de prendre leur vie en main. Carl Rogers s'est plus reconnu dans une approche de type psychothérapique (Counseling) privilégiant l'interaction relationnelle pour aider la personne à restaurer une relation saine à elle-même et à autrui.

Le phénomène de la non-existence chez l'adulte

Ce phénomène est très courant et pourtant, paradoxalement, peu d'adultes en ont conscience. Les blessures de l'enfance sont pour la plupart oubliées, les manques ont été compensés par d'autres moyens de se faire reconnaître et apprécier (les différentes formes de réussites sociales) ou par d'autres formes de gratifications (intellectuelles, spirituelles, artistiques, corporelles, les loisirs, l'avoir, l'engagement, etc.). Grâce à cela, les personnes peuvent ressentir une impression d'exister, et même parfois, de se sentir heureuses et bien dans leur peau. Leurs dysharmonies de comportement, qui pourraient les alerter sur la présence en elles d'une plaie de non-existence, sont facilement imputées au compte de leur caractère, des circonstances, ou mises sur le compte des autres, du fonctionnement de la société. Autrement dit, l'adulte perpétue inconsciemment le refoulement initial et le justifie pour préserver une certaine cohérence.

En conséquence, beaucoup de gens ignorent qu'ils pourraient connaître une vie intérieure plus riche et plus unifiée et une existence plus juste, plus harmonieuse et plus féconde. Ils se contentent de vivre à la superficie d'eux-mêmes, ne se doutant pas, ou rarement, qu'au fond d'eux, leur vraie personnalité souffre d'être condamnée à l'inexistence ou à une existence trop partielle et périphérique.

Le phénomène de la non-existence, global ou sectoriel, est pourtant décelable pour qui accepte (ou parfois est provoqué à) une remise en question de sa vie pour la restaurer dans ses assises. L'observation a permis d'identifier plusieurs signes de cette plaie de non-existence, qu'on regroupe sous l'expression « réactions disproportionnées et répétitives »[*].

Ces réactions exagérées, on l'a vu, allant de l'agressivité à l'inhibition, se reproduisent dans des circonstances analogues, face aux mêmes personnes, ou au même type de situations. Elles ont un lien avec une blessure du passé. La personne vit un phénomène de projection, elle se retrouve en quelque sorte face à l'« agresseur » d'autrefois, ou en présence de la situation traumatique, qui l'avait tant blessée. C'est cette situation transférentielle qui explique la disproportion et la répétitivité. Les blessures du passé sont là, enkystées dans la sensibilité, et elles se réveillent quand les circonstances actuelles présentent une analogie avec la situation initiale. Établir le « portrait-robot » ou faire la description de ce qui déclenche ainsi de telles réactions, aide à faire le lien avec la personne ou la situation du passé qui a provoqué la blessure.

Quelques exemples de réactions disproportionnées et répétitives :

– *Les attachements excessifs*
On a évoqué dans le paragraphe précédent l'existence d'un phénomène de transfert lorsqu'une personne de son entourage

[*] Cf. pp. 108-109.

réveille en soi des sentiments négatifs qui s'adressent en fait à une personne blessante de son passé.

Une autre forme de transfert se produit à l'égard d'hommes ou de femmes dont on espère qu'ils pourraient satisfaire aujourd'hui des besoins qui ont été carencés dans l'enfance. Cela se traduit par une fixation affective, autrement dit par un attachement excessif à l'égard de ces personnes. Auprès de celles-ci, grâce à leur accueil, leur compréhension, leur estime, on ressent à nouveau le droit d'exister tel qu'on est vraiment. L'aspiration à exister se réveille avec force et le besoin tyrannique d'être reconnu se concentre sur cette source potentielle d'apaisement de la souffrance du manque. Un surinvestissement affectif se produit alors sur la personne qui prodigue son attention, son écoute et sa bienveillance.

Ces manifestations ne sont pas faciles à gérer dans la relation interpersonnelle. D'une part, la personne vit des attentes exagérées, des tentatives de captation, avec des frustrations intolérables et une impression de rejet puisque l'autre ne pourra jamais combler le manque. D'autre part, la personne qui induit cet attachement doit faire face à la pression psychologique qu'exerce l'autre et doit apprendre à se situer avec justesse vis-à-vis des besoins vécus, les siens et ceux de l'autre.

Vécues dans la clarté et bien gérées, ces situations peuvent concourir à la croissance.

– *La peur de ne plus être aimé. La peur du rejet*
Quand une personne n'a pas été reconnue dans son enfance, une insécurité affective et un doute sur soi se sont infiltrés en elle. Parvenue à l'âge adulte, elle vit une inquiétude à l'égard des gens qui l'aiment ou dont elle aimerait être appréciée. Elle doute qu'on puisse, de fait, l'aimer et s'intéresser à elle, ou bien elle doute que cet amour puisse être durable. Elle a peur de ne pas ou de ne plus être accueillie, elle craint d'être rejetée, d'être abandonnée, et va parfois jusqu'à anticiper elle-même ce rejet ou cet abandon en provoquant la rupture de certaines relations.

Ces peurs et ces doutes sont le signe de la présence d'une blessure de non-existence.

– *La sensation de frustration*

Un être humain connaît beaucoup de besoins et beaucoup d'aspirations, plus qu'il ne peut en satisfaire. Aussi, connaît-il très tôt des frustrations. Ces frustrations pour inconfortables qu'elles soient, et dans la limite d'un certain seuil, peuvent être un moteur pour que certaines potentialités se développent. L'être humain est en quelque sorte équipé pour assumer ces inévitables insatisfactions.

Toutefois, lorsque des besoins fondamentaux ont été niés ou gravement frustrés durant l'enfance, une blessure se crée, provoquant à l'âge adulte des réactions d'intolérance aux frustrations. Ces réactions disproportionnées peuvent se manifester sous la forme de révolte, de revendication, d'agressivité ou sous la forme d'état dépressif plus ou moins marqué.

– *Le sentiment de culpabilité* [*]

Ce sentiment peut s'éveiller très facilement chez certaines personnes. Elles s'accusent de tout ce qui ne va pas dans leur entourage. Elles se ressentent comme fautives dès que quelqu'un manifeste des sentiments négatifs. Elles se jugent comme faisant le malheur des autres. Elles se reprochent de ressentir elles-mêmes certains sentiments ou certains besoins. Parfois cette sensation de culpabilité apparaît sans raison objective.

Sous-jacent à ce sentiment de culpabilité, il y a une blessure de non-existence. Ou bien l'enfant qui n'a pas été reconnu et aimé a introjeté inconsciemment la culpabilité de ne pas être comme il aurait fallu qu'il soit pour recevoir ce dont il avait besoin, ou bien il s'est vécu coupable d'être nuisible à son entourage.

– *Autres manifestations de la non-existence*

Les blessures de non-reconnaissance et de non-amour peuvent se manifester encore à travers :
– certaines réactions disproportionnées et répétitives d'ordre psychosomatique (insomnies, hypersomnies, fatigue, maux de tête, crise de foie, ulcères, maladie de peau, douleur au plexus, etc.) ;
– le recours habituel à des compensations (activisme, rêverie, drogue, abus de boissons, de nourriture, perturbations sexuelles,

---

[*] Cf. p. 92.

dépenses excessives, gaspillage, course à la réussite matérielle, à la notoriété sociale, etc.) ;
– une incapacité à assumer sa solitude ;
– une sensation de vide, d'absence de sens à sa vie, une perte du goût de vivre, une angoisse ;
– une sensation d'impuissance alliée à de la désespérance, etc.

Le repérage de ces différents symptômes de plaies de non-existence chez l'adulte ouvre la voie qui mènera peu à peu à la racine douloureuse de ces dysfonctionnements.

Les conditions nécessaires à la guérison

S'il est vrai de dire que tout être humain possède un potentiel de guérison de ses blessures, il faut toutefois ajouter que certaines conditions doivent être réunies pour que le processus de guérison s'engage et se réalise de fait.

Une première condition : la conscience d'avoir été blessé

Il est indispensable que la personne perçoive et identifie le mal-être, la dysharmonie et le désordre en elle et dans ses comportements, comme résultant d'une blessure de non-existence. Cette prise de conscience n'est pas facile à faire pour bon nombre de gens qui justifient leurs désajustements ou leurs moments de « creux » avec toutes sortes d'arguments qui les rassurent et leur évitent de se poser des questions sur l'origine en eux de ces dysfonctionnements. Par ailleurs, les compensations qu'offrent la réussite sociale et les plaisirs de toute sorte peuvent très bien masquer la fragilité d'une personnalité qui n'a pu se construire sur l'essentiel de soi. Il faut donc qu'un jour, la personne prenne conscience de la disproportion de certaines de ses réactions, et qu'elle s'interroge sur l'origine en elle de ces réactions.

Une deuxième condition : avoir les forces nécessaires

Il faut que la personne ait suffisamment d'énergie et de santé physique pour réaffronter ce passé douloureux. Pour cela, il est nécessaire que la vie de l'être se soit réveillée et que la personne trouve en elle des points d'appui solides pour parvenir à lâcher son système de défense protecteur et retrouver la souffrance originelle enfouie.

Une troisième condition : être motivé à guérir et consentir au temps que cela demande

Il s'agit d'une réelle détermination à s'engager dans un travail de guérison de son passé afin de vivre mieux et d'être plus. La personne peut se contenter de rétablir son équilibre après la « secousse » de ses réactions disproportionnées et répétitives. Elle peut aussi organiser sa vie pour éviter les situations ou les personnes qui éveillent ses perturbations. Choisir de ne pas fuir et de chercher les causes profondes de ses dysharmonies afin d'en guérir suppose de fortes motivations. Celles-ci peuvent se fortifier lorsque l'aspiration à être soi croît et que le fait de ne pas exister vraiment ou d'être entravé dans sa vie devient de plus en plus insupportable.

Une quatrième condition : se faire aider

Les blessures de non-existence se sont produites la plupart du temps au contact de relations néfastes. Le processus de restauration nécessite dans un premier temps l'expérience de relations bénéfiques, vitalisantes et sécurisantes, puis d'une relation d'aide pour accompagner la personne dans son cheminement de guérison.

Ainsi, la guérison des blessures du passé est possible avec des personnes conscientes d'avoir à guérir, motivées pour cela, disposant des forces nécessaires et s'appuyant sur une aide compétente. Les personnes qui ne peuvent réunir toutes ces conditions peuvent néanmoins développer les potentialités qui n'ont pas été entravées et apprendre à vivre au mieux avec les conséquences de ce passé douloureux qui resurgit lors des réactions disproportionnées et répétitives.

Le processus de la guérison dans la personne

Étant enfant ou même adolescent, la personne n'avait pas pu exister et manifester la souffrance dramatique qu'occasionnait en elle le fait de ne pas être reconnue et aimée. Même s'il a pu se regimber, l'enfant n'avait pas suffisamment de force psychologique pour se laisser ressentir cette souffrance qui l'atteignait au cœur de lui-même. Dans un réflexe de survie, il a refoulé cette souffrance et a capitulé face à son aspiration à exister.

À l'âge adulte, le processus de guérison consiste à « *revivre la souffrance originelle et à oser exister, au sein-même de la souffrance réactualisée et cela face à l'image de la personne qui a refusé le droit d'exister. Il ne s'agit pas d'un face à face physique mais d'un face à face intérieur… Autrement dit, il s'agit de vivre à l'âge adulte et avec la force qui s'est développée en soi, ce qu'on n'a pas pu vivre enfant parce qu'on était trop faible* »[42].

Le processus de guérison se déroule en plusieurs étapes qui peuvent s'échelonner sur plusieurs années selon la nature des blessures et les conditions réunies (cf. § sur les conditions nécessaires à la guérison p. 194).

L'étape de la prise de conscience de l'origine de ses dysfonctionnements et de la verbalisation de sa souffrance

Il s'agit, à cette étape, de repérer les réactions disproportionnées et répétitives, symptômes de blessures du passé encore actives, ainsi que les sensations corporelles et les sentiments éprouvés au moment même où se déclenchent ces réactions disproportionnées. En effet, ces réactions et ces sensations ont un rapport avec quelque chose qui s'est passé autrefois. Bien au contact de ces sensations vivantes en soi, il importe de se tourner vers son passé en s'interrogeant :
— à quand remontent ces réactions?
— qui a pu provoquer cela?
— qu'est-ce qui a pu se passer?

Ce n'est que progressivement que des souvenirs réapparaîtront dans le champ de conscience de la personne et que des liens s'établiront entre les réactions d'aujourd'hui et les traumatismes d'hier. Ces souvenirs d'événements ou de situations blessants sont fortement colorés du vécu subjectif de la personne; il s'agit de la perception que la personne a eue de cet événement ou de cette situation et non de la réalité objective des faits.

---

[42] N.O. *Comment guérir de la non-existence*, p. 2, 1992.

Durant cette étape, il importe de distinguer ce qui relève d'explications fournies à partir d'une réflexion ou d'une logique, de ce qui provient de lumières émergeant à la conscience à partir d'une analyse de sensations. Seules, ces lumières font progresser la personne dans la compréhension d'elle-même et donc dans la résolution de ses problèmes.

Le fait d'exprimer ce qu'elle éprouve et ce qu'elle conscientise à quelqu'un qui sait écouter et qui connaît ce processus de la guérison, aide la personne dans sa recherche et restaure une communication sur ce passé enfoui. En la présence de quelqu'un en qui elle a confiance, la personne voit son système de défense se relâcher. Elle peut s'aventurer plus loin dans l'analyse des causes profondes de ses perturbations. La verbalisation de son vécu est déjà un acte guérissant car elle interrompt le processus de refoulement, elle déverrouille la culpabilité, elle introduit de la clarté et elle met en relation ; autrement dit, elle fait exister.

L'étape de la reviviscence des sentiments refoulés

L'exploration du passé à partir des sensations vécues lors de réactions disproportionnées et répétitives conduit peu à peu la personne non seulement à retrouver les circonstances de ses blessures, mais aussi à ressentir les sentiments refoulés qui étaient en elle au moment de ces blessures. D'abord fugitifs, ces sentiments se précisent et prennent de l'intensité. Les sentiments d'autrefois se ré-actualisent ainsi que les réflexes enregistrés dans le système nerveux (tremblements, peur au ventre, envie de vomir, etc.). Ces sentiments sont généralement de deux registres : le registre du refus, du rejet, de l'agressivité à l'égard de la ou des personnes qui ont blessé, et le registre de la supplication, de la plainte pour obtenir la reconnaissance du droit à exister.

Durant cette étape, la personne vit tout un apprentissage à lâcher son système de défense et ses peurs, ainsi qu'un apprivoisement à se laisser ressentir ce passé avec son acuité d'alors.

L'étape de l'évacuation des souffrances

Un moment vient dans le cheminement de guérison où d'une part les sentiments et les sensations liés aux blessures du passé sont suffisamment réveillés, où, d'autre part, la personne est assez solide pour s'abandonner à la reviviscence de ces sensations, et où enfin, la sécurité d'une relation d'aide permet cette évacuation de la souffrance revécue.

À cette étape, il s'agit pour la personne de consentir à revivre jusqu'au bout les sensations éveillées en son corps et sa sensibilité par la réminiscence de ce passé douloureux. En laissant ses sensations prendre de l'ampleur en elle, la personne libère la charge émotionnelle qui s'y trouve présente. Le corps peut alors être secoué de sanglots, parfois être pris de tremblements, ou encore être raidi de crispations. La personne retrouve dans sa chair la souffrance qui n'avait pu s'exprimer et s'évacuer à l'époque, ainsi que les tensions nerveuses vécues par le corps pour protéger l'être.

Autrement dit : « *Ce n'est pas en rejetant sa souffrance hors de soi qu'on guérit. Ce n'est pas, non plus, en la niant, ni en la dominant, ni en la sublimant. C'est en existant, au sein même de cette souffrance qu'on laisse déferler par vagues successives, c'est en se relevant, en se dressant, en se maintenant debout que se déclenche et que se propage le processus de guérison.* »[43].

La conscientisation et l'analyse du vécu durant l'évacuation de la souffrance font partie intégrante de cette étape, en vue d'intégrer ce vécu à l'évolution de l'image que la personne se fait d'elle-même.

Ce phénomène d'évacuation de la souffrance est parfois très intense. Le contenu émotionnel finit par s'épuiser, la personne s'apaise et même si elle ressent une sensation de fatigue, elle perçoit qu'un regain de vie et une libération se sont produits. Pour une même blessure, il faut souvent plusieurs évacuations de souffrance avant que la poche qui contenait cette souffrance ne soit vidée. À chaque séquence, la personne va jusqu'au bout du contenu qui lui est accessible et qu'elle peut libérer à ce moment-là.

L'étape de la rééducation

Quand une personne n'a pas pu exister telle qu'elle est au cœur de son être, elle a mis en place des fonctionnements compensatoires pour avoir une certaine impression d'exister.

---

[43] N.O. *Comment guérir de la non-existence,* p. 9, 1992.

Elle s'est également protégée au moyen de mécanismes de défense pour éviter de revivre des situations traumatisantes. Ces fonctionnements sont comme des « mauvais plis » de comportements qu'aurait adoptés la personne. Même après avoir évacué ses souffrances, la personne peut retrouver ces « mauvais plis » qui, chez certaines, sont devenus comme une deuxième nature. Une mise en ordre des fonctionnements est donc nécessaire avec la contribution des facultés du moi-je.

Il s'agit d'apprendre à décider et à vivre ses actes en accord avec l'être. En d'autres termes, le processus de rééducation ne réside pas seulement dans une mobilisation de sa volonté pour combattre ses dysfonctionnements, mais nécessite aussi de se laisser attirer par le bon goût que procure le fait d'exister en harmonie avec sa conscience profonde et le fait d'être dans une dynamique de progrès.

Le travail de rééducation comporte plusieurs aspects :
– la prise de conscience « à chaud » d'un dysfonctionnement. Par exemple : « je suis en train de m'aliéner à ce que veut cette personne », « je suis dans une spirale de volontarisme », « je suis en train de me justifier », « je suis parti dans un fonctionnement imaginaire », etc. Pour faciliter cette prise de conscience, une attention aux sensations corporelles peut être très aidante (tension, malaise, envie…) ;
– la mobilisation de ses énergies pour décider de changer de fonctionnement. Cela demande un effort de la volonté, ce qui suppose, pour se réaliser, que la personne dispose de suffisamment d'énergie ;
– l'enclenchement d'un bon fonctionnement qui laissera la personne en paix au niveau de sa conscience profonde.

Ce travail de rééducation peut commencer dès le démarrage d'un cheminement de croissance. Il est laborieux à ses débuts, comme tout apprentissage, mais il donne rapidement des satisfactions profondes à la personne qui voit sa vie changer et un bonheur d'être s'intensifier.

Le processus de guérison a été décrit ici comme quelque chose de linéaire, avec une succession d'étapes. Dans les faits, il y a une superposition et une interconnexion de ces différentes étapes à tout moment du processus.

Quelques critères pour reconnaître la guérison des blessures du passé

La guérison des blessures du passé s'opère progressivement au cours de ce long processus. Certains critères permettent d'authentifier que la guérison s'est accomplie :

– les réactions disproportionnées et répétitives disparaissent. La personne n'est plus menée par des impulsions qui la dépassent, elle retrouve la maîtrise de ses comportements. Elle ne projette plus sur les personnes d'aujourd'hui les sentiments ou les intentions des personnes du passé. D'une manière générale, ses relations s'améliorent ;

– l'essentiel d'elle qui avait été entravé par des blessures peut exister et se déployer. La personne fait l'expérience que rien de ce qui constitue son être n'a été détruit. Elle retrouve son être comme on retrouve un enfant innocent, avec toute sa fraîcheur, sa simplicité, sa soif de vivre, sa beauté et aussi sa vulnérabilité. Elle ose vivre et s'affirmer telle qu'elle est, y compris face aux personnes blessantes du passé ou face à des personnes de même profil ;

– on peut revenir paisiblement à son passé et en reparler, la souffrance a disparu. Il n'y a plus d'aigreur, d'agressivité, ni de dépression. Les blessures sont cicatrisées. Les traces de ces cicatrices demeurent et demeureront, imprimées dans les souvenirs de la personne, mais ces séquelles n'entravent plus sa progression, car, désormais la personne peut mieux les gérer sans en être le jouet.

Les obstacles à la guérison. Les pièges

Le cheminement de guérison ne se parcourt pas sans qu'on y rencontre des résistances qui freinent le processus, voire qui lui font obstacle, ainsi que des pièges qui sont à éviter. Citons quelques obstacles et pièges parmi les plus fréquents.

Les freins et les obstacles

Ils sont liés généralement soit à un manque de maturité des motivations, soit à des dysfonctionnements qui s'introduisent dans le processus de la guérison. On peut citer :

– les motivations insuffisantes. La détermination à guérir des souffrances de son passé est fondamentale pour se lancer dans ce cheminement long et difficile à certains moments. Tant que la personne ne ressent pas de fortes motivations, elle ne se met pas vraiment en route ;

– les peurs. Ces peurs peuvent être de toutes sortes : peur d'avoir mal, peur d'être déstabilisé et de ne pouvoir retrouver son équilibre, peur de se montrer vulnérable, peur du ridicule, peur du temps que cela va demander, peur de mettre en cause une image parentale idéalisée ;

– les principes. « On ne se laisse pas aller », « un homme, çà ne pleure pas », « on est assez grand pour régler ses problèmes tout seul », « il suffit de vouloir pour pouvoir » ;

– les bénéfices secondaires que l'on retire de ses blessures. Complaisance dans un rôle de victime. Attention que l'on reçoit de la part de son entourage du fait que l'on ne va pas bien ;

– la culpabilité. La personne a honte de ce qu'elle vit, se sent coupable d'en vouloir à ses parents, se culpabilise d'avoir des problèmes ;

– le fait de se contenter de rétablir l'équilibre quand on est perturbé, sans s'attaquer aux causes de ces perturbations ;

– l'impatience, le volontarisme et leur corollaire, le découragement. Vouloir guérir « à la force du poignet », puis, devant l'échec de cette méthode, penser qu'on n'y arrivera jamais ;

– l'idéalisation de la guérison de son passé. Penser que ce travail de guérison résoud tous les problèmes, ou enlève toute souffrance ;

– le décollage du réel par minimisation ou au contraire dramatisation des réactions disproportionnées et répétitives ;

– l'appréhension des conséquences de son propre changement sur son entourage, sa vie familiale, professionnelle, lorsqu'on n'est pas prêt à les assumer.

Les pièges

Ils sont souvent liés aux représentations que la personne se fait de la guérison :

– croire que l'on guérit en comblant ses manques. C'est un piège très fréquent car c'est un réflexe instinctif chez l'être

humain que de chercher la satisfaction de ce dont il a manqué. Il a tendance à s'investir partout où il a des chances de vivre un apaisement de l'angoisse provoquée par le fait de manquer de quelque chose d'essentiel. Or les manques ne se comblent pas. À peine satisfaits, les besoins réapparaissent avec autant de force. Par contre, on peut se libérer des souffrances liées à ces carences. La disproportion des besoins en cause disparaît ;
– croire que guérir consiste seulement à faire le lien entre des symptômes actuels et des causes dans le passé ;
– croire qu'on guérit en « réglant ses comptes » directement avec les personnes de son passé ;
– croire qu'on peut guérir tout seul, sans l'aide d'autrui ;
– confondre évacuer une souffrance et se laisser submerger par des sensations douloureuses. Le fait de se laisser ressentir sa souffrance ne suffit pas à s'en libérer ;
– croire que guérir, c'est n'avoir plus de besoins, ou ne plus ressentir de souffrances.

La gestion de la guérison d'un passé douloureux

Guérir d'un passé douloureux demande du temps, plus ou moins de temps selon l'ampleur et la profondeur des blessures, selon le potentiel de chaque personne (ses forces de vie, ses motivations, son degré d'acceptation du réel, etc.), selon la force de son système de défense, selon aussi l'aide possible au niveau de l'entourage. Durant ce temps, la personne peut gérer le cheminement de sa guérison, c'est-à-dire engager sa part de responsabilité pour que cette étape de guérison se vive de la manière la plus efficace possible, en évitant les écueils en cours de route.

Démarrer son cheminement de guérison des blessures du passé sur de bonnes bases

Ce n'est pas au début d'un travail de connaissance de soi qu'on aborde un cheminement de guérison. Ce n'est pas non plus quand sa vie est trop insupportable, qu'on est accablé par toutes sortes de problèmes et de souffrances. L'étape de la guérison arrive lorsque :

– l'être est suffisamment émergé et sa vie s'affronte à des résistances liées à la présence de blessures ;
– la personne a développé une capacité suffisante d'analyse de ses sensations pour entrer dans la profondeur de son vécu au-delà des symptômes ;
– la personne a suffisamment élucidé ses motivations pour s'engager dans un travail de guérison qui sera exigeant et long ;
– la personne est prête à se faire aider par quelqu'un de compétent ;
– la personne vit les attitudes fondamentales décrites dans le chapitre sur la croissance.

Mener de front croissance, mise en ordre et guérison

Il importe de ne jamais perdre de vue l'objectif de croissance contenu dans le processus de guérison des blessures du passé. C'est ainsi que dans un cheminement de croissance.

« Il y a interdépendance de la croissance, de la mise en ordre et de la guérison.
– Pour que les souffrances se désenkystent, il faut que la vie soit suffisamment libérée et forte.
– Toute évacuation de souffrance s'accompagne d'un regain de vie.
– Le travail de mise en ordre et de rééducation permet de libérer davantage les forces de l'être et son envie d'exister.
– Quand on ne peut pas avancer sur son chemin de guérison, il faut porter son attention sur le pôle croissance ou sur le pôle mise en ordre et rééducation. » [44]

Un travail personnel méthodique

Sur ce chemin de guérison, la personne peut avancer au hasard des sensations qui se réveillent, elle peut aussi conduire ce travail de guérison de manière méthodique. Il s'agit, en ce cas :
– d'une exploration méthodique de son passé afin de mieux cerner ce qui s'est produit, les blessures reçues, la manière d'y avoir réagi, les mécanismes mis en place pour compenser la blessure de non-existence ;
– d'une observation et d'une exploration en profondeur des séquelles actuelles de ce passé douloureux, notamment

---

[44] N.O. *L'aspiration à exister. Le besoin d'être reconnu.*
Le phénomène de la non-existence, p. 11, 1992.

l'analyse des réactions disproportionnées et répétitives, des systèmes de défense, de besoins tyranniques qui se réveillent face à certaines personnes ;
– d'une acceptation de tout ce passé et de ses conséquences.

Ce travail personnel prépare très utilement les entretiens d'aide où des souffrances seront évacuées.

La relation aux autres durant cette étape de la guérison

Deux types de personnes prennent de l'importance au cours d'un cheminement de guérison. Ces relations pouvaient déjà être présentes, mais elles sont davantage conscientes à cette étape.

– Les personnes aidantes et vitalisantes. La relation à ces personnes favorise beaucoup la reviviscence des besoins refoulés liés aux blessures du passé. En effet, recevant aujourd'hui ce qui a manqué autrefois, la personne est à la fois réveillée dans son aspiration à exister et en même temps souvent, dans la souffrance de ne pas avoir reçu cela étant enfant. De plus, l'aide compétente de quelqu'un permet d'aller plus rapidement dans ces zones inconscientes de soi, quasi inaccessibles lorsqu'on est seul. Cette aide peut également servir à fournir des explications nécessaires sur le cheminement de croissance et de guérison, parfois déroutant pour qui le vit. La relation à ces personnes aidantes évolue au cours de la croissance et comporte inévitablement une phase de prise de distance.

– Les personnes (un patron, un collègue, un conjoint, un enfant...) qui réveillent l'« agresseur » d'autrefois par leurs comportements, leurs paroles, leur ton de voix... Le travail de guérison, dans un premier temps, met à vif les problèmes relationnels, ce qui rend difficile la relation à ces personnes. Ce n'est que petit à petit que l'on parvient à différencier la personne d'aujourd'hui de la personne qui a blessé autrefois. Les réactions à l'égard de ces personnes comportent un aspect injustifié. Ces réactions peuvent à leur tour provoquer le même type de mouvement disproportionné chez celui qui est ressenti comme l'agresseur si sa sensibilité est touchée dans une zone également blessée, d'où une escalade dans la souffrance et dans les réactions. Il y a là la source de nombreux conflits interpersonnels. La même personne peut alternativement ou simultanément être ressentie comme satisfaisante et comme frustrante. Il n'y a pas de transfert de type positif durable.

Ainsi la conjugaison de l'œuvre de la vie au cœur de la personne et d'un travail personnel rend possible une restauration en profondeur de sa personnalité et donne accès à la liberté d'être soi. Les blessures ne sont pas ce qu'il y a de plus profond dans un être humain. Au cours de ce cheminement de guérison, on expérimente que le fond positif de la personne se libère et est en mesure de se déployer de plus en plus.

Chapitre VII

Le sens de la vie

L'ANGLE SOUS LEQUEL est abordé ce thème n'est pas celui d'une réflexion philosophique sur le sens de la vie, mais il s'inscrit dans ce qui est le propre de la démarche PRH, à savoir l'analyse du vécu des personnes en vue de leur croissance. Notre expérience nous a montré que le sens de la vie, la manière de se questionner (ou de ne pas se questionner) à ce sujet, la manière d'accueillir des réponses à certaines questions existentielles fondamentales, ont une influence importante sur la croissance des personnes. Le terme « sens » est considéré dans les deux acceptions : signification de son existence et direction de sa vie, vers où elle tend.

Trois manières de concevoir le sens de sa vie

Selon les personnes, selon les étapes de leur évolution, selon aussi les secteurs de vie concernés, on remarque trois manières différentes de concevoir et de vivre le sens de la vie. Ces trois manières de concevoir le sens de sa vie peuvent coexister avec des dominantes de l'un ou l'autre type.

Le sens issu du milieu ambiant

Il y a le sens de la vie proposé explicitement ou implicitement par les milieux ambiants, et ceci depuis le plus jeune âge. Ce sens trouve son fondement dans les valeurs propres à ces milieux.

Exemple : dans certaines familles, on a appris que le sens de la vie, c'est de faire carrière, de réussir matériellement, de laisser quelque chose à ses enfants… ; chez d'autres, c'est de militer, de défendre une cause, de s'engager… ; d'autres milieux prônent que le sens de la vie, c'est de profiter de tout ce que celle-ci apporte de satisfactions et de jouissances… ; d'autres, à l'inverse, présentent le sens de la vie comme un devoir à accomplir, un travail à fournir, une perfection à atteindre, un oubli de soi à rechercher… ; d'autres milieux véhiculent un sens de la vie considéré comme un accomplissement de soi, comme une croissance jamais achevée, etc.

Parfois, la personne capte dans son entourage que la vie n'a pas de sens, que celle-ci est absurde, qu'elle ne vaut pas la peine d'être vécue, qu'elle n'est qu'une succession d'épreuves couronnées par la mort, considérée comme le néant.

L'expérience montre combien ces conceptions du sens de la vie, reçues très tôt, marquent, influencent et même conditionnent ensuite les choix et les actes de quelqu'un. Même devenue adulte, la personne ne reste pas insensible au sens de la vie dont son entourage est imprégné.

Le sens que la personne donne elle-même à sa vie

Il y a le sens que la personne donne elle-même à sa vie, à ses décisions, à ses actes pour les légitimer ou pour se donner une raison d'être. C'est le sens qu'elle aimerait ou voudrait que sa vie ait, le sens dont elle habille ses actes et ses comportements, le sens émanant d'un idéal ou de croyances fabriquées pour satisfaire certains besoins, le sens qui répond à une logique raisonnable, à un projet ou une ambition, et aussi à des aspirations profondes.

Exemple : certaines personnes se donnent pour sens de la vie de se sacrifier pour les autres, de s'engager dans tel métier, dans tel état de vie, dans telle responsabilité. Elles argumentent autour de raisons comme la nécessité, les besoins des autres, l'interprétation de signes ou événements extérieurs, etc.

Ce sens que l'on donne à sa vie obéit à une logique volontariste, c'est un sens que la personne a tendance à plaquer sur sa vie afin de lui donner une cohérence et une valeur. En effet, le non-sens, l'incohérence et l'absurde sont des sensations très anxiogènes et donc insupportables pour un être humain, aussi celui-ci va-t-il justifier son existence par un sens qu'il lui attribue et qu'il légitime par des raisons valables à ses propres yeux. On retrouve ici le mécanisme d'auto-justification qui empêche la personne de percevoir et d'adhérer à sa réalité.

Si la personne pouvait s'arrêter pour analyser avec rigueur ce qu'elle éprouve, elle ressentirait très probablement d'une part, la trace déjà repérable d'aspirations profondes qui demanderaient à être accueillies et mûries, intégrées à son histoire, et d'autre part la trace de ce besoin de justifier son existence.

Note : dans ce phénomène du sens qu'on donne à sa vie, on trouve parfois l'origine de crises existentielles que traversent certaines personnes, pourtant apparemment équilibrées et bien engagées dans leur vie. Elles prennent conscience à la faveur de certains événements que s'effondre ce qui faisait le sens de leur vie jusqu'ici. Elles ne peuvent plus s'appuyer sur des certitudes fiables pour décider et vivre. Une profonde remise en cause les déstabilise. Il s'agit là d'un passage, certes douloureux, mais salutaire pour accéder à un niveau de maturité supérieur où l'être prend sa place de premier plan dans la croissance de la personne et où le sens de la vie est accueilli plutôt que voulu.

Le sens de la vie naissant d'une intuition profonde

Une troisième manière de concevoir le sens de sa vie diffère des deux précédentes. Ce sens de sa vie ne vient ni de l'extérieur de la personne, ni de sa volonté propre, mais de l'intérieur d'elle-même. Il n'apparaît dans le champ de conscience qu'après coup, alors que la conscience du sens de la vie inculqué par l'entourage ou de celui qu'on veut donner soi-même à sa vie anticipe la réalisation de ce sens.

C'est une intuition profonde qui s'impose progressivement comme une certitude ou une évidence, et dont le contenu apparaît comme une sorte de fil conducteur empreint de cohérence. Ce fil remonte à l'aube de la vie de la personne et jalonne son histoire. Cette intuition émerge notamment quand la personne fait la relecture de son existence, des faits marquants de sa vie, des actions menées, des potentialités exprimées, des aspirations qui se sont manifestées, puis concrétisées, des relations essentielles qui se sont nouées. La personne prend conscience à travers son histoire, qu'un ou plusieurs aspects très essentiels de sa personnalité ont vécu ou ont cherché à vivre de manière souvent quasi permanente (on trouve là une illustration particulière du phénomène de « l'instinct d'être » qui pousse inconsciemment la personne dans la voie de l'accomplissement de ses potentialités). Elle perçoit dans cette relecture de sa vie combien le sens de sa vie a été d'actualiser ces traits essentiels de personnalité, et combien cela va dans le sens de sa vie que de continuer dans cette voie. C'est, en effet, le fait d'être engagé dans sa voie qui procure la sensation de signification de sa vie, ainsi que la sensation de sa direction.

Autrement dit, le sens de la vie émane de la manifestation de l'identité de la personne, de son « agir essentiel », de ses liens essentiels et de la croissance de ces réalités. Ce sens-là est permanent dans la personne, même s'il se formule avec des nuances différentes selon les moments de son existence. Il colore tous les actes. Il résiste aux tempêtes de la vie. On ne peut le remettre en cause sans se renier soi-même.

On peut remarquer le lien qui existe entre ces trois conceptions du sens de sa vie et les trois types de conscience morale, évoqués dans le chapitre sur la conscience profonde. Au sens de la vie qu'on reçoit des autres correspond la conscience socialisée, au sens de la vie qu'on se donne correspond la conscience cérébrale, et au sens de la vie que la personne reçoit de l'intérieur d'elle-même comme un fruit de son expérience de vie correspond la conscience profonde. Vivre tel ou tel sens à sa vie, tout comme se référer à telle ou telle conscience, n'est pas neutre pour la croissance de la personne.

Le non-sens dans sa vie

Corollairement à ce qui a été présenté dans le paragraphe précédent sur les trois manières de concevoir le sens de sa vie, la sensation de non-sens à sa vie manifeste un déboîtement de la personne par rapport à son être et à l'axe de son « agir essentiel ». La personne prend des décisions, pose des actes, vit parfois sa vie à contre-sens de ce que le dynamisme de croissance de son être l'invite à vivre. Il s'ensuit un sentiment de malaise qui peut aller jusqu'à un réel mal-être accompagné d'une sensation d'inutilité ou d'échec de sa vie, voire d'absurdité de son existence. Cette incohérence avec le sens de sa vie — être soi et réaliser ce pour quoi on est fait — peut engendrer des mécanismes de justification afin d'en atténuer les conséquences douloureuses sur le plan psychologique. S'avouer à soi-même la sensation de non-sens à sa vie n'est pas facile. Or, cette reconnaissance de la sensation de non-sens est une étape indispensable pour qu'un changement se produise.

Le non-sens dans sa vie peut apparaître aussi à la faveur d'événements dont on ne comprend pas le sens et qui semblent même être absurdes : la mort d'un enfant, un accident qui handicape à vie, une épidémie ou un tremblement de terre qui ravage une population, etc. Face à de tels événements, l'observation montre que certaines personnes parviennent à faire face et ne sont pas ébranlées en profondeur — leur vie conserve tout son sens — alors que pour d'autres, c'est l'écroulement — leur vie ne leur semble plus valoir le coup d'être vécue. Dans ce dernier cas, le non-sens de l'événement se mute en non-sens de la vie. Il est probable que ces personnes liaient jusque-là le sens de leur vie à une compréhension de ce qui leur arrivait ou bien à une succession d'événements favorables. En effet, tant que le sens de sa vie repose sur l'obtention ou le maintien de conditions de vie favorables, le risque d'une confrontation avec le non-sens demeure, car des circonstances défavorables peuvent toujours surgir. Par contre, ce qui peut aider une personne à traverser des épreuves apparemment absurdes, c'est d'avoir fondé le sens de sa vie sur l'être, c'est-à-dire sur l'accomplissement de réalités intérieures essentielles. Les conditions extérieures peuvent changer certes, mais le sens de sa vie demeure puisqu'il n'est pas fondé sur ces conditions extérieures.

Ce phénomène de non-sens est aggravé lorsque la personne est immergée dans un milieu où la vie est présentée comme absurde ou maléfique et où règne un nihilisme destructeur de toute espérance. Dans ce cas, l'expérience de non-sens à sa vie du sujet vient confirmer les croyances du milieu, ce qui a pour conséquence d'enfermer la personne dans une sorte de fatalisme et de désespérance.

Quelques questions fondamentales sur le sens de la vie

Beaucoup de personnes, pour ne pas dire la plupart, sont confrontées et travaillées, parfois hantées par des questions de fond touchant au sens de la vie. Ces questions émergent à un moment ou à un autre de l'existence, souvent à la faveur de circonstances telles que la naissance d'un enfant, le décès d'un proche, la confrontation à la souffrance, un tournant dans son existence, une rencontre importante, la recherche de sa voie…

Chaque personne formule à sa manière le contenu des questions qui l'habitent concernant le mystère de la vie et de la mort, de la croissance, de la place de chaque être humain sur la terre et parmi les autres, de Dieu, etc. :

– peut-on se développer toute sa vie ? L'être, dans la personne, est-il sans fond, infini, immortel ? ;

– y-a-t-il une vie après la mort ? La mort est-elle une fin ? un passage ? une métamorphose ? un commencement ? ;

– quel est le sens de ces quelques dizaines d'années dont dispose la plupart des êtres humains sur terre ? Chaque personne a-t-elle une place à occuper et un rôle à jouer dans l'ensemble que forme l'humanité ? L'humanité, elle-même, va-t-elle dans une direction qui donnerait sens à chaque vie humaine ? ;

– Dieu, est-ce une réalité ? une projection ? une compensation ? un mythe ? ;

– etc.

Pour trouver un sens à sa vie, « total », plénier et plénifiant, la personne a besoin de situer sa vie dans un ensemble qui la dépasse : l'Humanité, la Vie, le Cosmos, Dieu…

Certes, des réponses à ces questions sont apportées par les sciences, la philosophie, les religions, les différentes cultures. Ces réponses demeurent néanmoins « la réponse des autres ». L'enfant s'en satisfait, surtout si ces réponses viennent faire écho à certaines intuitions déjà présentes en lui, parfois très tôt. L'adulte, lui, a besoin de découvrir ses propres certitudes, ses propres éléments de réponse, capables de satisfaire à la fois sa raison et son besoin de cohérence, et traduisant également les intuitions profondes de son être sur ce sujet. Les questions fondamentales sur le sens de la vie entraînent alors la personne dans une démarche intérieure de questionnement qui la fait progresser peu à peu dans une lucidité accrue sur ces mystères de la Vie. C'est ainsi qu'un système de croyance, une foi, s'élabore dans la personne à partir de cette interaction entre ses intuitions, la critique de sa raison, les croyances du milieu, des données scientifiques, des données de révélation (cas des religions), etc.

Il est évident que les grandes questions relatives au sens de la vie ne peuvent déboucher sur des réponses exhaustives et définitives. On ne peut enfermer le Réel dans la perception qu'on en a à un moment donné, aussi large et profonde soit cette perception. Aussi, le système de croyance de la personne doit-il se maintenir en perpétuelle évolution et doit-il être communiqué à autrui avec toute la modestie et le respect qu'imposent les limites de l'intelligence humaine face à ces réalités transcendantes.

Rôle de la recherche et de la découverte du sens de sa vie dans la croissance de la personne

La croissance de la personne peut être considérée sous l'angle de la progression en elle du questionnement sur le sens de sa vie et sous l'angle de l'évolution des éléments de réponse à cette quête de sens.

– Dans un premier temps de son existence, l'individu ne se pose pas de questions sur sa vie et son sens, il se contente de vivre en osmose avec ce qui est de mise dans son milieu.
– Une étape de maturation et d'humanisation intervient dans son cheminement lorsqu'apparaissent en lui les premières questions : « Qu'est-ce que je vais faire de ma vie ? quel sens a-t-elle ? à quoi sert le fait de vivre ? y-a-t-il une place pour moi dans cette humanité ?... ».
– Une troisième étape arrive avec les premiers éléments de réponse et la naissance d'une foi personnelle en certaines certitudes perçues comme des vérités.

— Une quatrième étape correspond à la perception du sens de sa vie et à un engagement libre et conscient dans la voie qu'on sent être la sienne.

On peut dégager plusieurs rôles importants dans la croissance, à cette recherche de sens et à ces découvertes concernant le sens de sa vie et les grandes questions existentielles.

Un rôle moteur de la croissance de la personne

Le fait même de se poser des questions sur le sens de sa vie et sur le sens de la vie, engage dans un travail sur soi qui stimule la personne à aller au-delà des réponses toute faites, la met dans une dynamique de recherche, la pousse à poser des actes qui ont du sens. Par ailleurs, le fait de progresser dans certaines découvertes, notamment celle du sens-même de sa vie, libère une énergie importante : on sait où l'on va et pourquoi on y va, c'est très dynamisant pour la croissance des potentialités que l'on a. La croissance en elle-même prend du sens pour la personne.

Un rôle de personnalisation

Cette recherche met la personne en présence de ses propres sensations et intuitions concernant ce qu'elle est et ce pour quoi elle est faite, puisque le sens de sa vie s'inscrit dans la droite ligne de son identité et de son « agir essentiel ». Il résulte de cela une avancée dans la personnalisation et dans une autonomie par rapport aux systèmes de pensées de l'entourage.

Un rôle d'unification et de solidification de la personnalité

Découvrir peu à peu le sens de sa vie et pouvoir situer celle-ci dans le champ plus vaste de l'humanité et de la vie aide beaucoup la personne à unifier son être et son agir. L'émergence de certitudes profondes campe la personne dans une assurance intérieure plus grande, dans une sérénité de fond, une confiance dans la vie.

Un rôle de responsabilisation

Le fait de nommer le sens de sa vie, la place qu'elle a dans l'ensemble que représente l'humanité éveille le sentiment de sa responsabilité à l'égard de ce que la vie donne. Une exigence de valoriser tout ce que l'on a reçu pousse la personne à s'investir là où son « agir essentiel » la conduit.

**

Si la question du sens de sa vie a toujours habité l'homme, il semble qu'en cette fin de XXe siècle, avec tous les bouleversements apportés par une évolution sans précédent de l'Humanité, il y ait une remise en cause profonde de tout ce qui donnait jusqu'ici sens à la vie des gens, notamment dans les pays les plus développés. On constate un phénomène de perte de sens, de perte de repères, minant ces civilisations prospères.

Les conséquences de ce phénomène méritent la plus grande attention :
– elles sont alarmantes tant sur le plan individuel que collectif : états dépressifs, consommation exponentielle de substances psychotropes (médicaments, alcool, drogue), suicides (cause majeure de mortalité chez les jeunes dans nombre de pays développés), mais aussi prolifération des sectes, des intégrismes, de certaines formes de violence et de terrorisme...
– à l'inverse, cette perte de sens à la vie, véhiculée par le milieu, peut provoquer des personnes à chercher la signification et la finalité de leur existence. Le regain de certaines formes de spiritualité, le recours aux sciences humaines, les études menées dans les entreprises sur les valeurs et sur l'éthique, le développement des actions humanitaires, et tant d'autres choses, traduisent à leur manière cette quête de sens.

L'Humanité est aujourd'hui devant un défi de taille. Sa vitalité, sa santé, sa capacité de création et d'innovation, sa pérennité dépendent pour une bonne part de la manière dont elle honorera cette quête de sens.

Chapitre VIII

La personne en ordre

LE SYSTÈME EXPLICATIF de la personne en croissance que nous venons d'aborder aboutit à une perception de la personne « en ordre ». Arrêtons-nous à décrire ce vers quoi une personne tend lorsqu'elle s'engage dans un cheminement de croissance.

Disons d'emblée que l'ordre dont il est question ici n'a rien de commun avec un équilibre définitivement acquis, ni avec une immuabilité, à la manière d'une pièce parfaitement rangée où chaque chose aurait une place définie pour toujours et où tout mouvement serait destructeur de cet « ordre établi ». L'ordre dont il s'agit ici, au contraire, ne peut exister qu'associé au mouvement, à la création, à l'évolution, avec tout ce que cela comporte à la fois de dynamisme et d'innovation, mais aussi de renoncement face aux acquis antérieurs, de déstabilisation, de tiraillements et d'inconfort. C'est l'ordre des instances de la personnalité entre elles, qui favorise au mieux le fonctionnement harmonieux et la croissance de la personne et, par là, des groupes et de la société.

Le normal et l'anormal

Les chercheurs en psychologie ont souvent été confrontés aux questions fondamentales telles que : qu'est-ce qui est normal, en ordre, chez un être humain et qu'est-ce qui est anormal, voire pathologique? Le normal est-il à apprécier en fonction de critères quantitatifs (ce que vit le plus grand nombre peut être perçu comme le normal, l'exception, comme l'anormal), ou de critères qualitatifs (peut être ressenti comme normal ce qui est harmonieux, et comme anormal ce qui est dysharmonieux)? Qu'est-ce que l'harmonie? Qu'est-ce que la santé psychologique? Peut-on guérir de ses dysfonctionnements, ou sont-ils constitutionnels? Qu'est-ce qu'une personnalité en ordre? Qu'est-ce qu'un humain accompli?...

L'observation de personnes moins blessées dans leur enfance et de personnes guéries de traumatismes anciens, ainsi que l'étude de la personne sous l'angle de sa croissance et des cinq instances, ont permis de préciser des critères de normalité dans le fonctionnement d'un individu, et de les distinguer de ce qui est a-normal (vivre un fonctionnement a-normal ne voulant pas signifier que la personne est anormale). Cette distinction entre le normal et l'anormal est capitale, c'est elle qui génère une lucidité sur soi et des changements possibles. Tant que l'on vit sans repères, dans la confusion ou dans l'illusion, sans en avoir conscience, il y a stagnation. On a l'impression qu'il est normal de vivre ainsi, on est même conforté par la comparaison que l'on établit avec ses « semblables ». Cette observation et cette étude de la personne ont mis en lumière des caractéristiques de l'adulte mature et sain, en voie d'accomplissement, de la personne dont le fonctionnement est normal, en ordre.

D'une manière générale, on peut avancer que ce qui est normal pour un individu, c'est d'exister en accord avec ce qu'il est au niveau de son être, en accord avec sa conscience profonde, ce qui est normal, c'est de croître. La personnalité se développe alors harmonieusement, dans l'axe de ses potentialités de départ. Corollairement, ce qui est anormal chez lui, ce sont tous les fonctionnements, tous les comportements qui le dévient de son axe d'existence, qui ne s'harmonisent pas avec sa conscience profonde, qui freinent ou stoppent le mouvement naturel de sa croissance.

La progression d'une personne vers sa maturité d'adulte et vers un fonctionnement normal des instances de sa personnalité, se fait très lentement, au prix souvent d'un combat. Il est si facile de se laisser prendre par ses instincts, ses envies ou ses ambitions, sans se soucier de l'accord de l'être. Il est si confortable sensiblement de se mouler dans ce qui se fait dans les milieux où l'on vit, de paraître et non d'être. On peut trouver tellement de bénéfices à vivre dans une certaine forme d'inconscience ou de « tiédeur », plutôt que d'affronter la réalité de ses problèmes ou simplement la réalité de son immaturité.

Opter pour devenir soi, pour s'affirmer avec sa différence, pour frayer sa propre route, pour croître, c'est exigeant, surtout dans des contextes sociaux peu ouverts à ces valeurs, voire critiques. Chercher à se vivre en ordre suppose de la détermination.

Cela dit, chaque victoire remportée, chaque progrès enregistré, chaque étape de la croissance franchie, apportent un surcroît de vie, des motivations supplémentaires pour poursuivre sa route ainsi qu'un goût de bonheur. En effet, être soi, être fidèle à soi, fonctionner harmonieusement gratifient de joies tellement essentielles qu'elles font relativiser les difficultés et les frustrations que ce chemin entraîne.

Les caractéristiques des fonctionnements de la personne « en ordre »

Les caractéristiques des fonctionnements de la personne adulte « en ordre » sont les suivantes :
— La personne a acquis une conscience déjà développée de ses richesses d'être et de leurs limites. Sa personnalité contient des assises solides sur lesquelles elle peut s'appuyer pour s'affirmer telle qu'elle est. Elle fait face dans les turbulences de la vie, même si elle peut en être éprouvée, parfois durement.
— L'axe de son « agir essentiel » se définit plus clairement. La personne met ainsi en œuvre l'essentiel d'elle-même avec de plus en plus d'efficacité et de fécondité pour la société. Ses liens essentiels apparaissent peu à peu, favorisant cette actualisation de son « agir essentiel ».
— Lorsqu'elle s'est établie, la relation à une Transcendance devient vivante, confiante, libre, exigeante et déployante. La personne est entraînée à la fine pointe d'elle-même avec dynamisme et détermination. Elle goûte une sérénité de fond face à l'inédit de la Vie. Son existence prend son sens.

– La conscience profonde, de plus en plus éclairée par la lucidité du moi-je, devient la référence de la personne pour conduire sa vie. La personne progresse en fidélité à sa conscience et en confiance dans ses intuitions profondes. Elle trace sa propre route avec ce que cela comporte de solitude intérieure, parfois d'incompréhension de la part de l'entourage, et donc de souffrances, mais aussi de paix en profondeur et de liberté intérieure.

– Le moi-je entre dans une relation saine avec le réel qu'il perçoit et accepte de plus en plus comme il est. Il est actif et docile à la conscience profonde, pour gouverner lucidement la personne dans l'axe de ce qu'elle est faite pour être et pour réaliser. La personne devient de plus en plus consciente, humble et libre, unifiée.

– La sensibilité est déparasitée peu à peu des souffrances enkystées, notamment celles qui gênaient l'actualisation des potentialités essentielles de la personne. La vie de l'être a tendance à irradier davantage la zone profonde. Cela produit plus d'harmonie dans les réactions de la sensibilité et dans le comportement général de la personne.

– Le corps est perçu comme un ami, un reflet fidèle de la vie intérieure. Il extériorise la vie de l'être. La personne connaît de mieux en mieux ses messages, ses besoins et ses limites et en tient compte plus spontanément, se fiant en quelque sorte à la sagesse de son corps.

– La relation aux autres est faite d'ouverture, de tolérance, de respect, en même temps que d'exigence ajustée et stimulante, et d'authenticité. La personne peut se faire proche tout en restant libre. Elle est capable d'aimer quiconque croise sa route, ce qui ne veut pas dire que ce soit toujours facile, notamment avec les personnes qui ne vivent pas la réciproque.

– La relation à l'environnement matériel, le cadre de vie, la nature, est paisible, respectueuse, créatrice. La personne satisfait ses besoins avec mesure.

Ainsi, la personne en ordre est celle qui :
– s'est unifiée autour de l'être ;
– axe sa vie vers la réalisation de l'être ;
– se réfère à lui et à la conscience profonde ;
– et répond aux besoins des autres instances (moi-je, corps,

sensibilité) en accord avec l'être. Cette personne fonctionne alors normalement, selon la dynamique de sa nature profonde.

« Ce fonctionnement normal est tributaire :
— du degré de vie et d'émergence de l'être. Plus ce degré est élevé, plus ce fonctionnement est habituel.
— du degré de guérison du passé, car les blessures du passé, même si elles ne sont pas conscientes, parasitent la personne, dérèglent le fonctionnement normal et donnent naissance à des fonctionnements dysharmonieux. » [45]

On peut dire également que ce fonctionnement normal est tributaire du degré d'humanisation de l'environnement humain dans lequel la personne est insérée et de la qualité des relations qui en résultent.

Une plénitude d'existence accessible

Parvenant à l'étape adulte de son cheminement et actualisant ce pour quoi elle se sent faite, la personne expérimente « *une plénitude d'existence qui va se densifiant* » [46]. Elle est comblée intérieurement, car ses aspirations les plus profondes sont en cours de réalisation. En effet, ce qui comble un être humain, ce n'est pas de parvenir à une sorte de perfection humaine statique, à un ordre immuable, ou encore à un état de bonheur idéalisé où toute souffrance serait absente ; ces fantasmes ne comblent pas, ils aident tout au plus à fuir un réel que l'on n'accepte pas. Ce qui comble vraiment la personne :
— c'est de sentir exister le meilleur d'elle ;
— de percevoir le sens profond de son existence ;
— de ressentir son lien avec la Transcendance ;
— de progresser dans l'actualisation de son « agir essentiel » et de faire route avec les personnes qui sont liées à elle dans cette actualisation ;
— de sentir qu'elle contribue, à sa modeste place, à l'avancée de l'humanité.

---

[45] N. O. *Tableau récapitulatif des fonctionnements*, p. 2, 1990.
[46] N. O. *Se vivre en ordre*, p. 10, 1989.

Autrement dit, ce qui comble, c'est de croître et de favoriser la croissance. Là est la plénitude que peut ressentir un humain.

« Bien sûr, au début de la mise en Route, on ne goûte cette sensation de plénitude que par instants fugitifs. Mais il suffit d'avoir goûté un peu au vrai bonheur d'être soi, pour que le souvenir en demeure et que la nostalgie s'installe, motivant, de l'intérieur, à poursuivre la Route. » [47]

Cette plénitude de vie, expérimentée par celles et ceux qui mettent leur priorité à la croissance de leur être, coexiste avec les inévitables difficultés de la vie et avec les souffrances qui en découlent.

« Dépouillé de l'armure d'autrefois qu'on avait sécrétée pour se protéger, on est plus sensible et donc on souffre plus, d'une certaine manière, mais on est moins touché profondément, seule la sensibilité est atteinte, l'être n'est pas ébranlé. » [48]

La formation humaine comme moyen de mise en ordre de la personne

Cette description de la personne en ordre peut paraître idéale à beaucoup, tant il est vrai que la majorité des humains ne fonctionne qu'épisodiquement de manière normale et que nombre de fonctionnements anormaux sont « normalisés », et même valorisés dans certains milieux (intellectualisme, activisme, perfectionnisme, volontarisme). Seules, les personnes qui n'ont été que peu blessées ou qui ont guéri de leurs blessures de non-existence connaissent une dominante de fonctionnement normal. Leurs dysfonctionnements sont peu fréquents et de courte durée. Elles se vivent habituellement dociles à leur conscience. Ces personnes sont relativement peu nombreuses.

En fait, la plupart des gens ne se doutent même pas qu'une vie meilleure puisse être à leur portée. Beaucoup ont fait des efforts pour s'améliorer et puis se sont découragés; faute de

---

[47] N. O. *Se vivre en ordre*, p. 11.
[48] N. O. Idem, p. 11.

résultats, ils doutent d'une croissance possible pour eux et justifient leurs dysfonctionnements comme des traits de caractère, voire comme une nécessité — « il faut bien avoir quelques défauts » disent-ils — ou encore comme étant la faute des autres. Ces échecs sont à imputer à leur manque de savoir-faire dans ce domaine de leur croissance. Certains, blessés au cœur d'eux-mêmes, disent ne pas croire à ce qu'ils qualifient de « chimères », ils se contentent de s'aligner, comme ils le peuvent, sur les comportements propres à leur milieu, ou bien ils sont en perpétuelle rébellion contre la société. Pour eux, exister tels qu'ils sont éveille trop de peur ou de douleur, alors ils refoulent inconsciemment leur aspiration fondamentale à exister.

Devenir soi, guérir de ce qui empêche d'être soi, vivre de manière harmonieuse, accéder peu à peu à une plénitude de vie, cela s'apprend. Cet apprentissage est à la portée de tous, il nécessite une acceptation de la collaboration des autres, car devenir soi est une aventure qu'on ne peut vivre seul. C'est le rôle de la formation humaine et de l'accompagnement de la croissance. C'est le rôle de tout éducateur, encore qu'il faille qu'il ait reçu pour lui-même cette formation qui l'aide à devenir un véritable adulte.

Troisième partie

Applications et prolongements du système explicatif PRH : les dimensions sociales

UN ASPECT FONDAMENTAL de la personne, c'est sa dimension sociale. La personne est insérée dans une famille, souvent dans une cellule conjugale, dans des groupes, dans une société donnée, avec sa culture, ses systèmes politiques et économiques... La personne porte en elle cette dimension sociale, faite d'appartenance, d'interdépendance, de relations, d'interactions constantes, de conscience collective, d'aspiration à la réussite de la société et de bien d'autres aspects encore.

Nous aborderons, dans cette troisième partie, trois domaines qui participent directement à cette dimension sociale de l'être humain : le groupe, le couple, et l'éducation des enfants.

Ces différentes réalités où se vivent des interactions entre les individus seront abordées, comme les autres réalités observées dans la psychopédagogie PRH, sous l'angle de la croissance.

Chapitre IX

Le groupe

Le groupe est un ensemble de personnes en interaction. C'est une entité sociale en elle-même avec des caractéristiques qui lui sont propres, et qui présentent des analogies avec celles de la personne.
– Caractéristiques temporelles : le groupe a une naissance, une durée de vie, une mort.
– Caractéristiques ontologiques : le groupe a son identité (liée au profil de ses membres, à la grandeur de ce groupe, à sa culture interne, aux objectifs qu'il poursuit, etc.), il a ses frontières (il y a ceux qui en font partie et les autres), il a sa raison d'être. Il est plus que la somme des individus qui le forment.
– Caractéristiques structurelles : le groupe a son fonctionnement. Une hiérarchie existe avec un ou des responsables, plusieurs catégories de membres ayant parfois des rôles spécifiques et pouvant former des sous-groupes. Des modalités de rassemblement sont définies (rythme et durée des rencontres, lieux). Des interactions plus ou moins formalisées s'établissent entre les membres, avec des phénomènes de groupe tels que le sentiment d'appartenance, le système de valeurs, l'influence, le pouvoir, les tensions et les conflits, etc.

Différentes catégories de groupes (groupe de tâche, groupe de vie)

On peut distinguer deux catégories de groupe : les groupes de tâche et les groupes de vie.

L'objectif premier d'un groupe de tâche et de ses membres est de réaliser quelque chose ensemble. Les personnes se rassemblent autour du travail à accomplir. C'est généralement le cas des entreprises, des syndicats, des établissements scolaires, des associations, etc.. Dans ces groupes, une certaine vie d'ensemble existe, mais elle est ordonnée aux tâches à faire.

L'objectif premier d'un groupe de vie et de ses membres est de vivre ensemble. C'est l'objectif que poursuivent les familles, les regroupements communautaires et, à l'extrême, les nations. Ces groupes ont également des tâches à mener pour le bien de la vie ensemble et la satisfaction de chacun, mais ce n'est pas leur objectif immédiat.

Aspirations et besoins des personnes, et vie de groupe

Les groupes sont des lieux où les personnes viennent actualiser les potentialités qui aspirent à vivre en elles. Ils sont aussi des lieux où elles cherchent à satisfaire leurs besoins normaux et leurs besoins « en creux ». Les aspirations et les besoins des membres d'un groupe constituent une « *clé de compréhension des phénomènes de groupe* »[49] :

Le phénomène de l'appartenance

Le choix d'appartenir à un groupe est conditionné par le degré présumé de satisfaction des aspirations et des besoins de la personne. Celle-ci maintient son appartenance tant que ses potentialités peuvent s'y incarner, donc tant qu'elle peut exister selon son être et dans l'axe de son « agir essentiel », et tant que ses besoins normaux ou « en creux » sont suffisamment gratifiés. Elle quitte le groupe si celui-ci ne lui permet pas, ou plus, de vivre ce qu'elle aspire à mettre en œuvre, ou lorsque le groupe la frustre trop dans ses attentes.

Le phénomène des valeurs

Tout groupe possède son système de valeurs, c'est-à-dire un

---

[49] N.O. *Aspirations et besoins, clé de compréhension des phénomènes de groupe*, 1992.

système qui hiérarchise ce qui est essentiel, ce qui a du prix pour le groupe, ce qu'il cherche à promouvoir ou à défendre.

Note : sous le mot valeur, on peut regrouper plusieurs réalités :
– distinguons les notions de valeur « en soi » (tout ce qui est de nature à favoriser la croissance personnelle, et l'humanisation de la société) et de valeur « pour soi » (tout ce qui a du prix pour soi, tel qu'on est, sans référence à sa croissance personnelle) ;
– de plus, on peut vivre ces valeurs comme :
  – des valeurs homogènes à l'être ;
  – des valeurs qui émanent de besoins « en creux », de principes, de projets ;
– une valeur homogène à l'être peut, en fait, être vécue soit comme l'expression d'une potentialité, soit comme la satisfaction d'un besoin « en creux ». Par exemple, l'amour est une valeur qui peut être vécue en accord avec l'être, l'expression sera alors authentique, ajustée, et respectueuse d'autrui, ou bien elle peut être vécue pour chercher à combler un besoin disproportionné d'aimer et d'être aimé, l'expression de cette valeur étant alors excessive et inadaptée à autrui.
Le point commun entre ces différentes valeurs, c'est qu'elles sont perçues subjectivement comme un bien à rechercher ou à défendre.

Les objectifs du groupe peuvent contenir des valeurs qui attirent les personnes et mobilisent leurs énergies. Le *modus vivendi* du groupe reflète également certaines valeurs recherchées. La sensibilité de chacun à certaines valeurs plutôt qu'à d'autres, conditionne elle aussi l'appartenance à un groupe. Cela s'explique par la correspondance qui existe entre les aspirations profondes et/ou les besoins de la personne, et les valeurs du groupe. Les valeurs vécues dans les relations entre les membres du groupe sont en lien avec les aspirations et les besoins de ces personnes.

Le phénomène de l'influence

« *A de l'influence toute personne qui répond aux aspirations et aux besoins :*
– *soit du groupe dans son ensemble ;*
– *soit d'une fraction du groupe ;*
– *soit de telle ou telle personne.* » [50]

---

[50] N.O. *Aspirations et besoins, clé de compréhension des phénomènes de groupe*, 1992, p. 7.

Par ses manières d'être et de faire, la personne influente permet aux autres la satisfaction des aspirations et des besoins qu'ils sont venus chercher dans le groupe. Ceux-ci, en contrepartie, lui offrent leur confiance et lui donnent un pouvoir ; pouvoir qu'elle ne conserve que dans la mesure où le groupe est satisfait dans ses aspirations et ses besoins. Ce pouvoir n'est pas lié au pouvoir hiérarchique. Par ailleurs, l'influence peut être détournée du bien des personnes et du groupe. Elle peut être utilisée à d'autres fins en employant la manipulation ou la démagogie.

Le phénomène des tensions et des conflits

La source des tensions et des conflits a un lien direct avec le phénomène des aspirations et des besoins. En effet, lorsqu'une aspiration est brimée dans un groupe, cela génère une montée de tension entre soi et le groupe ou telle personne dans le groupe. De même, quand un besoin, personnel ou collectif, se manifeste, et qu'il n'est pas pris en compte, cela provoque une tension face au groupe, ou face à la personne dans le groupe vers laquelle sont dirigées ces attentes. Cette tension se renforce si le besoin en cause est un besoin « en creux ». Prendre soin de ces tensions, inévitables même dans un groupe à forte cohésion, au lieu de les nier ou de les minimiser, évite qu'elles ne dégénèrent en conflits.

Les facteurs d'efficacité et d'harmonie d'un groupe

Ces facteurs sont nombreux et variés. Ils concernent tout autant :
– la définition des objectifs et des stratégies ;
– la définition des rôles de chaque membre ;
– les moyens matériels nécessaires ;
– la motivation et l'engagement de chacun dans la mise en œuvre des plans d'action.

Arrêtons-nous sur quelques manières d'être fondamentales qui influent sur la performance d'un groupe et sur le climat qui y règne. Ce qui fait progresser un groupe dans la réalisation de ses objectifs et dans l'harmonie des relations, ce sont :

La capacité d'existence

Un groupe est d'autant plus vigoureux et performant que ses membres ont conscientisé leur être avec ses richesses et ses limites et qu'ils ont libéré leur capacité à être eux-mêmes. Ils enrichissent alors le groupe de leurs ressources humaines. Ils deviennent des acteurs compétents et efficaces, à la place où ils sont, et ceci d'autant plus que cette place qu'ils occupent, correspond à leur « agir essentiel ».

Cela suppose de la part des responsables, une connaissance suffisante des personnes, une attention à leur évolution, une manière d'être soi comme dirigeant, et aussi une solidité personnelle, car des membres qui osent exister, ont besoin de trouver devant eux des responsables matures, capables de les écouter, de tenir compte d'eux, sans s'aliéner à eux. Cela suppose aussi une organisation où le partenariat se développe dans les rapports hiérarchiques et dans les relations. En amont de tout cela, des choix en termes de formation sont indispensables afin de faciliter la croissance des personnes, membres de ces groupes. Comme on l'a vu, le savoir-être soi s'apprend. La maturité dans les comportements et la capacité d'actualiser ses richesses en sont le principal fruit.

La capacité d'engagement

L'efficacité d'un groupe tient aussi à la capacité de chacun à s'engager effectivement en exerçant tous ses pouvoirs tant formels qu'informels.

Dans un groupe, on peut exister en se contentant de faire ce que les responsables exigent, d'accomplir la tâche pour laquelle on est payé (dans le cas des entreprises, par exemple). S'engager, c'est, outre cela, prendre des initiatives pour faire réussir le groupe tant dans la réalisation de ses objectifs que dans la bonne harmonie de la vie ensemble. Les pouvoirs que détiennent les membres d'un groupe, sont la plupart du temps beaucoup plus importants que ce dont ils ont conscience. Ils peuvent dire, faire part de leurs suggestions ou se taire, entreprendre ou rester passifs, entrer en relation ou rester dans leur coin, aider quelqu'un ou le laisser seul à se débrouiller, laisser courir des rumeurs, voire les alimenter, ou les stopper, etc. S'engager, c'est se vivre responsable, c'est être non seulement acteur, mais aussi « auteur » de progrès en efficacité et en humanisation des relations.

Applications et prolongements du système explicatif PRH

Dans la manière d'exister et de s'engager dans un groupe, on rencontre assez fréquemment deux types de réactions disproportionnées et répétitives : certains, minés par des blessures de non-existence, sont comme paralysés dans leur relation aux autres, ils n'osent pas exister en groupe; d'autres, également blessés, vivent à l'inverse une sur-affirmation d'eux-mêmes, existent « trop », et dominent leur entourage. Dans les deux cas, c'est un manque à gagner pour l'efficacité du groupe et la santé des relations internes.

La capacité d'adaptation

La capacité d'adaptation des membres d'un groupe est nécessaire pour tenir compte des obstacles rencontrés, sans perdre de vue l'essentiel.

Quand on existe tel que l'on est et que l'on s'engage, on se confronte nécessairement à des difficultés extérieures (avis différents, désaccords, imprévus, difficultés matérielles, contraintes de temps, etc.). Devant ces obstacles, on peut s'obstiner, faire pression, et chercher à dominer; ou bien, c'est la démission, la résignation, la capitulation, on « baisse les bras » devant les difficultés; ou bien encore, on cherche à s'adapter, c'est-à-dire qu'on peut être amené à réviser le projet initial pour tenir compte du réel qui se présente. Parfois, la sagesse et le bien du groupe imposent de renoncer à ce que l'on avait décidé de faire.

S'adapter, cela commence par une acceptation de la présence de l'obstacle et par un deuil de ce que l'on avait prévu de faire. C'est ensuite chercher et choisir une autre solution, plus réaliste et donc actualisable. Cette adaptation suppose, pour être constructrice pour le groupe, qu'on ne renonce pas à quelque chose d'essentiel. Si c'était le cas, ce ne serait plus de l'adaptation, mais un reniement de soi. Certains membres peuvent, en conscience, avoir à quitter le groupe si l'adaptation qu'on leur demande les contraint à gommer leur personnalité dans des aspects essentiels, ou à vivre des frustrations insupportables.

Pour que ces trois manières d'être : exister, s'engager et s'adapter, contribuent à optimiser l'avancée du groupe, il est nécessaire que le plus de gens possible aient intégré la dialectique propre au double mouvement être soi et s'adapter. Autrement dit, lorsque les membres d'un groupe existent et s'engagent, il faut qu'ils aient, en eux, une disponibilité latente pour s'adapter si la situation le nécessite. En revanche, s'ils ont à s'adapter, il faut qu'ils aient, en eux, l'exigence latente de ne pas renoncer à ce que leur dicte leur conscience. Ces prédispositions intérieures d'authenticité et d'adaptation préservent des pièges de la domination ou de la capitulation.

« *Cette dialectique authenticité-adaptation est le moteur le plus puissant qui existe pour faire avancer un groupe, car :*
— l'authenticité de chacun enrichit le groupe de toutes les richesses d'être des membres de ce groupe ;
— et la capacité d'adaptation de chacun met de l'huile dans les rouages, évite les phénomènes de domination, épargne les conflits et entretient un climat de coopération et de partenariat. »[51]

La capacité de gérer les tensions et les conflits

Les trois manières d'être qui viennent d'être décrites, trouvent une application directe dans un autre facteur de progression et d'harmonie d'un groupe : la capacité de gérer les tensions et les conflits.

Dans un groupe, les tensions sont inévitables. Elles augmentent si les conditions de vie sont difficiles. Les tensions sont à considérer positivement comme des symptômes qu'il importe d'analyser pour y remédier au mieux. Bien comprises et gérées, ces tensions peuvent être des indicateurs utiles, car elles manifestent souvent que quelque chose n'a pas été suffisamment pris en compte. Elles génèrent des changements et des améliorations. Parfois, il faut savoir accepter un réel difficile, sur lequel on n'a pas de prise immédiate.

Les conflits, eux, naissent de tensions que l'on n'a pas prises au sérieux assez à temps, ou que l'on n'a pas su ou pu bien solutionner. Ces conflits nuisent à l'avancée d'un groupe. Ils mobilisent beaucoup de temps et d'énergie pour leur résolution. Il importe donc de les affronter le plus rapidement possible. L'idéal serait de les prévenir par une qualité de relations interpersonnelles, une saine gestion de la contribution de chacun, une clarté

---

[51] N.O. *La dialectique authenticité-adaptation*, p. 3, 1992.

dans les objectifs et les plans d'action, par un système de communication interne permettant une expression des insatisfactions afin d'y remédier au plus vite et en créant des occasions d'ajustements périodiques.

Quelques principes de base peuvent aider à gérer ces tensions et ces conflits.
– Miser sur la prévention des conflits par une prise au sérieux des tensions qui se manifestent et par une réponse adaptée aux attentes légitimes.
– Examiner la situation pour cerner quel est le vrai problème. Derrière les mécontentements, les critiques, les revendications, les mouvements d'agressivité et de violence, les grèves, il faut savoir décrypter des aspirations contrariées et des attentes déçues. La découverte des bonnes solutions pour apaiser les tensions et endiguer les conflits, nécessite que l'on remonte aux vraies causes, au-delà des facteurs déclenchants.
– Communiquer. Pour cela, chercher à comprendre le point de vue de l'autre en essayant de se mettre à sa place pour tenter de ressentir ce qu'il ressent, sans jugement moral sur son vécu. Pour une communication fructueuse, il est indispensable que la sensibilité des antagonistes soit suffisamment apaisée. Dans la communication et l'effort de compréhension, se garder des interprétations du vécu de l'autre ou des grilles de lecture qui font décoller de la réalité de l'autre, se garder également du fonctionnement imaginaire qui risque d'envenimer les choses.
– Quand le problème est suffisamment éclairci, chercher les solutions possibles qui, faute de résoudre complètement le problème (ce qui n'est pas toujours possible), permettraient une amélioration et une étape vers une solution plus satisfaisante. Pour cela, vivre la dialectique authenticité-adaptation dont il a été question plus haut.
– Le bien commun conduit à respecter à la fois le bien des personnes et le bien du groupe dans un équilibre toujours à rechercher.

Note : les dirigeants, les cadres ou les responsables de groupe de tâche et/ou de vie peuvent tirer profit d'une bonne intégration d'un système explicatif de la personne en croissance tel qu'il est développé à PRH. Du fait même de leur responsabilité, les conséquences de leur manière d'être et de faire dans leurs relations sont importantes et peuvent conditionner le climat social et l'efficacité des groupes dont ils ont la direction. Leur formation humaine pour apprendre à mieux écouter, à mieux analyser, à mieux diagnostiquer, à mieux réagir… s'avère de plus en plus un atout majeur.

Rôle des groupes dans la croissance des personnes

Comme nous venons de le voir, la croissance des personnes à travers l'apport de leurs richesses est un facteur de croissance des groupes. Réciproquement, la vie en groupe peut être un puissant accélérateur de croissance des personnes qui le composent, car elle offre un lieu privilégié d'actualisation des potentialités de chacun. Mais cela suppose que certaines conditions soient remplies, parmi lesquelles :
– que les objectifs du groupe permettent à chacun de vivre le meilleur de lui-même ;
– que les responsables ne soient pas uniquement polarisés par la tâche à accomplir, mais qu'ils aient aussi le souci d'aménager des conditions satisfaisantes de travail et de vie ensemble ; qu'ils aient le souci de la croissance des personnes ;
– que les membres du groupe aient libéré leur potentiel et qu'ils aient acquis suffisamment de liberté intérieure et de maturité affective pour exister tels qu'ils sont en profondeur, sans se mouler dans les normes du groupe ;
– que chaque membre ait développé la conscience de sa responsabilité personnelle pour le bien commun.

***

La vie en groupe peut être facteur de régression de ses membres, lorsque les objectifs ou les règles de vie ensemble ne vont pas dans le sens du bien des personnes ou lorsque les personnes ne se vivent pas en ordre. Les énergies se dispersent alors, et le groupe devient vite inhibiteur, voire destructeur de la personnalité des gens qui le composent.

Par contre si les conditions citées ci-dessus sont réunies, la vie de groupe libère une énergie incomparablement plus stimulante pour la croissance que si l'on reste seul, ou que si l'on n'a que des relations interpersonnelles. Il se produit alors une sorte de synergie entre les membres du groupe, qui rend chacun plus efficace et plus créatif, et qui rend le groupe lui-même particulièrement fécond. Dans ces conditions, le groupe devient un lieu privilégié de croissance et d'accomplissement des personnes, notamment dans la dimension sociale et créative de leur être.

Si la vie en groupe peut être un facteur stimulant de la croissance des personnes, ce n'est pas là sa seule finalité. En effet, les groupes jouent eux-mêmes un rôle de premier plan dans l'humanisation de la société. Ils trouvent toute leur raison d'être à contribuer à l'avancée de l'humanité qu'ils servent, et ce d'autant mieux qu'ils réalisent en leur sein la synergie décrite plus haut.

Ainsi, les groupes possèdent un potentiel évident tant pour le développement des personnes que pour le bien collectif. Ils constituent un levier fondamental pour le progrès de l'humanité.

Chapitre X

Le couple

D'une part, ce sujet est très vaste et il n'est pas question de prétendre tout aborder de ce qui le concerne dans ce chapitre.

D'autre part, ce que PRH a observé du vécu des couples a amené un certain nombre d'hypothèses, notamment sur ce qui fonde le couple. Ces hypothèses demandent encore à être vérifiées et confrontées à d'autres systèmes explicatifs pour être retenues. L'accueil favorable que de nombreux couples font à ces hypothèses durant les sessions de formation, ajouté à l'aide effective qu'elles apportent dans leur cheminement, notamment dans la traversée de crises, justifient que ces hypothèses soient prises au sérieux et qu'elles continuent à alimenter la recherche dans ce domaine.

Le « lien d'être de couple »

La notion de « lien essentiel » ou de « lien d'être » a déjà été évoquée dans les chapitres sur l'être et sur la vie relationnelle et affective. Le lien d'être de couple est spécifique à cette réalité qui unit un homme et une femme et qui fonde leur engagement à vivre ensemble et à créer une famille.

Le lien d'être de couple constitue un aspect particulier de l'être d'une personne. Il peut être appréhendé à partir de la sensation de ne pas être complet sans l'autre et, par conséquent, de ne pouvoir accéder à sa plénitude sans l'autre. Chaque membre du couple peut, pour une part, exister et se réaliser seul, c'est le gage d'une autonomie indispensable pour qu'il y ait véritable relation. Mais l'expérience révèle que, reliée à l'autre, unie à l'autre, en interaction avec ce qu'est l'autre, la personne connaît une dynamique d'existence et de révélation d'elle-même en ses potentialités lui permettant d'aller beaucoup plus loin dans son propre accomplissement que si elle reste seule.

Ainsi, chaque membre d'un couple s'engage avec l'autre à partir de cette intuition forte :
– qu'il pourra se réaliser davantage dans ce qu'il est et dans ce pour quoi il est fait ;
– qu'ils auront à réaliser ensemble un « agir essentiel » qui donnera tout son sens à leur vie et qui sera utile à la société ;
– qu'ils pourront former un couple uni, heureux et fécond.

Le lien d'être de couple est une réalité vivante chez chacun, mais qui ne peut exister que dans la réciprocité. C'est un lieu où l'on se sent profondément uni à l'autre au niveau de l'essentiel. Si tous les couples parlent de reconnaissance mutuelle, certains vont jusqu'à exprimer l'évidence d'être « faits l'un pour l'autre ».

Note : sur la base de cette dernière observation, certaines personnes extrapolent en introduisant une notion de prédéterminisme à cette réalité de lien d'être de couple. Cette conception déterministe, voire fatalisante des phénomènes humains fait fi d'une donnée de la réalité humaine que chacun peut observer dans sa propre existence, à savoir la liberté qui oriente la vie des personnes à partir des choix qu'elles font. Il serait, à notre sens, plus juste de dire qu'en toute personne il existe l'aptitude à fonder un couple. Avant de pouvoir s'actualiser, cette aptitude est souvent perçue sous la forme d'une aspiration à engager sa vie avec quelqu'un, à former un couple, à fonder une famille… Tout porte à croire que le lien d'être de couple naît à la double condition qu'il y ait rencontre avec une personne avec laquelle on reconnaît un projet de vie en commun possible et durable, et que la liberté des deux partenaires adhère à un engagement mutuel. Dans ce cas, l'aptitude de départ s'actualise à travers cet engagement et grâce à ce lien naissant, reconnu et accepté.

Quelques caractéristiques de ce lien d'être de couple :
– Ce lien relie les partenaires d'un couple dans la globalité de leurs personnes, et particulièrement les relie au niveau de leur être. Ce qui caractérise un lien d'être de couple, ce n'est ni une

affinité sensible seulement, ni une seule attraction physique, ni des centres d'intérêts communs, ni même certaines aspirations qui se rejoignent ou des actions à mener en commun, mais un lien que les personnes ressentent comme constitutif de leur être à partir du moment où ils se sont choisis mutuellement, et qui concerne l'ensemble de leur personne. C'est ainsi que la fidélité à l'autre est en même temps fidélité à soi, à son être et à sa conscience.

– Ce lien faisant partie de l'être de la personne, il est donc vivant et en continuelle évolution. Ainsi, au cours de la vie du couple, le lien se densifie, s'approfondit, se révèle avec ses multiples facettes, se solidifie. La croissance du lien est tributaire du degré d'émergence de l'être de chacun. Mais ce lien peut s'atrophier et rester comme une réalité quasi inaccessible si on ne prend pas soin de sa croissance et si on laisse la relation s'enliser dans les perturbations qui l'assaillent.

– Ce lien est sous-tendu par un amour ressenti comme unique et profondément engageant.

– On ressent ce lien comme durable. De nombreux couples expérimentent une sensation d'indestructibilité de leur lien, tant il est essentiel, solide, résistant aux épreuves rencontrées ou simplement à l'usure du quotidien.

– Un lien d'être de couple se caractérise par la sensation d'unité, de complémentarité, de proximité intérieure profonde, de regard commun porté sur la vie, et aussi d'ouverture sur l'extérieur.

– Le lien d'être de couple est typé, personnalisé. Chaque couple a son identité, comme chaque personne. Cette identité est marquée par le vécu de la relation (couples caractérisés par leur tendresse commune, leur complicité, leur authenticité, leur joie de vivre, leur dynamisme, leur confiance réciproque, leur intériorité, etc.). Elle est marquée aussi par un agir commun ou complémentaire (investissement dans la relation aux enfants, dans l'accueil des autres, engagements professionnels, politiques, sociaux communs, etc.)

– Ce lien est fécond. Grâce à lui, la croissance de chacun est stimulée. Il est à la base de la constitution d'une famille. La fécondité s'exprime aussi à travers des engagements extérieurs utiles à la société.

Deux réalités en interaction :
le lien et la relation

Il importe de distinguer deux réalités qui sont en continuelle interaction entre les partenaires d'un couple : le lien qui les unit de fond et la relation qu'ils vivent entre eux.

Le lien

C'est ce qui unit deux personnes par l'être, donc par ce qui est le plus essentiel chez chacune. Comme les autres réalités de l'être, l'existence de ce lien ne relève pas du vouloir des personnes (il arrive parfois que quelqu'un souhaite avoir un lien d'être de couple avec telle personne, mais que ce lien n'existe pas faute de réciprocité ; à l'inverse, il arrive que des personnes rencontrent quelqu'un qui ne corresponde pas à l'image de mari ou de femme qu'elles s'étaient forgées et qu'elles attendaient, et qui reconnaissent néanmoins leur lien d'être de couple). Ainsi, le lien apparaît, il existe, c'est une réalité qui émerge progressivement à la conscience des deux partenaires du fait de leur rencontre, de leur fréquentation, de l'éveil d'un amour profond et d'une reconnaissance mutuelle. À un moment donné, l'existence de ce lien s'impose avec suffisamment de certitude, voire d'évidence, pour qu'il constitue un point d'appui solide permettant un engagement mutuel durable.

La relation

La relation englobe les personnes dans tout ce qu'elles sont, l'essentiel d'elles-même certes, mais aussi leur moi-je, leur sensibilité et leur corps, avec tout le vécu propre à ces instances : leurs besoins, les attentes qui en découlent, leurs fonctionnements normaux, leurs blessures. La relation relève de la responsabilité de chacun des partenaires qui peut s'y engager ou pas, qui peut l'encombrer de ses dysfonctionnements ou chercher à les limiter, etc.

« Il est bien évident que lien et relation interfèrent en permanence. C'est à cause du lien (pressenti avant d'être évident) que la relation s'est nouée. C'est parce que la relation est bonne que le lien peut se déployer davantage, ce qui enrichira la relation.

Laquelle fera à son tour apparaître du neuf au niveau du lien et ainsi de suite. »

La distinction entre le lien qui unit les personnes au niveau de leur être et la relation qu'elles vivent entre elles est capitale :
– *cette distinction trouve son importance notamment dans les débuts d'un couple où l'on peut facilement douter du lien (dont on a peu pris conscience) à cause des difficultés (inévitables) de la relation. La confusion lien-relation entretient le doute, fait souffrir inutilement, et retarde les cheminements ;*
– *cette distinction aide à vivre également les tensions et les conflits. Elle donne d'oser exister dans la relation (au risque de la perturber) sans craindre de « rompre le lien », cette peur qui ouvre la voie au non-dit ou à la non-existence qui ne peuvent rien engendrer de bon pour la relation ;*
– *cette distinction permet enfin de bien situer ce sur quoi il faut « travailler » : la relation.*

Ce dernier point est fondamental : autant on peut dire que le lien d'être de couple est une réalité dont l'existence échappe au pouvoir des personnes, autant on peut dire que celles-ci ont ensemble pleins pouvoirs sur la relation, y compris celui de la rompre.

Quatre axes de cheminement d'un couple

Le couple est une réalité qui évolue en fonction notamment :
– de la croissance personnelle des deux conjoints ;
– de la force qui se dégage des engagements à deux ou d'engagements vécus par un seul mais appuyé par l'autre ;
– de l'émergence de l'unité entre les deux conjoints, et de la solidité de leur lien qui en résulte ;
– de la vitalisation et de l'harmonie apportées par la relation des corps et par la relation sexuelle.

Ces quatre points représentent quatre axes de cheminement du couple. Prendre soin de la croissance de son couple, c'est progresser sur ces axes. Reprenons ces points.

La croissance personnelle

Cet axe est fondamental et prioritaire pour le cheminement d'un couple. Il s'agit pour chacun de devenir lui-même, de libérer son potentiel d'amour et d'apprendre à harmoniser son existence et sa croissance avec celles de l'autre, sans se renier ni se fondre dans les désirs de l'autre, sans se mettre durablement à distance ni se fermer à l'autre, sans non plus s'imposer et dominer l'autre.

Cette recherche d'un équilibre entre, d'une part, une affirmation de soi et une fidélité à soi dans le couple (conditions indispensables pour que la croissance s'effectue), et d'autre part une adaptation à l'autre, à son possible et à ses limites, est un travail quotidien. Le risque est toujours possible de préférer la tranquillité de la relation à la croissance qui, par définition, fait changer les personnes, donc provoque des réactions et perturbe toujours plus ou moins l'équilibre d'un couple.

Il est normal de tenir compte de son conjoint et de viser une harmonie de la relation, cela amène à faire librement des sacrifices, à vivre de la souplesse et à aménager les modalités de mise en œuvre des moyens de croissance que l'on prend. Par contre, il serait anormal et malsain pour le couple que l'un (parfois les deux) gomme sa personnalité et renonce à devenir lui-même à cause des remous dans la relation que cela engendre.

La croissance personnelle peut être favorisée par le conjoint. Chacun peut encourager l'autre par sa foi dans ses potentialités, par sa vérité et par son amour, par ses exigences ajustées, par son accord vis-à-vis d'une aide extérieure, par son propre engagement dans son chemin personnel, etc. (cf. le paragraphe sur l'aide mutuelle dans le couple).

Les engagements à deux

Dans ce temps où un homme et une femme se reconnaissent faits l'un pour l'autre, ces derniers découvrent souvent simultanément (parfois ultérieurement) qu'ils ont quelque chose d'important à vivre et à faire ensemble. Une aspiration à vivre une fécondité ensemble est là, plus ou moins conscientisée, qui donne naissance à une sorte de « projet de vie » :

avoir des enfants et les éduquer, aménager une maison, s'engager tous les deux au service de la même cause... L'expérience de couples engagés dans un « agir essentiel » commun montre l'étonnante fécondité sociétaire qui peut sortir d'un couple lorsque chacun y apporte le meilleur de lui-même.

Les engagements du couple vécus à deux coexistent avec des engagements personnels. Lorsque ces engagements où chacun cherche à se réaliser reçoivent non seulement l'aval, mais aussi le soutien moral et l'appui concret de l'autre, on constate, à l'expérience, combien cela peut favoriser l'accomplissement de la tâche et, également, l'unité du couple et la croissance de chacun.

Il est néanmoins fréquent que les engagements de chacun, cumulés avec les engagements du couple, suscitent des tiraillements dans la relation. Pour que ces tiraillements ne deviennent pas gênants pour l'unité du couple, il importe de les prendre au sérieux et de les décoder. C'est ainsi que peuvent s'opérer des ajustements nécessaires dans le contenu et la manière de vivre ces engagements.

L'unité du couple

L'unité d'un couple émane fondamentalement du lien d'être de couple qui relie un homme et une femme. Autrement dit, l'unité ne se crée pas, elle n'est même pas un objectif à viser. C'est une caractéristique ontologique de ce lien, un fruit de ce lien qui se développe à mesure qu'on se construit personnellement et en couple. Celà dit, elle est plus ou moins visible et dense en proportion de l'émergence du lien d'être de couple et du degré d'harmonie de la relation.

Cette unité se concrétise pour chaque couple et pour chaque conjoint de manière personnalisée. Elle s'exprime dans des domaines qui peuvent être très variés : unité des goûts et des sensibilités, unité des corps, unité des idées, unité d'action et d'engagement, unité par le plus profond de soi, unité d'aspirations, de croyances, etc.

Plusieurs expressions traduisent le vécu de l'unité d'un couple : un même regard sur la vie, une complicité, une proximité intérieure, une harmonie, une tendresse mutuelle profonde, une impression d'être « soudés », d'être « pétris de la même glaise »… mais aussi une altérité, faite de différences mutuellement accueillies et acceptées, et source de complémentarité et de fécondité.

– *Quelques caractéristiques de l'unité d'un couple :*
– l'unité émerge avec le lien ; autrement dit, elle est généralement perçue dès le départ de la relation, lorsque les personnes découvrent leur lien ;
– l'unité est ressentie comme contenant une force et une solidité, particulièrement visibles dans les moments d'épreuves que traverse le couple. L'unité d'un couple n'est pas une réalité éphémère, tributaire des humeurs de chacun, mais une réalité stable et durable tout en étant évolutive ;
– l'unité s'accompagne d'une sensation d'être habité de « la présence de l'autre » au plus profond de soi, que l'autre soit présent physiquement ou pas ;
– l'unité d'un couple se caractérise également par une intelligence intuitive qui perçoit l'autre au plus profond de lui-même, souvent au delà de ce que celui-ci connaît de son potentiel. Cette connaissance intuitive et profonde est à la source d'une foi en l'autre et en sa capacité de devenir ce qu'il est en puissance ;
– l'unité d'un couple est perçue comme une source de fécondité, de vie et d'amour. Elle propulse en avant, elle ouvre sur les autres, elle rayonne sur l'entourage.

À travers ces quelques caractéristiques, perçues grâce à l'observation de couples, on peut constater le potentiel particulièrement riche contenu dans l'unité d'un couple. La progression sur cet axe de cheminement permet de dégager ce potentiel et d'en tirer parti.

– *Distinction entre unité et fusion*
La notion d'unité est souvent vécue avec une certaine ambiguïté dans les couples, particulièrement au début de la relation. L'unité est souvent confondue avec la fusion, qui est présentée parfois comme le modèle à atteindre : ne plus faire qu'un, c'est-à-dire être pareil, gommer les différences, être toujours d'accord à propos de tout et donc éluder toute source

potentielle de conflit, bref former une entité « monolithique » où chacun se fond en l'autre et lâche tout élément de sa personnalité le démarquant par rapport à l'autre.

Il n'est pas toujours facile de faire la distinction entre l'unité et la fusion car le sentiment d'« être un » avec l'autre est commun à ces deux types de réalité. Et pourtant l'unité et la fusion sont deux phénomènes de nature totalement différente :
– *« L'unité s'établit à partir de l'être. Elle résulte d'une rencontre d'être à être. Elle s'affirme peu à peu dans et grâce à une relation d'autonomie, durable, solide, féconde, ouverte à l'autre et aux autres, respectueuse des différences.*
– *La fusion s'établit à partir de la sensibilité blessée, c'est-à-dire à partir des manques et de la non-existence (c'est-à-dire de l'incapacité à tenir debout, à mener sa vie, à assumer sa solitude d'être humain en certaines circonstances qui peuvent être en plus ou moins grand nombre). ».*

Dans un premier temps, la fusion peut être ressentie comme comblante. L'amour, souvent passionnel, de l'autre, donne l'impression que les manques ont disparu. Cet amour est ressenti au début comme très vitalisant, facilitant l'éclosion de nombreuses potentialités.

Mais la fusion devient vite un piège dans lequel on s'enferme et dans lequel on a tendance à enfermer l'autre et la relation. Au lieu d'apprendre à exister selon sa propre personnalité et ainsi de tendre vers l'autonomie, la tentation peut être grande — surtout si les manques sont importants — de chercher à maintenir cette relation fusionnelle. Cette situation ne manquera pas de provoquer à un moment ou à un autre de la vie du couple une crise. Celle-ci peut être une opportunité de croissance si elle est vécue dans la clarté, mais elle peut être fatale pour la relation si l'unité de fond n'est pas très conscientisée et si les conjoints ne font pas appel à des personnes compétentes pour les aider à traverser ce cap difficile.

– *Les attitudes qui favorisent l'unité*
Certaines attitudes construisent, densifient la relation de couple et permettent ainsi à l'unité de se manifester et de se renforcer. Notons spécialement :

– l'attitude de vérité face à soi-même et dans la relation. En effet, il n'y a pas de relation dense qui puisse se construire sans que cette attitude de vérité ne soit présente, source de clarté, de confiance, de santé dans la relation ;
– l'attitude d'humilité face à soi-même et dans la relation. Beaucoup de stagnations dans les couples relèvent d'un manque d'acceptation de la réalité (la sienne, celle de l'autre, et celle de la relation) comme elle est. Il arrive souvent qu'on n'accepte pas son positif ou ses défauts, on attend que l'autre change, on aimerait que la relation soit plus comblante. L'attitude d'humilité aide à lâcher ces attentes excessives et l'amertume que l'on vit, elle apporte de la paix en profondeur, elle désarme des défenses qui font vivre dans la raideur et la rigidité face à l'autre ;
– l'attitude de détermination à exister par soi-même et à progresser en solitude. « *Dans un couple chacun n'est pas là pour porter l'autre, mais pour l'aider à devenir, à s'accomplir, à marcher vers son autonomie ; chacun n'est pas là pour combler les manques de l'autre, mais pour l'aider à en guérir ; chacun n'est pas là pour suppléer aux fragilités de l'autre, mais pour l'aider à les faire reculer...* » L'attitude de détermination à exister par soi-même et à progresser en solitude, en fidélité à sa conscience profonde même si cela doit perturber la relation, allège, enrichit et dynamise la relation, alors que la fusion ou la dépendance la sclérosent ;
– l'attitude de détermination à partager son vécu intérieur. Cette détermination est nécessaire pour déjouer les multiples résistances et motifs légitimes pour ne pas partager son vécu. La relation est « nourrie » grâce à ces partages et elle dépérit lorsqu'ils n'existent plus ou qu'ils sont insuffisants.

La relation des corps et l'harmonie sexuelle

Le corps et la sexualité ont une influence évidente sur le cheminement d'un couple et particulièrement sur la croissance personnelle des conjoints (1er axe), sur les engagements à deux (2e axe), et sur l'unité du couple (3e axe).

– *La relation des corps*
C'est une véritable communication entre les conjoints qui

s'établit dans le quotidien par l'intermédiaire des corps. Tout peut être « parole » exprimant le plus profond de son amour pour l'autre : un sourire, un regard, un baiser, une caresse, un geste tel que prendre la main de l'autre, le serrer dans ses bras, marcher à ses côtés, mais aussi l'habillement et la mise en valeur de son corps. L'« amitié » qui se vit entre les corps constitue un chemin privilégié pour accéder à cette amitié profonde et unique qui relie chaque conjoint à l'autre.

La relation des corps peut aussi véhiculer et même parfois amplifier les perturbations personnelles et celles de la relation. Par une attention aux messages de son corps et du corps de l'autre, chaque conjoint peut être alerté sur un vécu intérieur non encore conscientisé et ainsi progresser en connaissance et en compréhension de soi et de l'autre au-delà des mots qui se disent.

Par ailleurs, chaque partenaire peut vivre des réactions disproportionnées à l'égard du corps de l'autre (attrait ou rejet excessifs), ce qui nuit à cette forme de communication aidante pour le cheminement du couple. Il importe dans ce cas de travailler à guérir des souffrances du passé sous-jacentes à ces réactions.

– *L'harmonie sexuelle*

La vie sexuelle des êtres humains dépasse le cadre de la seule aspiration à procréer. Elle exprime des aspirations importantes et elle satisfait ou tente de satisfaire de multiples besoins (normaux ou en creux) : aspiration à l'unité et besoin de se sentir un, aspiration à donner et à pérenniser la vie, besoin de toucher et d'être touché, besoin d'être caressé, besoin de chaleur et de sécurité, besoin d'être embrassé et tenu, besoin d'être voulu, désiré, attendu, besoin d'être en relation par le contact, besoin de se sentir exister, besoin de plaisir des sens, etc. Parmi ces besoins, certains expriment en fait des besoins plus profonds ; par exemple, le besoin d'être embrassé peut être la manifestation d'un besoin moins conscient et plus profond de sécurité, d'être sûr qu'on est aimé.

La progression en harmonie dans ce domaine des relations sexuelles constitue un axe de cheminement pour un couple. Bien que la réussite d'un couple n'ait pas pour seule ou pour première condition l'harmonie sexuelle (contrairement à certaines croyances répandues), c'est toutefois un axe très important du fait des conséquences de cette harmonie sexuelle sur la vie personnelle des conjoints et sur l'unité du couple.

Cette harmonie se vit le plus souvent en lien avec l'harmonie globale de la relation. Elle demande par conséquent du temps et de l'avancée en maturité pour se manifester dans toute sa richesse, sa profondeur et dans une certaine stabilité.

L'harmonie sexuelle se manifeste et se densifie dans un couple à travers la qualité de l'amour et de la tendresse vécus ainsi que de l'attention portée à l'autre. Elle se traduit également par un épanouissement de toute la personne, épanouissement physique par le contact des corps et la jouissance éprouvée, épanouissement psychologique par la joie et la vitalisation que procure le fait d'aimer et d'être aimé de cette manière.

Des difficultés et des réactions disproportionnées peuvent limiter cette harmonie, voire la compromettre. Parmi ces difficultés on peut noter :
– les difficultés d'intégration des différences existant entre la sexualité masculine et la sexualité féminine ;
– des expériences antérieures traumatisantes qui ont laissé des séquelles ;
– des ambiguïtés dans les demandes sexuelles où peuvent se mêler inconsciemment des besoins d'enfant ou bien une compensation de la non-existence ;
– des blocages, expression d'une blessure de non-existence ;
– une difficulté de maîtrise de son corps, etc.

L'aide de quelqu'un de compétent peut s'avérer nécessaire pour comprendre l'origine de ces difficultés et pour y remédier.

La communication verbale dans le couple

Le moyen privilégié de la construction d'un couple, commun à ces quatre axes de cheminement, c'est le dialogue. Sans minimiser l'importance de la communication nonverbale (cf. le paragraphe sur la relation des corps et la relation sexuelle), celle-ci ne prend tout son sens que grâce à des mots ressentis, prononcés, entendus et compris.

Le contenu des conversations

Le contenu des conversations peut concerner plusieurs champs d'expression :
– le champ de réalités extérieures. On parle de ce qu'on fait, des événements, de l'organisation matérielle, etc., sans s'impliquer personnellement dans ce qu'on dit ;
– le champ de réalités intérieures : on parle de ses aspirations, de l'essentiel, de ses intuitions, du vécu dans les engagements essentiels, de ses besoins, de ses envies, de ses sentiments, de ses réactions intérieures, de ses soucis, de ses projets, etc.

La verbalisation de ces réalités intérieures est fondamentale pour connaître et rencontrer vraiment l'autre, pour l'aimer, pour nourrir la relation que l'on vit. La communion entre un homme et une femme est la principale résultante de ce partage en profondeur qui éveille et rend accessible l'être de chacun.

La forme de la communication verbale

La forme de la communication verbale joue un rôle très important pour que le dialogue s'établisse et ait cette fonction constructrice du couple et de son unité, d'autant plus que les sujets abordés sont délicats.

L'observation du vécu des couples a permis de dégager quelques principes favorisant le bon fonctionnement de la communication :
– écouter l'autre sans l'interrompre jusqu'à ce qu'il ait exprimé tout ce qu'il avait à dire ;
– écouter l'autre en cherchant à le comprendre et à le rejoindre dans ce qu'il dit et dans ce qu'il vit intérieurement ;
– écouter en ayant soin de prendre du recul par rapport à ses *a priori* sur ce que l'autre dit ou vit, en se dégageant des images qu'on a déjà de l'autre et de la relation, en se gardant des interprétations, des projections, des jugements, des accusations… écouter en prenant du recul aussi par rapport aux mouvements réactifs de la sensibilité ;
– parler avec le souci de faciliter la compréhension de l'autre

(ce qui suppose que l'on soit, soi-même, un minimum au clair avec ce qu'on veut communiquer à l'autre) ;
– exprimer ses désirs, ses besoins, ses aspirations avec, présent en soi, le souci de respecter la liberté de l'autre ;
– exprimer ce qu'on sent avoir à dire en conscience et non vouloir correspondre à un idéal de « transparence absolue ». Accepter de ne pas avoir à tout dire, et accepter que l'autre n'ait pas à tout exprimer ;
– partager avec l'autre ce qu'on apprécie de lui, ce qui construit la relation... mais aussi ce qui gêne ou fait mal.

L'environnement

L'environnement compte également pour favoriser la réussite du dialogue : le moment de la journée, le lieu, le silence environnant, la régularité de ces espaces de communication, mais aussi la détente du corps, la proximité physique avec l'autre, etc.

À noter que l'environnement humain, spécialement des personnes compétentes dans l'aide aux couples, peut grandement favoriser une communication bloquée ou difficile. L'expérience montre qu'il n'est ni sain ni efficace de s'entêter à vouloir résoudre certains problèmes seul, lorsque les choses sont très emmêlées. Le recul et l'objectivité d'un tiers compétent permet souvent d'éclaircir ce que deux subjectivités douloureuses en interaction ne peuvent appréhender.

Note : les phénomènes de « non-dits » et de transparence dans la communication à deux.
On peut distinguer deux sortes de « non-dits ».
Il y a des choses qu'on garde pour soi par peur et par non-existence. Ces non-dits empêchent la relation de s'établir sur des bases saines et claires. Il s'agit d'un dysfonctionnement dont on a à se défaire dès qu'on le peut.
Il y a, par ailleurs, des non-dits qui sont choisis et ressentis comme nécessaires. On sent que ce ne serait pas aidant ou sain, ou bien que ce n'est pas le moment d'exprimer certaines choses. Dans ce cas, c'est la référence à la conscience profonde qui dicte la conduite à tenir. Si une transparence croissante entre les deux conjoints est à viser à terme, signe d'une confiance mutuelle et d'une capacité à exister en vérité et à recevoir la vérité de l'autre, cette transparence est plus à considérer comme l'aboutissement d'un cheminement à deux que comme une donnée de départ exigible ou absolue.

L'aide mutuelle dans le couple

La relation de couple contient une dimension d'aide mutuelle qui se concrétise principalement sous deux formes : une aide extérieure et une aide intérieure.

L'aide « extérieure »

Cette aide est variée dans ses modalités d'expression. Cela peut être une aide physique ou matérielle (rendre un service, fournir quelque chose dont l'autre a besoin, donner un « coup de main », prendre sa part dans les obligations nées de la vie commune), une aide intellectuelle (donner des informations, des explications, un savoir), etc.

Cette forme d'aide concerne surtout des choses à faire pour l'autre ou avec l'autre. Elle peut être un canal d'expression de son amour pour le conjoint. Elle permet de se rendre mutuellement la vie plus facile et de réaliser des choses qu'on ne parviendrait pas à faire seul, ou plus difficilement. Cette aide extérieure procure à certains moments une aide intérieure : on se sent soutenu par l'autre, on se sent avec l'autre, c'est bienfaisant.

L'aide « intérieure »

« Il s'agit de tout ce qui donne force intérieure, de ce qui aide à mieux vivre sa vie de couple et ses responsabilités, et de tout ce qui aide à progresser sur sa route de croissance et de guérison. » [52]

Cette aide est prodiguée de différentes manières :
– selon une manière d'être à base de non-jugement, d'acceptation du vécu intérieur de l'autre, d'authenticité, de bienveillance, de respect, de confiance ;
– selon une manière de faire adaptée au besoin de l'autre : écoute, reflets, dialogue, conseil, partage d'intuitions, encouragement, geste de tendresse, etc.

Cette forme d'aide comporte des limites. On peut être très aidant à certains moments — pour certains types de problèmes, ou dans certaines circonstances — et ne pas l'être dans d'autres, parce qu'on est soi-même réveillé dans une perturbation, ou trop

---

[52] *FPM 45* « L'aide mutuelle dans le couple », p. 1, 1986.

impliqué dans la problématique de l'autre, ou plus simplement parce qu'on n'a pas la disponibilité intérieure pour cela.

Quand cette aide intérieure est possible, elle est précieuse pour chaque membre du couple et pour leur relation. Bien que moins répandue dans le quotidien de la vie que l'aide extérieure, cette aide intérieure est plus importante pour l'enrichissement de la relation. Elle stimule le cheminement de croissance, elle favorise l'engagement dans l'axe de l'« agir essentiel ». De plus, cette forme d'aide densifie l'unité du couple. Le fait de participer concrètement à la croissance de l'autre et, par là, de participer à la réussite de sa vie, renforce beaucoup le lien qui unit à l'autre.

Les entraves à la vie de couple et à l'unité

La relation connaît des dysfonctionnements qui l'usent, la rongent et la détériorent, soit partiellement soit plus globalement, soit de manière passagère, soit plus durablement si ils ne sont pas soignés. Ces entraves nuisent à l'épanouissement de la vie de couple et elles gênent ou même empêchent l'actualisation de l'unité. C'est pourquoi il importe de les détecter et d'apprendre à y remédier.

Ces entraves se décèlent à partir de certains signes. Le dialogue en profondeur se raréfie. Des incompréhensions naissent. Le sentiment d'amour semble s'estomper laissant place à de la distance, du ressentiment, de la souffrance, de l'agressivité, un sentiment d'injustice. Les dysfonctionnements prolifèrent. La confiance finit par être entamée ainsi que la joie de partager sa vie avec l'autre. On peut aller jusqu'à ne plus voir le sens de cette vie à deux, si ce n'est la présence aux enfants. Malgré la bonne volonté et les tentatives, l'espoir de trouver des solutions à toutes ces difficultés perd peu à peu du terrain. La séparation peut alors apparaître comme la seule issue à ce qui est devenu comme un enfer. De fait, beaucoup de couples s'arrêtent là, les statistiques en attestent.

L'égocentrisme

À la racine de ces dysfonctionnements dans la relation de couple, l'observation révèle la présence de l'égocentrisme, c'est-à-dire de la centration sur soi, pouvant aller jusqu'à un enfermement sur soi. L'égocentrisme est un mouvement qui va à l'inverse du mouvement relationnel qui est caractérisé par l'ouverture à l'autre et l'intérêt pour lui, l'empathie, le don de soi à l'autre, la mise à sa disposition des richesses que l'on a pour l'aider à devenir lui-même. Dans l'égocentrisme, il n'y a plus que soi qui compte et qui a tendance à s'imposer comme référence dans le couple : ses idées, ses perceptions, son système de valeurs, ses volontés, ses désirs, ses besoins, ses croyances, ses manières de faire, sa croissance, ses problèmes, etc. L'égocentrisme trouve son origine soit dans les carences vécues dans l'enfance, qui rendent très avide de recevoir, soit dans des conceptions idéologiques ou dans des habitudes culturelles (la domination quasi institutionnelle de l'homme sur la femme, par exemple).

Cet égocentrisme se manifeste de plusieurs manières. Ceci a déjà été évoqué à propos des difficultés relationnelles[*]. Nous le reprenons ici pour en donner des illustrations dans la vie de couple. Parmi les manifestations de l'égocentrisme les plus fréquentes et aussi les plus nocives à la relation de couple, on peut retenir cinq déclics ou mouvements égocentriques :

– *Le fonctionnement imaginaire*
Il se déclenche à partir de quelque chose qui vient toucher la sensibilité. La personne se met à raisonner, à interpréter, à enjoliver ou à dramatiser le réel ou encore à le « créer » de toutes pièces. Elle s'enferme dans sa perception faussée de la réalité sans en avoir conscience et agit ou réagit en toute sincérité à l'égard de son conjoint à partir de cette vision décollée du réel. Avec de telles bases, la communication ne peut qu'être problématique.

– *Le déclic de captation*
Il se déclenche à partir d'un besoin qui pousse à prendre chez son conjoint ce qui peut satisfaire ce besoin et apaiser la tension intérieure provoquée par la présence de ce besoin. La personne ne se contente pas de recevoir, elle se sert elle-même, faisant fi de la liberté de l'autre. Ce dernier a tendance à être considéré comme un objet dont on peut disposer à sa guise.

[*] Cf. p. 147.

– *Le déclic de domination*

Il se déclenche lorsque la personne, pour une raison ou pour une autre, veut imposer sa volonté ou ses vues à son conjoint, faire pression, exercer un pouvoir sur lui, prendre toute la place, l'« éduquer ». Cette domination sur le conjoint peut s'exercer de multiples manières : la dureté, les menaces et parfois la violence, la logique et la persuasion, les larmes, le mutisme, le chantage, le jeu de la séduction, la manipulation, etc.

– *L'attitude d'appropriation*

Il s'agit d'un état dans lequel la personne s'établit à l'égard de son conjoint et de la relation, et où elle se vit « propriétaire » de l'autre, pouvant en disposer comme elle l'entend, utilisant la captation ou la domination si l'autre manifeste une volonté personnelle qui n'aille pas dans le même sens que ses désirs à elle.

– *Le désengagement ou la démission*

Quand une personne décide de vivre en couple avec quelqu'un, il y a engagement. Cet engagement concerne l'agir commun (les charges de la vie ensemble, les enfants) ; il concerne également l'aide apportée à l'autre pour lui permettre de devenir lui-même et de réaliser ce pour quoi il est fait. L'attitude de désengagement se produit lorsque l'un des deux conjoints se démobilise par rapport à la vie du couple ou par rapport à l'autre. On laisse à l'autre la responsabilité de faire face, seul, à certaines choses qui réclament en fait la participation des deux. Cette forme de démission peut être partielle ou globale. Cette attitude apparaît notamment si la personne n'obtient pas ce qu'elle veut par la captation ou la domination.

Ces mouvements et attitudes égocentriques vont à l'encontre des attitudes abordées au paragraphe sur l'unité, à savoir : la vérité (dans le fonctionnement imaginaire notamment on décolle du réel, réel de soi, réel de l'autre, réel de l'engagement) ; l'humilité (on vit l'inverse dans les déclics de captation et de domination) ; et l'attitude de détermination à exister par soi-même et à progresser en solitude (l'égocentrisme maintient dans la dépendance de l'autre). Pour atténuer cet égocentrisme qui affecte la relation de couple, il est donc nécessaire de se remettre, personnellement et en couple, dans ces attitudes intérieures qui favorisent l'unité. C'est l'antidote à l'égocentrisme.

Le sens du couple

Nous avons vu dans le chapitre sur le sens de la vie qu'une personne découvre peu à peu la signification et la direction de son existence à travers :
— la découverte et le déploiement de son identité ;
— son engagement dans ce pour quoi elle est faite ;
— les liens profonds qu'elle vit à l'égard des personnes qui ont le même « agir essentiel » qu'elle ;
— sa place et son rôle dans l'humanité, à commencer par le microcosme humain dans lequel elle est insérée.

Ainsi en est-il également pour le sens de cette aventure à deux qu'est un couple humain. On découvre le sens de son couple en déchiffrant peu à peu :
— son identité, avec les potentialités qui la caractérisent et la personnalisent par rapport aux autres couples, ces potentialités pouvant être des traits communs aux deux partenaires, ou pouvant constituer des aspects complémentaires ;
— sa « mission » commune, celle qui concerne la vie ensemble et sa réussite, celle auprès des enfants, leur éducation, la réponse à leurs besoins fondamentaux, celle aussi qui concerne une action commune dans la société (par exemple, actions visant l'organisation sociale, visant la réponse à des besoins de la société, visant son amélioration, son humanisation, etc.) ;
— ses liens essentiels, ceux que l'on vit avec d'autres parents s'engageant dans les mêmes lieux éducatifs et partageant un souci et des références communes sur le plan de l'éducation de leurs enfants ; des liens qu'on vit en commun avec des personnes engagées dans les mêmes actions dans la société ;

– sa place et son rôle dans les ensembles humains dans lesquels le couple est engagé, et dans l'humanité, ce qui le situe socialement et fait apparaître son utilité pour la vie et la progression de l'humanité.

***

Découvrir ainsi progressivement le sens profond de son couple fait entrer dans une dimension souvent insoupçonnée au début de la relation. La conscience de ce sens densifie le lien d'être de couple et renforce sa solidité, elle libère un potentiel d'énergie impressionnant. Elle motive et responsabilise pour travailler à la qualité de sa relation à l'autre et pour la mise en œuvre des agirs communs dans le quotidien. On prend conscience que la réussite de son couple dépasse la satisfaction d'une aspiration ou de besoins personnels, cette réussite entraîne des bienfaits qui touchent et influent sur d'autres et sur la société.

Ainsi, le couple humain est une réalité d'une étonnante richesse autant pour l'accomplissement des personnes que pour l'humanisation de la société.

Chapitre XI

L'éducation des enfants

LE SYSTÈME EXPLICATIF PRH a été élaboré à partir de l'observation du vécu des adultes. La compréhension de ce vécu a mis en lumière l'influence déterminante de l'éducation reçue dans le processus de croissance d'une personne. Cela a permis de dégager, rétrospectivement, des enseignements utiles sur les manières d'éduquer un enfant afin de faciliter sa personnalisation et son intégration sociale. Ces observations et ces réflexions ont pour objectif d'aider les parents et les éducateurs à mieux comprendre le vécu de leurs enfants ou des enfants dont ils ont la charge, et à apprendre comment agir avec eux, et en vue de quoi à plus long terme.

Le cadre de référence des parents pour éduquer leurs enfants

Qu'ils en soient conscients ou non, tous les parents possèdent en eux un arrière-fond d'idées sur l'éducation auxquelles ils se réfèrent instinctivement pour éduquer leurs enfants. Cet arrière-fond se présente comme un cadre de référence dans lequel est imprimée une synthèse de nombreux éléments apportés par leur propre expérience, par l'expérience d'autrui, et par les théories ambiantes. On peut relever comme éléments constitutifs de ce cadre de référence :
— les souvenirs de la manière dont leurs propres parents et éducateurs s'y sont pris avec eux et avec les frères et sœurs, dans telle ou telle circonstance, à telle étape de la croissance, face à tel

problème. Ces souvenirs les influencent. Ils ont tendance à reproduire ce qui a été bon pour eux et à éviter de reproduire ce qui les a blessés, sans souvent s'interroger si cela convient à leur enfant ;
– des principes, des règles, des méthodes, qu'on juge utiles et bons et qu'on essaye d'appliquer avec ses enfants ;
– des idées, des théories, des images, des stéréotypes, des jugements, reçus ou élaborés par soi-même sur ce qu'est un être humain, un enfant, un adolescent, sur leur croissance, sur la manière de les éduquer. Ainsi, selon qu'on a une vision plutôt positive ou une vision plutôt négative de l'être humain, on ne va pas éduquer de la même manière. Dans le premier cas, la priorité sera d'accompagner l'enfant et de faire confiance à son potentiel, dans l'autre cas, on insistera sur le redressement de ce qui ne va pas et sur l'acquisition de nouveaux modèles de comportements ;
– des visées, des idéaux constituant des références de ce que les enfants doivent être, faire et devenir ;
– des sentiments liés à sa propre histoire et à l'influence de l'environnement, des expériences de bonheur en famille, la densité de souvenirs heureux, et aussi des peurs, des culpabilités qui poussent à des manières d'être ou de faire avec ses enfants ;
– le cadre de référence des parents comporte aussi des « carences » qui se manifestent sous la forme d'hésitations, de doutes, de questions : on ne sait que penser ni que faire. Il peut aussi y avoir une confusion dans l'esprit des parents, liée à la présence d'éléments contradictoires dans les références qu'ils ont (par exemple, certains parents entendent d'un côté qu'il n'est pas bon de punir un enfant, et d'un autre qu'un enfant qui ne reçoit pas de temps en temps une « bonne » fessée deviendra plus tard un délinquant).

Prendre conscience de tout cet arrière-fond qui détermine souvent l'agir éducatif est indispensable pour éduquer ses enfants de manière lucide, adaptée à eux et à leurs besoins, et pour remettre en question certains schémas qui vont à l'encontre de la croissance d'une personnalité humaine. Certaines idées, théories ou principes peuvent être bons en eux-mêmes mais se révéler parfois décalés par rapport à ce que l'enfant aurait besoin de recevoir à ce moment précis de sa vie.

C'est pourquoi, s'il est nécessaire de connaître son cadre de référence, de le remettre sainement en question et de l'enrichir par des lectures, des réflexions ou des discussions, il est tout aussi important pour les parents et les éducateurs d'apprendre à déchiffrer les intuitions profondes qui émanent de leur être, car elles sont souvent empreintes de sagesse et d'à propos et ils peuvent leur faire confiance. Il faudra aussi apprendre à distinguer ces intuitions profondes des autres « voix » qu'ils peuvent percevoir (« voix » de ce que les autres vont penser, « voix » de l'idéal de ce que devrait faire l'enfant, « voix » des attentes qu'on a sur lui, « voix » de ce qui s'est toujours fait dans la famille, par exemple).

Qu'est-ce qu'éduquer ?

À partir de ce que PRH a pu accumuler jusqu'ici comme observations et comme expériences dans le domaine de la personne et de sa croissance, voici comment on pourrait résumer ce qu'est éduquer un enfant :

« *Éduquer un enfant :*
— *c'est l'aider à devenir ce qu'il est;*
— *c'est l'aider à trouver ce pour quoi il est fait;*
— *c'est l'aider à prendre sa place dans la société* »

On retrouve dans cette formule concise des accents majeurs du système explicatif PRH : la croissance de l'être, perçue comme le déploiement de richesses potentielles aspirant à s'incarner mais dont l'actualisation au service de la société est tributaire en grande partie de l'environnement aidant ou non que l'enfant va trouver, et de la place qu'on lui permettra ou non d'occuper.

Rôle des parents et éducateurs dans le développement de la personnalité de l'enfant et dans son insertion sociale

« *Pour que son aspiration à exister puisse se développer et porter ses fruits, l'enfant a besoin de l'aide de sa mère et de son père. Il ne peut pas encore exister seul, dans ce monde où il débarque. La route est longue qui conduit à l'âge adulte, c'est-à-dire à ce moment où il sera assez solide en son être pour s'engager de manière autonome dans l'Aventure de la vie adulte et prendre sa place dans la Caravane humaine.*

Les parents doivent donc :
– l'aider à devenir lui-même ;
– le préparer à la vie en Société ;
– et l'accompagner dans sa croissance.

Bref, ils doivent répondre adéquatement au besoin qu'il a d'eux. » [53]

Autrement dit, le rôle des parents en premier lieu, mais aussi, pour une part, des éducateurs, consiste à vivre une attention et une prise en compte des besoins normaux de l'enfant et à chercher une manière adaptée et ajustée de les satisfaire.

Note : par manière adaptée, on entend une manière qui corresponde effectivement bien à ce dont cet enfant a besoin aujourd'hui pour devenir lui-même ; par manière ajustée, on entend une manière de répondre aux besoins de l'enfant, qui ne soit ni excessive, ni insuffisante, et qui tienne compte de la situation concrète y compris des limites et des besoins des parents.

Parmi les besoins les plus fondamentaux auxquels les parents et les éducateurs doivent être attentifs et qu'ils doivent contribuer à satisfaire au mieux, on peut noter :
« *– le besoin d'être reconnu ;*
– le besoin d'être aimé pour lui ;
– le besoin de sécurité ;
– le besoin d'être traité en enfant et non pas en mini-adulte ;
– le besoin d'apprentissages
– le besoin d'être « soi ».[54]

Note : les parents n'ont pas toujours eux-mêmes reçu dans leur propre enfance leur compte de satisfaction de ces besoins, ou de certains de ces besoins. Cela les entraîne parfois à surcompenser auprès de leurs enfants afin qu'ils ne connaissent pas la même souffrance à leur tour. Cela les laisse souvent

---

[53] N. O. *Aspirations et besoins et l'éducation de nos enfants*, p. 3, 1992.
[54] Idem, p. 4.

démunis pour répondre aux besoins de leurs enfants : n'ayant pas reçu, ils ne savent pas donner, leurs potentialités n'ont pas pu germer. Face au constat de leurs carences éducatives, les parents ont souvent tendance à se culpabiliser ou bien à culpabiliser leurs enfants d'avoir ces besoins.

Pour sortir de cette ornière à laquelle peu de parents échappent, il est important que ceux-ci apprennent d'abord à reconnaître leurs propres manques (ce qui conduit souvent à accepter de renoncer à une image idéalisée de leurs parents et à les voir avec des failles). Il importe aussi d'apprendre à reconnaître humblement les conséquences que ces manques ont aujourd'hui. Cette reconnaissance est fondamentale, pour les parents d'abord parce qu'on ne peut pas évoluer si on n'a pas « atterri » sur la terre ferme du réel tel qu'il est, et fondamentale aussi pour leurs enfants afin de les soustraire au mieux à une culpabilité de réclamer quelque chose que les parents ne donnent pas (« s'ils ne donnent pas, c'est que j'ai tort de demander », associe inconsciemment l'enfant). Cette mise en vérité effectuée, il est nécessaire d'apprendre à accepter la réalité de ces manques et de leurs conséquences (cf. l'attitude d'humilité décrite p. 168). Enfin, les parents peuvent chercher à s'entourer de personnes qui pallient pour une part leurs déficiences, et apportent à leurs enfants des éléments de réponse à ce dont ils ont besoin pour croître.

Les parents ne sont pas coupables d'avoir des manques, mais par contre, ils sont responsables d'apporter le nécessaire à leurs enfants, fût-ce par personnes interposées quand ils ne le peuvent pas eux-mêmes.

Il est à souhaiter qu'une solidarité entre parents, et entre parents et éducateurs, se développe ; elle est une nécessité pour le bien des enfants. Encore faut-il s'être libéré de la culpabilité de ne pas être des parents « parfaits », et avoir appris qu'une « bonne mère », qu'un « bon père » est d'abord une personne qui sait tout autant reconnaître et partager ses richesses, que se reconnaître et s'accepter avec ses faiblesses et ses manques, faisant son possible pour en limiter les conséquences sur leurs enfants. Ceux-ci ne peuvent accéder à leur propre humanité, faite de richesses et de limites, qu'auprès de personnes qui auront appris à vivre et assumer la leur.

Le rôle des parents pour répondre aux besoins mentionnés ci-dessus peut se décliner ainsi :

Reconnaître l'être de l'enfant

L'éducation d'un enfant consiste à l'aider à devenir qui il est. Cela implique que l'entourage éducatif ait pour premier objectif de faciliter la connaissance de ce que cet enfant est au niveau de son être et qu'il l'aide à actualiser ses potentialités et à tenir compte de ses limites. Un enfant ne commence à se connaître qu'à travers l'image qu'on lui renvoie de lui, et principalement celle vécue et communiquée par ses parents.

D'où l'importance pour les parents d'apprendre :

– à voir, à reconnaître, à accueillir les richesses d'être de leurs enfants, et à les apprécier à leur juste valeur (et pas seulement en fonction du système de valeurs ambiant) ;

– à leur refléter avec justesse, en leur manifestant la joie qu'ils éprouvent devant ce qu'ils sont, sans toutefois les enfermer dans une image idéalisée d'eux-mêmes ;

– à décoder leurs potentialités à travers les envies, les projets, les aspirations qu'ils communiquent à leur manière ;

– et à faire le deuil du rêve d'un « enfant parfait » et des attentes que ce rêve entraîne, source de conflits intérieurs chez l'enfant.

Cette reconnaissance de l'être de l'enfant par ses parents est fondamentale pour que l'enfant se donne à lui-même le droit d'exister comme il est et qu'il en ressente de la joie. Comme on l'a vu, l'absence répétée de cette reconnaissance et, *a fortiori*, le rejet de l'enfant en son identité, provoque chez lui une blessure de non-existence.

Vivre et communiquer un amour gratuit pour l'enfant

Pour que l'enfant se structure à partir d'une image normale de lui-même et qu'il puisse ainsi accéder à une relation saine avec lui-même et avec autrui, il a besoin de recevoir une qualité d'amour des personnes importantes pour lui. C'est cet amour reçu qui authentifie qu'il est « aimable ». Le rôle des parents est donc de prodiguer cet amour gratuit qui émane de leur être, un amour chargé de tendresse et d'affection, un amour respectueux, un amour manifesté dans les gestes, le regard, le ton de la voix, le temps consacré, les paroles, les attentions personnalisées. Cet amour à l'égard de l'enfant est aussi empreint de bonté face aux difficultés, aux souffrances, et d'indulgence face à ses erreurs et à ses tâtonnements.

Pour pouvoir vivre cet amour et l'exprimer, il est nécessaire que les parents et les éducateurs libèrent en eux leur affectivité profonde. L'enfant qui se sent ainsi aimé gratuitement par sa mère et par son père et pas seulement pour les satisfactions qu'il apporte, engrange dans son psychisme une force, une sécurité affective. Il reçoit aussi une référence qui éveille ses propres capacités d'amour gratuit et de confiance en l'amour humain.

Apporter une sécurité

Un enfant est un être vulnérable, n'ayant pas encore en lui les forces physiques et morales, ni les capacités intellectuelles qui pourraient le protéger ou l'aider à faire face à des dangers extérieurs. Il est totalement dépendant d'autrui pour recevoir satisfaction à ses besoins de type psychologique qui sont aussi vitaux pour lui que de manger et de boire. Une insécurité naît vite chez un enfant lorsqu'il perçoit dans le milieu familial dont il attend tout, des sentiments négatifs, des conflits, de la dépression, de l'angoisse. La peur de ne plus recevoir ce qui lui est nécessaire pour vivre, voire d'être abandonné, l'atteint comme une menace de mort et risque de paralyser son élan de vie.

Il attend par conséquent de son entourage, et principalement de ses parents, cette sécurité matérielle et affective et cette protection dont il a besoin.

Le rôle des parents est d'abord de prendre conscience de cet état de vulnérabilité extrême d'un enfant et d'en tenir compte dans leur relation à lui, en évitant de faire peser sur lui des menaces ou leurs propres insécurités. Leur rôle réside aussi dans une réponse adéquate à ses besoins physiques, matériels et dans une protection contre les dangers. Ils ont à entourer l'enfant affectivement afin qu'il sente avec sûreté qu'il peut compter sur eux, qu'il ne sera jamais abandonné. Par ailleurs, le sentiment de sécurité ou d'insécurité se transmettant beaucoup par osmose, il incombe aux parents de travailler leurs propres insécurités afin qu'elles influencent le moins possible le psychisme de leurs enfants. Ce travail commence par la reconnaissance des insécurités que l'on vit derrière certaines exigences ou derrière des comportements hyperprotecteurs ou dominateurs. Enfin, les parents peuvent jouer un rôle important pour aider l'enfant à vaincre ou à guérir les insécurités qu'il vit, notamment en l'invitant à verbaliser sa peur au lieu de la refouler, en l'accueillant paisiblement avec sa peur et, quand c'est possible, en cherchant avec lui ce qui pourrait le mettre en paix.

À travers ces réponses adaptées au besoin de sécurité de l'enfant, c'est toute une confiance en la vie, dans les autres, et en lui-même, qui est en train de germer, ainsi qu'une solidité de fond.

Adapter ses exigences au niveau de maturité de l'enfant

Il est fréquent que les parents aient des exigences disproportionnées et qu'ils se comportent comme si leurs enfants étaient des adultes raisonnables, capables de s'assumer, de réussir du premier coup ce qu'ils entreprennent, d'être responsables, compréhensifs, respectueux des affaires des autres, autonomes...

Or, un enfant a besoin qu'on ne lui en demande pas plus qu'il ne peut, qu'on l'accepte dans ses tâtonnements et ses erreurs, il a besoin d'exigences proportionnées à son étape d'évolution. Vouloir lui faire brûler les étapes et attendre trop de lui n'est pas bon pour sa croissance et peut provoquer un sentiment de culpabilité.

Les parents ont un rôle à jouer pour accompagner chaque enfant au rythme de sa croissance, en respectant les étapes de cette croissance, en acceptant qu'il y ait des moments de régression ou des lenteurs, mais aussi en ayant le souci de l'éveiller aux responsabilités de son âge. Cet accompagnement requiert de la patience, de la compréhension et de la solidité, surtout lorsqu'il s'agit d'adolescents dont les contradictions, les faux-pas et les incohérences heurtent souvent la logique et la sensibilité des parents.

Chaque être humain a droit à son enfance, à son adolescence, à sa jeunesse. C'est à cette condition qu'il pourra devenir un vrai adulte.

Réaliser des apprentissages
au niveau des différents « savoirs »

Pour pouvoir un jour assumer ses responsabilités d'adulte dans la société, l'enfant, l'adolescent et le jeune doivent acquérir un très grand nombre de connaissances, dans les quatre domaines de savoir qui existent : le savoir-faire, dans le plus grand nombre de domaines possible, grâce à quoi on peut assumer sa vie pratique, réaliser son métier et être autonome ; le savoir-être, qui promeut les potentialités de la personne à travers l'intégration des valeurs humaines universelles (être vrai, être tolérant, être ouvert, être réaliste, être juste, etc.) ; le savoir-vivre qui permet à soi et aux autres de se sentir mutuellement à l'aise, parce que respectant les mêmes règles et possédant les mêmes repères relationnels ; et enfin le savoir, qui apporte les connaissances de culture générale, éveille la curiosité de l'esprit, enrichit la vie intérieure par le contact avec tout ce qui compose l'univers, de l'infiniment petit à l'infiniment grand.

Note : dans ces apprentissages, il est classique de penser :
– à tout ce qui peut permettre à l'enfant de se débrouiller dans la vie (apprentissage de la parole, de la lecture, de l'écriture, du calcul, etc.) ;
– à l'éducation sexuelle, en parlant avec eux des modifications de leur corps, de la différence des sexes, des relations garçons-filles, des désirs et des sensations qu'ils ressentent, de la manière dont une vie apparaît, etc. ; sachant que la manière dont cet apprentissage est effectué est aussi importante que le contenu lui-même.

En revanche, il est moins fréquent d'accorder de l'importance à l'apprentissage du fonctionnement des êtres humains et du comment il faut apprendre à vivre si on veut être heureux. Très tôt, par exemple, les parents ou des éducateurs peuvent initier les enfants à repérer et à analyser ce qu'ils vivent : les idées qui leur passent par la tête, les jugements qu'ils ont sur leurs camarades, leurs envies du moment qu'ils veulent satisfaire à tout prix et tout de suite, les besoins de leur corps, le fond de leur cœur, leur conscience qui leur dicte au fond d'eux ce qui est bien de faire et de ne pas faire, etc.

Ces rudiments de psychologie, qui adaptent « la présentation schématique des instances de la personne en croissance » (cf. p. 56) aux possibilités de leur compréhension, peuvent les aider : à prendre leurs décisions et développer leur référence à leur conscience profonde, à différencier ce qui est essentiel et ce qui l'est moins, à tenir compte des besoins de toute leur personne, etc. De plus, cet apprentissage éveille l'intérêt de l'enfant à se connaître et l'initie à une méthode d'auto-découverte qui lui servira toute sa vie.

Quand on voit combien les plis de comportements se prennent tôt dans la vie et combien ce qui déforme une personnalité est long à se défaire, il y a dans cette forme d'apprentissage une voie pédagogique préventive, qui mérite qu'on s'y intéresse.

Dans tous les domaines d'apprentissage, les parents ont un rôle auprès de leurs enfants, pour leur transmettre leurs propres savoirs et notamment tout ce qui peut leur être utile ou les intéresser dans cette lente ascension vers leur autonomie et leur rencontre du monde.

Cette transmission s'effectue de différentes manières : par l'exemplarité, l'enfant apprend en regardant, puis en expérimentant, par osmose avec son milieu de vie, par des connaissances et des explications que ses parents ou éducateurs lui fournissent.

La manière dont ces temps d'apprentissage se passent a une influence importante, tant pour l'intégration de ces connaissances qu'au niveau de la relation parent-enfant. Au cours de ces apprentissages, par la manière dont on s'y prend avec lui, l'enfant expérimente une réponse aux besoins d'être reconnu, d'être aimé, d'être en sécurité, d'être considéré comme un enfant et non comme un adulte. Autrement dit, répondre de manière adéquate aux besoins d'apprentissage d'un enfant, c'est aussi répondre aux besoins fondamentaux étudiés plus haut. Ainsi des attitudes de patience, d'acceptation du temps que ces apprentissages demandent, de bonté, de souplesse, d'ouverture au dialogue, d'adaptation et de créativité pédagogique, rendent ces temps efficaces et souvent très vitalisants car l'enfant perçoit l'amour de ses parents à travers et au-delà de ce qu'ils lui enseignent. Il n'est pas rare que ces moments s'inscrivent à vie dans la mémoire de l'enfant et que, devenu à son tour parent, il les suscite spontanément auprès de ses propres enfants.

Ainsi, au fil des années, c'est tout un « capital » dont hérite l'enfant, qui le dote de connaissances indispensables pour actualiser ses potentialités et donc lui permettre de devenir lui-même et de s'insérer dans la société.

Encourager à la personnalisation

Les tentations sont multiples et fréquentes pour les parents d'influencer l'enfant dans le sens qui correspond à leurs attentes, à ce qui les arrange, à leur système de valeurs, notamment lors de choix. Les occasions ne manquent pas non plus de s'adresser aux enfants de manière collective et ainsi de rogner les ailes de leurs particularités personnelles. Il est également courant de comparer ses enfants avec les enfants des autres, ou de les comparer entre eux, en distillant au passage le choix du « modèle » désiré. Il n'est pas facile pour des parents d'accepter que leurs enfants soient « eux », des personnes à part entière, parfois radicalement différentes, uniques, susceptibles de faire des choix et d'orienter leur vie dans d'autres directions. Or l'enfant a besoin d'être encouragé à cette altérité et à cette personnalisation pour se construire avec une identité qui lui soit propre.

Le rôle des parents sera d'accepter cette altérité et de la faciliter. Voici quelques exemples : souligner devant l'enfant ses caractéristiques propres, le renvoyer à lui-même et à ce qu'il sent être le mieux pour lui et le respecter dans ses choix, l'aider à les réaliser dans la mesure où on le peut et où on sent avoir à le faire, l'encourager à être « lui » plutôt que de se conformer à ce qu'on attend de lui, ou à tel ou tel modèle, etc.

Perçu comme unique, conforté dans le sens de sa personnalité, l'enfant va peu à peu prendre confiance en ce qu'il est et, le moment venu, se fixer de son propre chef l'objectif de devenir lui-même en osant de plus en plus s'affirmer y compris dans ses différences. C'est ainsi que progressivement tous les individus sont appelés à devenir des personnes avec leur originalité propre et avec leur référence intérieure unique.

Repérer, comprendre et aider à la gestion des souffrances de l'enfant et à la guérison de ses réactions disproportionnées et répétitives

Les paragraphes précédents ont exploré des besoins normaux de l'enfant, importants pour sa croissance, et la manière dont les parents pouvaient jouer un rôle pour les satisfaire. Avec ce nouveau paragraphe nous abordons d'autres besoins de l'enfant, les « besoins en creux » qui peuvent se manifester très tôt chez lui, et le rôle des parents face à ces besoins.

Nous avons vu à la fin du chapitre V sur la croissance comment naissent les « besoins en creux » et les blessures psychologiques qui les accompagnent. Ces blessures sont inévitables, elles font partie de la condition humaine. En effet : « *Ni le grand amour que nous pouvons avoir pour nos enfants, ni notre volonté de les éduquer le mieux possible ne mettent à l'abri de maladresses éducatives. Il est si facile de se laisser polariser par tel ou tel enfant au détriment de tel autre. Il est si facile de se laisser absorber par le travail ou des activités plus gratifiantes que l'éducation de ses enfants. Les pièges sont nombreux qui détournent l'attention de cette tâche majeure qu'est l'éducation de ceux et celles qu'on a appelés à la vie.* »[55].

Par ailleurs, « *il faut aussi prendre en considération que la famille n'est pas une île,*
— il y a l'environnement relationnel de l'enfant : l'école, avec les camarades et les enseignants, la rue, les divers groupes dont il fait partie ;
— il y a l'environnement social et tout ce qui déferle dans l'univers mental de l'enfant par la télévision et les divers médias ;
— il y a le poids de l'hérédité ;
— enfin, il y a la liberté de l'enfant, de l'adolescent, du jeune »[56].

On peut ajouter également les traumatismes liés à certaines circonstances (accouchement difficile, accident, deuil…). Tout cela doit être pris en compte par les parents pour accepter que leurs enfants aient des blessures, sans pour cela s'en culpabiliser, et pour cerner l'origine de ces blessures. Certains parents peuvent contribuer à la guérison de leurs enfants, même s'ils ont été les auteurs de ces blessures.

Nous nous limiterons à quelques points fondamentaux :
— La première chose, c'est la prise au sérieux et le diagnostic des souffrances de l'enfant, qu'elles s'originent dans une blessure du passé ou non. La souffrance d'un enfant peut prendre des formes très variées : pleurs, agressivité, désespérance, jalousie, mais aussi inertie, effacement, mensonge, insomnie, réactions psychosomatiques, etc. L'expression d'une souffrance est toujours le signe que quelque chose se passe dans l'enfant, un peu comme un

---

[55] *Les droits de l'enfant à l'égard de ses parents*, p. 4, 1992.
[56] Idem, p. 3.

voyant qui s'allume sur un tableau de bord. Souvent, le message est facile à décoder, le lien de cause à effet est aisé à établir : l'enfant est fatigué, il a peur, il est contrarié par une frustration, il s'est fait mal, etc. Mais parfois, cette souffrance paraît énigmatique, sans raison apparente, sans lien évident avec un traumatisme plus ancien. Elle peut être passagère ou durer, ou encore être récurrente. Le diagnostic de « caprice », voire « d'enfant capricieux » fait peser un jugement culpabilisant sur celui-ci et élude la recherche de la cause de son comportement.

Le rôle des parents est d'abord d'accueillir la manifestation de l'enfant en l'écoutant dire son mal avec compréhension et bienveillance. Il ne s'agit donc pas de consoler l'enfant, ni de minimiser son mal (« ce n'est pas grave »), mais de faciliter au contraire l'expression de la souffrance afin que l'enfant ne la refoule pas (sans toutefois tomber dans le piège de « l'interrogatoire »). C'est l'évacuation de sa souffrance dans un climat affectif propice qui va peu à peu permettre à l'enfant de s'apaiser.

Éventuellement, lorsque c'est nécessaire et que la situation le permet, les parents peuvent agir sur la cause si celle-ci est externe à l'enfant.

– La deuxième chose, c'est le repérage des réactions disproportionnées et répétitives de l'enfant. La souffrance semble s'enraciner plus loin que dans la contrariété qui l'a provoquée aujourd'hui.

Le rôle des parents, en ce cas, consiste à chercher à comprendre où se situe, dans le passé, la racine de cette souffrance, à aider l'enfant à en prendre conscience et si possible, l'aider à évacuer cette souffrance ancienne.

Pour cela, il leur faut écouter l'enfant à partir du meilleur d'eux-mêmes, c'est-à-dire avec patience, compréhension, et sans jugement. Quand on a quelque intuition sur l'origine de la souffrance, on peut la proposer à l'enfant sous une forme interrogative, en lui laissant le soin de vérifier si cette hypothèse a de l'écho dans ses sensations.

L'important est que l'enfant puisse exprimer son vécu en allant lui-même jusqu'au bout de ce qu'il ressent comme étant la cause de son mal d'aujourd'hui, et qu'il se sente reçu dans ce qu'il vit.

Cela nécessite pour les parents une prise de recul par rapport à leurs réactions au discours de l'enfant, car celui-ci peut les mettre en cause, ou déformer la réalité. Il importe de ne pas réagir ni de se justifier dans ce temps où l'enfant essaie de communiquer son vécu. C'est seulement lorsque l'enfant est apaisé et se sent compris par son entourage qu'il peut s'ouvrir à une explication différente de sa propre lecture des événements.

L'évacuation d'une souffrance du passé ne se fait habituellement pas en une seule fois. L'enfant aura à poursuivre l'expression de son vécu à la faveur d'autres réactions disproportionnées. Les parents peuvent à nouveau aider leur enfant en acceptant de l'écouter et de l'accueillir avec sa souffrance réactivée.

Notons enfin la fonction réparatrice des attitudes de vérité et d'humilité des parents lorsque ceux-ci sont impliqués dans les souffrances de leurs enfants. Accepter de reconnaître ses erreurs, ses maladresses ou ses limites devant l'enfant qui en a pâti, l'aide à ne pas se culpabiliser et met sur le chemin de la restauration de la relation parent-enfant qui a pu être altérée par ce qui s'est passé.

***

Pour conclure ce chapitre sur l'éducation des enfants et sur ce que cela requiert de la part des parents, soulignons quelques points importants :

— *Concernant la difficulté des parents à répondre aux besoins de leurs enfants*

Devant la déclinaison que nous venons de faire, des besoins fondamentaux de l'enfant et de ce que cela implique comme responsabilités pour les parents, ceux-ci pourraient être tentés de se décourager et de se demander légitimement si ce rôle n'est pas hors de leur portée. Faut-il vraiment satisfaire tous ces besoins si l'on veut que ses enfants ne soient pas blessés ? Face à cette question, voici quelques éléments de réflexion :

— En matière éducative, les blessures de non-existence ne sont provoquées que par le dépassement fréquent d'un seuil de tolérance à la frustration chez l'enfant, seuil qui varie beaucoup selon les sujets. Ce ne sont donc pas des frustrations occasionnelles qui blessent profondément un enfant, mais une situation quasi constante de frustration à ses besoins et de rejet de l'enfant vivant et exprimant ses besoins.

— Par ailleurs, les besoins fondamentaux des enfants n'ont pas forcément à être satisfaits dès qu'ils s'expriment, ceci pour deux raisons. D'une part, les parents ne sont pas toujours disposés ni en mesure de les satisfaire, ils ont leurs propres limites. Il importe alors d'accueillir la souffrance liée à la frustration de l'enfant et de lui communiquer qu'on a entendu son besoin et qu'on en tiendra compte lorsqu'on le pourra. D'autre part, paradoxalement, il faut savoir que chercher à combler son enfant et lui éviter toute frustration n'est pas constructeur de sa personnalité. En effet, les réactions face aux insatisfactions participent à la structuration de l'enfant et à sa bonne insertion dans la réalité, à condition que ces frustrations restent dans des proportions assumables pour lui.

Il est sain pour l'enfant d'entendre ses parents lui refuser sereinement certaines de ses demandes en lui expliquant les raisons de ces refus, cela l'aidera à ne pas se culpabiliser et à ne pas considérer le milieu extérieur comme uniquement comblant, ce qui ne le préparerait pas à vivre dans un monde où tout n'arrive pas comme et quand on le souhaiterait. De plus, la non-réponse à l'un de ses besoins peut développer chez lui une créativité pour chercher d'autres moyens, d'autres sources de vie et de bonheur.

— La manière dont les parents reçoivent les insatisfactions de leurs enfants compte beaucoup, soit pour limiter la tension normale provoquée par la frustration, soit pour exacerber la demande. Une communication paisible est essentielle pour que l'enfant se sente aimé, même si on ne répond pas à son attente.

— *Concernant la formation des parents*

Les parents ne peuvent répondre adéquatement aux besoins de leurs enfants et favoriser ainsi leur croissance qu'à la double condition d'avoir conscience de l'importance de ces besoins chez l'enfant, et d'acquérir eux-mêmes un savoir-faire ainsi qu'une avance de maturité par rapport à leurs enfants. Cette maturité des personnes importantes pour l'enfant est d'autant plus indispensable que l'enfant avance en âge et qu'il a besoin d'être accompagné par des adultes solides, aimants et suffisamment disponibles.

Il est donc nécessaire que les parents puissent disposer de formations adaptées à leurs besoins, notamment :
– de formations portant sur l'éducation des enfants, afin de prendre conscience de ce qu'il est indispensable qu'un enfant reçoive pour devenir lui-même et s'insérer dans la société, et d'acquérir une compétence en matière d'éducation ;
– de formations concernant la vie en couple, afin de donner aux parents des bases suffisantes dans ce domaine, leur permettant de développer leur unité et de faire face aux difficultés de leur couple, et ainsi d'apporter à leurs enfants une sécurité affective liée à cette unité ;
– de formations visant la croissance personnelle des parents afin d'acquérir cette maturité indispensable pour conduire leurs enfants vers leur propre vie d'adulte.

– *Concernant le rôle de la société et de ses responsables*

Pour assumer leur rôle et préparer de nouvelles générations aux nombreux défis de demain, les parents ont besoin de recevoir de la société l'aide qui leur est nécessaire. Cette aide est plurielle :
– aide matérielle, notamment pour les parents privés de ressources ou ayant des charges importantes (familles nombreuses) ;
– aide aux apprentissages, scolarisation, activités extrascolaires ;
– aide personnelle assurée par les formations de base citées plus haut...

Les détenteurs de pouvoirs dans la société ont une responsabilité importante pour que soient pris en compte ces besoins des parents et pour que des moyens soient mis à leur disposition pour les aider à éduquer leurs enfants.

« *Le "métier" de parent(s) s'apprend. Nous ne pouvons pas en rester à ce que nous avons reçu de nos propres parents, alors que nous vivons à une époque où les recherches sur la croissance personnelle et sur l'éducation nous apportent des lumières très utiles.*

Les pouvoirs publics qui ont la responsabilité de préparer l'avenir, ne peuvent pas se désintéresser de la famille qui est la cellule de base de la Société.

Se soucier de son bien-être matériel est une chose indispensable, mais il faut aller plus loin et mettre en place un dispositif qui permette aux parents d'être des éducateurs compétents. »[57]

---

[57] *Les droits des enfants à l'égard de ses parents*, p. 7, 1988.

En guise de conclusion...

Répercussions sociétaires de la croissance des personnes

À PLUSIEURS REPRISES, dans les pages qui précèdent, ce thème a été effleuré, bien que ce ne soit pas l'objectif de ce livre. Il va de soi, en effet, que la croissance et le développement personnel qui en résulte n'auraient guère de sens s'ils ne débouchaient sur des progrès plus vastes pour la société dans laquelle nous vivons ; progrès économiques, sociaux, culturels... autant de progrès en humanisation.

Dès le début du premier chapitre : « Approche globale de la personne », nous affirmions : « *PRH a une vision optimiste de l'humanité, c'est-à-dire une foi en la capacité de celle-ci d'évoluer et de trouver des solutions aux problèmes qu'elle rencontre, une foi en son humanisation. Cette foi est confortée par l'observation de ce fonds de ressources présent en tout être humain, et par le constat de progrès indéniables dans l'humanisation de personnes et de groupes. La société est, en quelque sorte, vectorisée vers le plus-être. [...] Le sens-même de l'action de PRH auprès des personnes, des couples, des parents, des groupes et des entreprises repose sur cette foi en l'homme et en l'humanisation progressive de la société. [...] Cet engagement prend la forme, à PRH, d'un travail en profondeur avec ceux qui le souhaitent pour dégager l'immense gisement de potentialités qu'ils possèdent, les aider à découvrir le sens de leur vie, éduquer leur conscience profonde, assainir les zones blessées de leur personnalité, les équiper de connaissances nécessaires pour devenir eux et réussir au mieux leur vie, en relation avec les autres.* »[*].

[*] Cf pp. 47-48.

Cette option positive ne repose pas sur un postulat de départ arbitrairement choisi. Près de 30 années d'observation nous ont permis d'établir un lien étroit entre la croissance des personnes et l'humanisation de la société. Contrairement à une croyance assez répandue, la formation personnelle n'entraîne pas les risques de repliement sur soi, de désengagement, d'individualisme, voire d'égocentrisme que, parfois, on lui prête. Certes, ce risque peut se manifester à telle ou telle étape de la croissance, mais ce n'est qu'un passage ; le « conseiller » attentif sait que, pour dépasser ce risque, il faut aller plus loin, plus profond en soi-même, jusqu'à rejoindre les racines sociétaires de l'être. Il est impossible, en effet, de devenir pleinement soi-même sans participer au bien commun et à l'avancée collective.

Qu'il s'agisse de la vie professionnelle, de la vie en groupe, en couple, de l'éducation des enfants, de la vie dans la cité, innombrables sont les témoignages qui attestent qu'un travail sur soi ouvre sur plus large, engage dans l'action, atténue les distances, améliore les relations, rend plus créatif et plus efficace dans tous les domaines de la vie en société.

Cet ensemble d'expériences favorables et fécondes mériterait sans doute d'être rapporté. Ce pourrait être l'objet d'un second ouvrage auquel, déjà, nous pensons...

L'espérance apportée par cette option, à la fois positive et réaliste, réside en ce « *gisement de potentialités et donc de créativité qui dort au tréfonds de chaque être* » comme l'affirmait André Rochais, et en la possibilité de mettre en œuvre cette formidable ressource humaine permettant aux individus de s'accomplir.

À ce niveau de profondeur, il est frappant de constater que le mouvement de « centration sur soi » conduit à une ouverture vers « plus que soi ». Sans doute parce que, au-delà des races, des cultures, des religions, on aborde alors au rivage de ce qu'il y a de plus « commun » et de plus universel en tout homme, l'intuition d'une profonde et véritable fraternité.

PRH n'est pas seul à vivre cette option optimiste. Le courant de la psychologie humaniste, dans son ensemble, en rend aujourd'hui témoignage. Un penseur comme Pierre Teilhard de Chardin, pour ne citer que lui, a pu affirmer : « *L'Homme est essentiellement le même en tous. Il suffit de descendre assez profondément en soi-même pour trouver un fond commun d'aspirations et de lumière.* »[58].

En écho, on peut entendre André Rochais qui, dans un texte profondément imprégné de toutes ses découvertes sur l'aspiration à exister et le phénomène de la non-existence, passait de l'intuition à l'affirmation d'une certitude : « *Tout est là, en ce sous-sol de l'Humanité, en ce sous-sol des hommes et des femmes de cette planète, tout est là pour forger un monde plus humain.* ».

Si tel est le cas, la croissance des personnes n'est pas seulement une valeur à reconnaître parmi d'autres, elle devient « *la valeur n° 1 d'une société humaine* ». Prise vraiment au sérieux, et sur une vaste échelle, elle favoriserait le franchissement d'un seuil : celui d'une plus grande personnalisation et d'une plus grande humanisation de la société.

Dans cette même perspective, les divers outils de formation en profondeur que le monde des sciences humaines nous propose aujourd'hui ne sont pas seulement un moyen personnel de vivre mieux, ils constituent une possibilité offerte pour favoriser cette évolution : « *Ce franchissement de seuil est devenu possible grâce aux différents outils de formation en profondeur qui, comme des forenses pour l'exploitation des poches de pétrole, permettent de rejoindre les gisements de potentialités et de créativité dont nous parlions, et d'amener au jour toutes ces richesses d'être sur lesquelles nous dormions sans le savoir.* »[59].

Cette affirmation ouvre sur un large horizon, en même temps qu'elle soulève de multiples questions…

Ne pourrait-on pas transposer à grande échelle des moyens qu'une minorité de gens a déjà commencé à utiliser avec profit pour conscientiser et actualiser leur potentiel et faire évoluer leur entourage dans le sens d'une plus grande humanisation ?

N'y aurait-il pas une priorité à proposer ces moyens aux responsables de la société dont les pouvoirs et l'influence pourraient avoir des effets démultiplicateurs ?

---

[58] *Comment je crois* (28/10/1934), p. 118.

[59] N.O. *Comment faciliter la croissance des personnes ?*, p. 12, 1990.

Notre société saura-t-elle entendre, derrière les symptômes qui la perturbent, la souffrance de nombreuses personnes, et particulièrement des jeunes, qui crient à leur manière le désespoir de vivre une existence dont ils ne perçoivent pas le sens ? Saura-t-elle apporter de nouvelles raisons de vivre, de nouveaux repères, de nouveaux moyens de chercher des réponses aux questions existentielles des personnes ? Permettra-t-elle à toute personne de découvrir qui elle est et ce pour quoi elle est faite ? Et saura-t-elle lui procurer les moyens de se réaliser, moyens qui aujourd'hui existent ?

Quelle Humanité engendrerait-on si chacun avait à sa portée les possibilités de découvrir les richesses que contient son être, de pouvoir actualiser le meilleur de lui-même et de percevoir le sens profond de son existence et de son action !

Ce qui apparaît comme un rêve peut être réalité demain... Aux femmes et aux hommes d'aujourd'hui de travailler et d'en prendre les moyens pour que le monde ait un avenir, pour que cet avenir soit inscrit dans l'espérance qui habite le cœur de tout homme, laquelle, depuis le fond des temps, ouvre le chemin d'une progressive humanisation de notre terre.

Postface

Nous disions en commençant que la psychopédagogie PRH s'est toujours voulue au service de ce qu'il y a de plus humain dans l'homme. En ce sens, nous espérons que cet ouvrage aura été utile. Mais nous savons que n'est utile en matière de connaissance de l'homme que ce qui permet une avancée et une véritable transformation, pour une maîtrise de sa vie, dans le sens d'une authentique croissance. Nous sommes conscients qu'informer n'est pas former et encore moins transformer… C'est pourquoi cet ouvrage aura une portée limitée s'il demeure pour le lecteur au seul niveau d'une théorie s'ajoutant aux connaissances acquises.

Le cadre théorique dont il a été question dans ces pages est né d'une expérience, et ce en interaction permanente avec une pratique ; pas seulement la pratique des « formateurs » PRH, mais également la pratique des participants aux stages de formation. Nul ne dira jamais assez la part qu'ils ont prise aux découvertes dont cet ouvrage a essayé de rendre compte. Dès l'origine, sous l'impulsion de son fondateur, André Rochais, c'est la pédagogie vécue dans ces stages qui a été reconnue comme élément premier de transformation et d'avancée. Il a toujours été moins question d'apprendre aux autres que de leur faire découvrir et expérimenter ce qui, à l'intérieur d'eux-mêmes, les anime et les pousse à s'accomplir.

Aujourd'hui comme hier, c'est la raison d'être de tous les formateurs PRH à travers le monde et l'objectif majeur de l'ensemble des stages de formation et autres moyens pédagogiques que PRH propose.

Claude Rouyer
Président de PRH-International

Présentation succincte de PRH-Organisme

LES ORIGINES de la psychopédagogie PRH et du système explicatif ont été décrites dans l'introduction et la première partie de cet ouvrage.

Leur développement a eu pour cadre l'« Organisme PRH », dont voici, en quelques mots, l'objectif et les moyens.

L'Organisme PRH se propose de mettre à la disposition de toute personne qui le souhaite un ensemble de moyens de formation,

– facilitant la découverte expérimentale et progressive du système explicatif PRH,

– et aidant à en tirer toutes les conséquences pour sa vie ordinaire et ses divers engagements (personnels, professionnels, relationnels, éducatifs...).

Dans toutes les parties du monde où ils ont été proposés, ces moyens de formation, utilisant une pédagogie originale, se sont révélés particulièrement efficaces.

En effet, depuis 1970, date de la constitution du premier organisme « Personnalité et Relations Humaines (PRH) » en France, la formation PRH n'a cessé de se déployer à travers le monde. Aujourd'hui, PRH est implanté dans une quarantaine de pays, à partir desquels plus de 300 formateurs diffusent la formation PRH à près de 20 000 personnes chaque année.

Parmi les moyens de formation proposés par l'Organisme PRH, les stages occupent une place essentielle.

Ces stages peuvent se regrouper en quatre cycles :
– le cycle « Connaissance de soi », qui explore et approfondit les éléments constitutifs de la personnalité, leur fonctionnement, et leurs interactions ;
– le cycle « Vie en groupe » qui, en lien avec le cycle précédent, traite de la vie en relation dans un groupe ou dans une entreprise ;
– le cycle « Couple et Éducation », qui est une application à la relation de couple et à l'éducation des enfants, des éclairages du système explicatif PRH ;
– le cycle « Formation à la relation d'aide » s'adressant à tous ceux qui, par leur profession ou leur activité, peuvent avoir à aider ou à accompagner des personnes dans leurs difficultés ou leur croissance.

Chaque stage est construit sous la forme d'un itinéraire d'exploration significatif en lien avec le thème du stage. Des travaux d'observation de soi sont proposés aux participants. Un partage suit le travail personnel, complété par des apports tirés du système explicatif PRH.

Mais l'action de formation de PRH ne se limite pas aux seuls stages. Elle se prolonge grâce à une possibilité d'accompagnement des personnes dans leur formation (individuellement ou en groupe).

PRH-International, dont le siège est à Poitiers (France), ainsi que les différents organismes PRH nationaux (seuls habilités à diffuser la formation PRH sur leur territoire), sont à la disposition de toute personne qui souhaiterait expérimenter la psychopédagogie PRH, et s'informer sur les moyens de formation qui peuvent lui être proposés dans son pays ou à proximité.

Glossaire

Une analyse sémantique du vocabulaire PRH fait apparaître des registres différents :
– des concepts utilisés dans leur signification habituelle, c'est-à-dire celle fournie par les dictionnaires classiques (par exemple : la vérité, l'indécision...). Ces mots ne figurent pas dans le glossaire ;
– des néologismes (« un agir », « le moi-je »...) ;
– des concepts habituels mais pris dans une acception particulière (« affectivité », « exister », « manques »...) ;
– des concepts apparaissant dans d'autres écoles, mais utilisés à PRH avec un contenu spécifique (« idéal de soi », « inconscient », « transfert »...) ;
– des concepts ou expressions utilisés de manière métaphorique (« roc d'être », « frein au cheminement »...).

Figurent dans ce glossaire les concepts et expressions spécifiques à la psychopédagogie PRH, ainsi que certains concepts usuels ou propres à une école donnée, mais employés à PRH dans un sens particulier.

Accident de croissance : tout ce qui, dans la vie d'une personne (événements traumatiques, blessures psychologiques), a contrecarré de manière signifiante le mouvement naturel de sa croissance psychologique et a contraint cette personne à une non-existence plus ou moins importante.

Actualiser : passer aux actes. Mettre en œuvre (par exemple, ses potentialités).

Affectivité : ce qui désigne tout le champ de l'aspiration à aimer et du besoin d'être aimé.

Agir (un) : terme employé comme substantif pour désigner ce qu'une personne fait et les engagements qu'elle a. Les agirs actualisent les potentialités d'une personne.

Agir essentiel : ce pour quoi une

personne est faite, sa vocation, sa voie, le type d'action qui correspond aux potentialités les plus essentielles en elle, qui lui permet de donner toute sa mesure, et qui donne sens à sa vie.

Aliénation aux autres : fonctionnement qui assujettit une personne à la volonté et aux attentes d'autrui.

Amour captatif : mouvement affectif égocentré qui porte vers autrui pour le prendre pour soi, pour le retenir et le garder dans le but de satisfaire des besoins.

Amour-devoir : expression affective à base de principes et d'idéal altruiste plus ou moins volontaristes, souvent dépouillée de sentiments ressentis.

Amour gratuit : forme d'expression des potentialités affectives, inconditionnelle et dépourvue d'attente de retour.

Analyse PRH :
– méthode spécifique de déchiffrage de son monde intérieur et particulièrement des sensations de type psychologique qui l'habitent ;
– texte qui exprime le contenu d'une sensation de type psychologique, explorée selon cette méthode.

A-normal : se dit d'un comportement dysharmonieux, désajusté. Ce terme est utilisé sans jugement par rapport à la normalité de la personne.

Aspiration : phénomène ressenti par la personne sous forme de dynamisme et d'élan, exprimant le mouvement d'une potentialité de l'être qui cherche à se manifester.

Aspiration à exister : désir viscéral de vivre et d'être soi. Correspond au dynamisme le plus fondamental, le plus profond et le plus archaïque chez une personne.

Autonomie :
– capacité d'être en relation avec autrui de manière libre et authentique, sans s'aliéner (à distinguer de l'indépendance où la personne se coupe des autres) ;
– étape dans le cheminement d'une personne, caractérisée par l'acquisition d'une liberté intérieure et par le développement de sa capacité à exister telle qu'elle est en profondeur.

Axe de cheminement ou axe de croissance : direction dans laquelle une personne a à progresser pour acquérir peu à peu une maturité dans certains secteurs de sa vie.

Axe de l'agir essentiel : fil directeur qui relie symboliquement les choix importants d'activités dans lesquelles la personne s'est engagée. Vécu instinctivement au départ, cet axe apparaît peu à peu, tendant vers une forme d'investissement de ses énergies et de ses potentialités, de plus en plus spécifique, personnalisée, féconde, signifiante et comblante.

Besoin normal : ce que toute personne attend de recevoir pour que les différentes instances de sa personnalité connaissent une forme d'équilibre et de satisfaction et puissent de ce fait remplir leur rôle au service de la croissance de la personne.

Besoin d'être reconnu : besoin fondamental à partir duquel tout individu attend des personnes importantes pour lui qu'elles lui donnent le droit d'exister tel qu'il est.

Besoin en creux / Besoin a-normal : besoin normal au départ mais qui, n'ayant pas été suffisamment satisfait à un moment où il était vital pour la personne, est devenu exagéré et insatiable, source de frustrations difficiles à supporter.

Blessure : traumatisme psychologique plus ou moins grave et invalidant, consécutif à une réponse inadaptée ou à une absence répétée de réponse à un besoin fondamental, handicapant de ce fait l'expression des potentialités de la personne.

Blessure de non-existence : se dit des traumatismes qui ont affecté l'essentiel de la personne et qui ont engendré en elle une incapacité à pouvoir exister à partir de cet essentiel.

Cadre de référence : ensemble d'idées, de théories, de principes, de normes, de méthodes, de projets, et même de souvenirs, qui conditionnent de manière consciente ou non la personne dans ses manières d'être ou de faire.

Centre autonome : se dit des instances de la personne qui ont une existence et un fonctionnement relativement indépendants par rapport aux autres instances. Par exemple, le moi-je constitue un centre autonome, il peut au moins pour une part fonctionner sans se référer à l'être. De même l'être et la conscience profonde sont des centres autonomes dans la personne, ils peuvent se manifester de manière impérative.

Centre de référence interne : instance que la personne consulte pour décider et à laquelle elle se soumet pour agir. La conscience profonde est un centre de référence interne.

Certitude (au niveau de l'être) : aspect de soi ou de sa vie dont la personne est sûre, dans lequel elle a confiance, à propos duquel elle a une expérience et sur lequel elle peut s'appuyer. Une certitude peut parfois être remise en question dans les moments d'épreuve, ou face à la critique de gens importants pour la personne, contrairement à une évidence (cf. le mot « évidence »).

Cheminement de croissance : parcours de l'évolution d'une personne vers sa maturité et son accomplissement, marqué par certaines étapes.

Cœur de soi : ce sont les réalités les plus essentielles de l'identité d'une personne, de son agir essentiel, et de ses liens essentiels, réalités animées d'un dynamisme particulièrement important.

Coller à une sensation/coller à son vécu intérieur : action de l'intelligence qui se met en contact avec le vécu intérieur afin de l'analyser avec justesse.

Conscience cérébrale : référence intérieure au niveau du moi-je où siègent les principes et les règles que la personne se donne à elle-même pour conduire sa vie.

Conscience profonde : considérée comme une instance de la personne, la conscience profonde est un « lieu-synthèse ». Elle sert de référence interne pour discerner ce qui va dans le sens de l'être et de son accomplissement et pour apprécier les actes posés en fonction de la croissance globale de la personne en situation (c'est-à-dire en lien avec son environnement).

Conscience socialisée : référence intérieure morale constituée par les notions de bien et de mal, de permis et d'interdit, en vigueur dans les milieux auxquels la personne appartient ou a appartenu.

Contre-dépendance : phase de cheminement vers l'autonomie caractérisée par le rejet ou la mise à distance de ceux dont la personne était jusque là dépendante ou auxquels elle était aliénée.

Croissance :
– dynamique d'émergence de l'être par la connaissance et l'actualisation des potentialités qui le constituent.
– développement global de la personnalité.

Déchiffrer une sensation : démarche de l'intelligence qui consiste à explorer et à formuler le contenu d'un vécu intérieur précis

Décoller de la sensation / décoller de son réel intérieur : perdre le contact avec le ressenti durant une analyse PRH. C'est le cas notamment lorsque la personne parle à froid sur une sensation, ou raisonne sur elle.

Décoller du réel : phénomène de l'intelligence qui perd (le plus souvent inconsciemment) le contact direct avec la réalité extérieure, projetant sur celle-ci des éléments imaginaires, ou déformants.

Dépendance d'apprentissage : relation provisoire qu'une personne vit à l'égard de quelqu'un qui possède une forme de savoir dont elle a elle-même besoin. Il y a dépendance parce que la personne ne peut s'assumer seule dans ce domaine, mais cette dépendance peut coexister avec une liberté intérieure à l'égard de celui qui apprend.

Dépendance psychologique : relation d'aliénation à l'autre ou à un groupe caractérisée par la peur d'exister tel qu'on est, la peur du jugement.

Détermination à progresser :
– force intérieure qui émane de l'être de la personne et qui la pousse à évoluer, à s'améliorer, à s'ajuster, à libérer le meilleur d'elle-même.
– une des cinq attitudes fondamentales expérimentées comme favorisant la croissance.

Dialectique authenticité-adaptation : processus intérieur d'ajustement des comportements, qui harmonise deux attitudes apparemment contradictoires : une attitude d'affirmation de soi, de sa vérité, de son existence et une attitude d'adaptation à autrui (considérée comme une ouverture et un respect d'autrui), ainsi qu'une prise en compte de la situation.

Dimension communautaire de l'être : aspect de l'être qui élargit la personne à plus qu'elle-même en l'ouvrant sur autrui et sur la société.

Discernement : démarche de l'intelligence qui vise à trouver la décision la meilleure ou la moins mauvaise face à une situation donnée, en lien avec la conscience profonde et les autres instances de la personne.

Docilité à la conscience profonde : attitude du moi-je à l'égard de la conscience profonde, caractérisée par une fidélité aux invitations perçues, et un engagement dans les choix vécus en harmonie avec elle.

Glossaire

Donné génétique : ce qui est inné dans la personne, notamment les potentialités constitutives de son être.

Dynamisme de croissance : force incoercible innée qui pousse la personne consciemment ou à son insu à devenir ce qu'elle est potentiellement.

Éduquer un enfant : c'est l'aider à devenir ce qu'il est, à trouver ce pour quoi il est fait, et l'aider à prendre sa place dans la société.

Émergence de l'être : processus de conscientisation progressive et d'actualisation des réalités de l'être d'une personne.

Environnement : tout ce qui est extérieur à la personne et qui influe directement ou indirectement sur elle et sur sa croissance : son entourage, son cadre de vie…

Étape de cheminement / Étape de croissance : dans l'évolution psychologique d'une personne, phase de cheminement ou de croissance correspondant à un temps plus ou moins long au cours duquel la personne passe progressivement d'un certain type de vécu intérieur et de comportements à un autre type plus mature et plus conforme à qui elle est.

Être : instance principale de la personne constituant le soubassement de sa personnalité et dont l'émergence est progressive. Dynamique et foncièrement positive, cette instance correspond au lieu de l'identité, de l'agir essentiel, des liens essentiels de la personne, de son ouverture à la Transcendance.

Être non encore émergé : aspects de l'être qui ne se sont pas encore révélés ni actualisés.

Évacuation de souffrance : reviviscence, conscientisation et extériorisation d'une douleur psychologique refoulée, permettant la libération d'une tension inscrite dans le corps et le dégagement d'un dynamisme de vie.

Événement d'être : phénomène intérieur, inattendu, particulièrement dense et marquant, qui surgit et s'impose du plus profond de la personne. Exemples d'événements d'être : paroles intérieures, prises de conscience intuitives ou images intérieures très fortes.

Évidence (au niveau de l'être) : se dit d'une certitude au niveau de l'être dont la personne a une telle expérience qu'elle n'en doute plus, même lors de difficultés, de critiques ou d'échecs.

Exister : s'affirmer et poser des actes à partir du meilleur de soi, vivre et actualiser ses potentialités.

Fidélité à soi / à sa conscience profonde : attitude intérieure d'une personne libérée d'aliénations antérieures, consistant à prendre ses décisions et à poser ses actes en accord avec son être.

Fonctionnement : mise en route d'un acte, d'un comportement, d'une attitude résultant d'aspirations ou de besoins émanant de l'une des quatre instances : être, moi-je, sensibilité, corps.

Fonctionnement ajusté/normal/paisible : mise en acte provoquée par le besoin normal d'une instance de la personne, vécue en harmonie avec son être, et adaptée à la situation présente.

Fonctionnement a-normal : hypertrophie ou atrophie d'un comportement, dont l'origine, souvent inconsciente, est une blessure du passé.

Fonctionnement cérébral : mode d'utilisation de l'intelligence caractérisé par le fait que la personne n'est plus en prise directe avec la réalité : elle déchiffre la réalité avec un filtre d'idées, de jugements, d'à priori, de théories ou de raisonnements, au lieu de la déchiffrer comme elle se présente ici et maintenant.

Fonctionnement compensatoire : manière disproportionnée de satisfaire des besoins en creux, ayant pour objectif de rétablir un équilibre compromis par la présence d'un vide, d'un manque intérieur, ou d'un état de non-existence.

Fonctionnement imaginaire (appelé aussi fonctionnement imaginatif) : exercice de l'intelligence, déclenché par un émoi de la sensibilité douloureuse ou effervescente et caractérisé par une déformation de la réalité que la personne édulcore ou amplifie.

Fonctionnement instinctif : mode de satisfaction d'un besoin, vécu spontanément sans réflexion ni décision.

Fonctionnement libre : manière de vivre sa liberté dans laquelle la personne fait ses choix en accord avec son être tout en tenant compte de la réalité extérieure et des réactions des différentes instances de sa personne.

Fonctionnement sensible : comportement impulsif d'une personne menée par les envies ou les répulsions de sa sensibilité.

Fonctionnement volontaire : mise en œuvre ajustée des forces d'une personne pour accomplir ce qu'elle a décidé de faire.

Fonctionnement volontariste : mobilisation excessive et durable des énergies du corps, accompagnée de tensions internes, en vue de satisfaire des projets, des ambitions, des attentes, provenant souvent de besoins en creux ou d'une éducation fortement marquée par la notion de devoir.

Frein au cheminement : résistance intérieure, dysfonctionnement (doute, aliénation, peur…) ou condition extérieure défavorable (bruit, malnutrition, promiscuité…) qui nuit à l'expression du dynamisme de croissance de l'être d'une personne.

Fusion : mode d'identification partielle ou totale à autrui, où la personnalité de l'un disparaît, se gomme, ou se fond dans la personnalité d'un autre ou d'un groupe, entravant la relation.

Groupe de tâche : rassemblement de personnes motivées par l'accomplissement d'une action à mener ensemble.

Groupe de vie : rassemblement de personnes motivées par le choix de vivre ensemble selon certaines valeurs et certaines normes acceptées par chacune.

Groupe essentiel : ensemble de personnes en relation, engagées dans le même agir essentiel.

Guérison des blessures du passé : travail sur soi qui vise à restaurer la capacité de vivre et d'actualiser des potentialités jusque-là bloquées ou freinées par la présence de traumatismes survenus dans le passé de la personne.

Glossaire

Humanisation des personnes : développement qualitatif et non seulement quantitatif du potentiel humain. Ce développement progressif de ce qui spécifie les êtres humains vise à un plus-être qui soit en même temps un mieux-être.

Humilité : capacité de la personne à accepter son réel comme il est, que ce réel reflète des aspects positifs, des aspects négatifs ou des limites constitutives.

Idéal de soi :
– image de « soi en mieux » vers laquelle la personne tend et qui correspond à des potentialités de son être ;
– image de soi exemplaire, utopique, correspondant à ce que la personne voudrait être à partir de ses ambitions ou des attentes sociales.

Identité : ensemble de traits de personnalité (richesses d'être et limites) qui spécifie une personne par rapport à une autre. Caractéristiques permanentes et fondamentales d'une personne.

Image de soi : idée ou représentation que la personne se fait d'elle-même et qui constitue généralement une référence-clé pour poser ses actes. Cette image peut refléter plus ou moins fidèlement la réalité de la personne.

Impératif d'être : mouvement intérieur qui s'impose à la personne, la poussant avec force à poser un acte à partir de son être. Ce mouvement est à distinguer d'impulsions de la sensibilité ou du moi-je.

Inconscient : adjectif qualificatif s'appliquant aux phénomènes intérieurs qui ne sont pas passés dans le champ de la conscience de la personne et qui influencent néanmoins les comportements de celle-ci. Dans l'usage que PRH fait de ce terme, il n'y a pas d'analogie directe avec le concept psychanalytique d'inconscient.

Indépendance : forme d'autarcie relationnelle.

Instance : dans une topologie de la structure psychologique de la personne, les instances correspondent à des lieux spécifiques d'où émanent les motivations à l'action. L'anthropologie PRH distingue cinq instances : l'être, le moi-je, le corps, la sensibilité et la conscience profonde. Chaque instance peut fonctionner comme un centre autonome, c'est-à-dire sans qu'il y ait forcément accord avec les autres instances.

Instinct d'être : manifestation inconsciente de l'être qui oriente la personne et la fait réagir dans la direction de la réalisation de ses aspirations essentielles.

Justification (mécanisme de) : phénomène du moi-je cherchant à rétablir une cohérence entre les actes posés et l'image que la personne a d'elle-même, ou bien entre les actes ou les projets d'actes et ce qui serait (ou aurait été) raisonnable de faire.

Liberté intérieure : capacité de faire des choix et d'exister en se référant prioritairement à ce que dicte sa conscience profonde.

Lien d'être : ce qui unit durablement et fortement, au niveau de leur être, deux ou plusieurs personnes en vue d'un engagement commun.

Lien d'être de couple : ce qui unit un homme et une femme au niveau de leur être et qui fonde leur engagement à partager leur vie et à fonder une famille.

Liens essentiels : ensemble des liens d'être d'une personne.

Lieu-synthèse : expression employée pour caractériser la conscience profonde qui rassemble en synthèse les données des autres instances en vue d'une décision à prendre tenant compte de toute la personne et qui estime ensuite la valeur de la décision prise ou de l'acte posé.

Limite : terme du développement d'une potentialité, résultant non d'un blocage ou d'un dysfonctionnement mais de la constitution naturelle de la personne. Les potentialités ne peuvent plus se développer à partir de ce seuil. Exemple : limites intellectuelles, artistiques, relationnelles…

Lumières intérieures : prises de conscience souvent fortes et inattendues émanant d'intuitions profondes, éclairant la personne sur elle-même, sur sa vie, sur des décisions à prendre ou des actes à poser…

Manifestations de l'être : formes d'expression du tréfonds de la personne, indépendantes de son vouloir et de ses envies superficielles. Parmi ces manifestations figurent les intuitions profondes, l'instinct d'être, les réflexes d'être, les invitations intérieures, etc.

Manques : ensemble de besoins frustrés généralement dans l'enfance ou l'adolescence, ayant créé une blessure psychologique qui apparaît à l'âge adulte dans les réactions disproportionnées et répétitives, lorsque ces besoins ne sont pas satisfaits.

Maturité affective : état d'évolution psychologique où la personne a libéré sa capacité d'amour gratuit et sa capacité à se laisser aimer parce qu'elle a guéri de ses principales blessures affectives.

Mécanisme : « mini-fonctionnement » pouvant être inclus dans le fonctionnement plus large d'une instance. Par exemple, les mécanismes de justification et de dévalorisation de soi sont des « mini-fonctionnements » à l'intérieur du fonctionnement cérébral.

Mise en ordre de ses fonctionnements : travail au cours d'un cheminement de croissance, qui consiste à développer les fonctionnements normaux de chaque instance pour leur permettre d'occuper toute leur place et rien que leur place en accord avec l'être.

Moi-je : instance où fonctionnent l'intelligence, la liberté, la volonté et dont le rôle est de gouverner la personne en fonction de la croissance de son être et de son harmonie globale.

Mouvements intérieurs : phénomènes psychologiques dynamiques, ressentis dans la sensibilité, engendrés par les aspirations et les besoins de la personne et pouvant s'extérioriser à travers des actes.

Non-existence :
– système de défense interne de la personne lié aux blessures du passé, qui se traduit par une forte inhibition voire une incapacité à actualiser certaines potentialités et à s'affirmer dans ses relations ;

Glossaire

– sentiment douloureux lié au fait de ne pouvoir vivre ce qu'on aspire à vivre en raison d'une blessure.

Ordre intérieur : organisation hiérarchisée de la structure psychologique de la personne, dans laquelle chaque instance occupe une place et joue un rôle en fonction de la croissance globale de la personne.

Ouverture à une Transcendance : aptitude à ressentir au niveau de son être la présence de réalités qui, à la fois sont constitutives de la personne, et en même temps, lui font intuitionner une dimension d'absolu qui la dépasse et l'appelle à un plus-être.

Ouverture au réel intérieur : disposition d'attention et d'accueil du moi-je à l'égard des réalités du monde intérieur de la personne.

Passé douloureux :
– dans l'histoire d'une personne, le passé douloureux correspond à la période de sa vie où sont apparus les principaux traumatismes psychologiques ;
– ensemble des traumatismes psychologiques vécus dans l'enfance et la jeunesse.

Périphérie de soi : ensemble des aspects de l'être dont l'actualisation n'est pas aussi impérative et essentielle, ni autant source de sens que l'actualisation des aspects du cœur de soi.

Personnalité : ensemble de traits et de comportements qui spécifie une personne et la distingue de toutes les autres.

Personne en croissance : expression, pour parler de l'être humain, qui met l'accent sur la dynamique du développement de sa personnalité. C'est l'angle de vue sous lequel il est observé à PRH.

Personne en ordre : individu dont les cinq instances fonctionnent harmonieusement en accord avec l'être, lui procurant une sensation d'unité intérieure, d'harmonie de sa personnalité et d'efficacité maximale.

Plénitude d'existence : sensation éprouvée par une personne de donner toute sa mesure et de réaliser ce pour quoi elle se sent faite.

Potentialité (au niveau de l'être) : aspect inné et positif de l'être, susceptible de se développer et de s'actualiser. Terme générique regroupant aptitudes, capacités, dons, qualités, richesses d'être…

Pressentiment (au niveau de l'être) : intuition non vérifiée de l'existence d'une réalité de l'être. Dans le processus d'émergence du roc d'être, les pressentiments sont souvent les premières manifestations intérieures de la présence d'un aspect de l'être. Exemples : pressentiment de sa capacité de créativité, pressentiment d'être fait pour une vie de couple…

Réaction disproportionnée et répétitive (RDR) : phénomène de la sensibilité qui vibre toujours dans des circonstances similaires avec une ampleur hors de proportion avec ce qui a provoqué la réaction. Ces réactions peuvent se manifester sur le registre de l'explosion, la colère, l'agressivité, l'excitation, ou bien sur le registre de la tristesse, la dépression, l'anéantissement, la fuite, ou bien encore sur le registre de l'insensibilité, l'anesthésie.

Rééducation : phase particulière du processus de croissance et de guérison où la personne s'entraîne à poser des actes consciemment et volontairement dans le but de restaurer ou de développer un fonctionnement normal dans des circonstances où se déclenchait instinctivement un comportement dysharmonieux.

Réél intérieur : tout le vécu psychologique d'une personne à un instant donné, quelque soit l'origine de ce vécu.

Relations affectives : ensemble des relations où se vivent des sentiments entre les personnes, que ces affects soient positifs ou négatifs.

Relation d'aide PRH : méthode spécifique d'accompagnement d'un cheminement de croissance avec un conseiller.

Relation de croissance : relation où une personne s'adresse à une autre pour y recevoir quelque chose qui va dans le sens de sa croissance (reconnaissance, écoute, conseil, compréhension, reflets, encouragement, etc.)

Relation vitalisante : toute relation qui éveille l'être des personnes et le stimule à exister et à se développer. Ces relations vivifiantes sont indispensables pour la croissance de la personne.

Richesse d'être : aspect positif constitutif de l'identité de la personne, qui appelle à se développer et à s'actualiser.

Roc d'être : ensemble des certitudes et des évidences d'une personne concernant son identité, son agir essentiel, ses liens essentiels, son ouverture et/ou sa relation à une Transcendance. Le roc d'être est la base solide de la personnalité d'un individu sur laquelle il peut s'appuyer pour être et agir.

Sagesse de son corps : expression signifiant que toutes les manifestations physiques sont autant de messages qu'il importe d'écouter comme on le ferait à l'égard d'un sage qui ouvre la bouche. En effet, ces messages contiennent des informations utiles pour conduire sa vie avec justesse, en dépensant ses énergies sans excès et à bon escient.

Sensation à contenu psychologique : message du psychisme d'une personne, qui se manifeste dans la sensibilité et le corps et que l'on peut analyser pour en comprendre le contenu et l'origine.

Sensation purement corporelle : manifestations physiques localisées ou diffuses, dont l'origine, facilement identifiable dans une relation de cause à effet avec l'environnement notamment, est sans rapport avec la vie psychologique de la personne.

Solidité d'être : consistance, fermeté, équilibre de la personnalité, liés à l'émergence et à l'ampleur du roc d'être. Cette solidité se teste dans les difficultés et les épreuves de la vie où la personne reste debout, prenant appui sur ses certitudes et ses évidences.

Souffrance enkystée : traumatisme psychologique ancien qui a été refoulé et qui reste présent dans le système nerveux où il est maintenu comme dans une gangue protectrice.

Système de défense : ensemble des moyens mis en place par une personne pour ne pas ressentir les souffrances de son passé, ou pour se protéger des blessures qui l'atteignent ou qui risqueraient de l'atteindre dans le présent.

Temps d'être : moyen pédagogique favorisant la croissance de l'être, fait de moments d'intériorisation profonde visant à l'imprégnation consciente des réalités de l'être

Transcendance : réalité à la fois de même nature que l'être, et à la fois éprouvée comme autre, infinie, absolue, permanente, non réductible à ce que la personne est, ni à ce qu'elle en vit, ni à la conscience qu'elle en a.

Transfert : projection souvent inconsciente d'un vécu d'enfant sur une personne ou une situation actuelle, modifiant le rapport à la réalité de cette personne ou de cette situation. Les transferts peuvent être soit de type positif (on investit la personne sur laquelle se vit le transfert des qualités que l'on aurait aimé voir chez une personne importante de son passé), soit de type négatif (on retrouve alors les sentiments négatifs refoulés vécus à l'égard d'une personne ou d'une situation du passé blessante).

Tréfonds de soi : ce qui est conscientisé à un moment donné comme le plus profond dans la personne.

Unité intérieure :
– sensation éprouvée par une personne lorsque chacune des instances de sa personnalité occupe sa juste place et joue son rôle au service de l'être
– état intérieur fait d'harmonie et de paix profonde.

Vécu (le) : terme général employé comme substantif évoquant :
– le réel subjectif ressenti, perçu, conscientisé à un moment donné (cf. le vécu intérieur) ;
– le réel factuel de la situation et le réel subjectif de la personne à un moment donné de son histoire.

Vécu intérieur : ensemble des manifestations psychologiques qui se passent dans une personne, qu'elle en soit consciente ou pas. Dans le vécu intérieur, on peut trouver des pensées, des images, des sensations, des sentiments, des émotions, etc.

Vie affective : domaine évolutif de la vie d'une personne où sont présents les mouvements « aimer » et « être aimé », ainsi que les différents sentiments qu'elle éprouve.

Zone profonde : partie de la sensibilité directement en contact avec l'être de la personne et irradiée par lui. C'est une zone de paix et d'harmonie.

Table des Matières

Remerciements 5

Aux lecteurs 7

Sommaire 10

Avant-propos 13

Introduction 17
Les origines de la psychopédagogie PRH

Première partie 21
La recherche psychologique et pédagogique à PRH

Au départ de la recherche PRH : les hypothèses d'André Rochais 23
Les sources d'influence d'André Rochais 25
Le créneau spécifique de sa recherche et de la recherche PRH 28
La recherche psychologique à PRH 29
La recherche pédagogique à PRH 33
L'interaction d'André Rochais et de ses collaborateurs 34
Les convergences avec d'autres recherches 35
L'évolution de la recherche à PRH 37
La relation d'André Rochais à sa recherche 38
La recherche après André Rochais 39

Deuxième partie......43
Le système explicatif PRH

Chapitre I......45
Approche globale de la personne

Les principales caractéristiques de l'anthropologie décrite à PRH......45
Le schéma de référence de la personne en croissance......53
- *Premier schéma des zones de la personnalité (1969)*......54
- *Deuxième schéma de la personne (1977)*......54
- *Présentation schématique actuelle des instances de la personne (1985)*......55

Chapitre II......57
Les cinq instances de la personne et leurs fonctionnements

L'être......57
Description......57
Les composantes de l'être......58
L'émergence de l'être et sa croissance......64
Les trois zones au niveau de l'être......66
Le cœur de soi et la périphérie de soi......68
Approche expérientielle de l'être......69
Les manifestations de l'être......73
Le fonctionnement d'être......74
Le dysfonctionnement de l'être ou la non-existence......76
Place et rôle de l'être dans la croissance de la personne......76

Le moi-je......77
Description......77
Les principaux phénomènes du moi-je et la croissance de la personne......79
Les principaux fonctionnements du moi-je......83
- *Les fonctionnements de l'intelligence*......83
- *Les fonctionnements de la liberté*......85
- *Les fonctionnements de la volonté*......88

Quelques mécanismes du moi-je, freins pour la croissance......89
- *Les mécanismes de défense*......89
- *Le mécanisme du doute sur soi*......91
- *Le mécanisme de culpabilisation*......92
- *Le fonctionnement imaginaire en tant que mécanisme de défense*......93

Place et rôle du moi-je dans la croissance de la personne......94

Le corps 95
Description 95
La relation de la personne à son corps 97
Les besoins du corps 98
Les réactions disproportionnées et répétitives du corps 99
Les fonctionnements du corps 100
La gestion du corps 102
Place et rôle du corps dans la croissance de la personne 103

La sensibilité 103
Description 103
Deux zones dans la sensibilité 105
Les états de la sensibilité 106
Les différents types de réactions de la sensibilité 107
Les fonctionnements de la sensibilité 109
La gestion des souffrances de la sensibilité 112
Place et rôle de la sensibilité dans la croissance de la personne 113

La conscience profonde 115
Différents types de conscience 115
Approche descriptive de la conscience profonde 119
La référence à la conscience profonde 122
Les dysfonctionnements du moi-je à l'égard de la conscience profonde 125
Place et rôle de la conscience profonde
dans la croissance de la personne et dans la conduite de sa vie 127

Chapitre III 129
La personne et son environnement
L'environnement humain 129
L'environnement matériel 131

Chapitre IV 133
La vie relationnelle et affective
Comment définir l'affectivité et la situer
dans le schéma de la personne en croissance? 133
Divers types de relations affectives 134
À la base de la vie relationnelle et affective :
des aspirations et des besoins 138
De la dépendance à l'autonomie 139

Aimer (amour gratuit, amour captatif, amour-devoir)......................142
La relation sexuelle dans la vie affective.............................146
Les difficultés relationnelles...147
Les étapes de croissance vers la maturité affective....................149
Les moyens favorisant le cheminement affectif..........................150
Place et rôle de la vie relationnelle et affective dans la croissance...151

Chapitre V..153
Le phénomène de la croissance

Le concept de croissance à PRH...153
Le phénomène de la croissance et les cinq instances de la personnalité..154
Le mécanisme de la croissance..155
Les manifestations de la croissance dans la personne et dans sa vie.....157
Les axes d'un cheminement de croissance................................161
Les facteurs de croissance (moyens et attitudes).......................164
Les freins à la croissance...170
L'évolution de la place des autres dans un cheminement de croissance....171
Les différentes étapes vers la maturité................................174
Les « accidents » dans la croissance d'une personne :
le phénomène des blessures et de la non-existence......................176

Chapitre VI...187
Le phénomène de la guérison
des blessures du passé

Le concept de guérison à PRH...188
Le phénomène de la non-existence chez l'adulte.........................190
Les conditions nécessaires à la guérison...............................194
Le processus de la guérison dans la personne...........................195
Les obstacles à la guérison. Les pièges................................200
La gestion de la guérison d'un passé douloureux........................202

Chapitre VII..207
Le sens de la vie

Trois manières de concevoir le sens de sa vie..........................207
Le non-sens dans sa vie..210
Quelques questions fondamentales sur le sens de la vie.................212
Rôle de la recherche et de la découverte du sens de sa vie
dans la croissance de la personne......................................213

Chapitre VIII..217
La personne en ordre

Le normal et l'anormal..217
Les caractéristiques des fonctionnements de la personne « en ordre »....219
Une plénitude d'existence accessible...221
La formation humaine comme moyen de mise en ordre de la personne........222

Troisième partie...225
Application et prolongements du système explicatif PRH : les dimensions sociales

Chapitre IX..227
Le groupe

Différentes catégories de groupes (groupe de tâche, groupe de vie)......227
Aspirations et besoins des personnes, et vie de groupe..................228
Les facteurs d'efficacité et d'harmonie d'un groupe.....................230
Rôle des groupes dans la croissance des personnes.......................235

Chapitre X...237
Le couple

Le « lien d'être de couple »..237
Deux réalités en interaction : le lien et la relation..................240
Quatre axes de cheminement d'un couple.................................241
La communication verbale dans le couple................................248
L'aide mutuelle dans le couple...251
Les entraves à la vie de couple et à l'unité...........................252
Le sens du couple..255

Chapitre XI..257
L'éducation des enfants

Le cadre de référence des parents pour éduquer leurs enfants...........257
Qu'est-ce qu'éduquer?..259
Rôle des parents et éducateurs dans le développement
de la personnalité de l'enfant et dans son insertion sociale...........259

En guise de conclusion..275
Répercussions sociétaires de la croissance des personnes

Postface 281

Présentation succincte de PRH-organisme 282

Glossaire 284

Table des matières 296

Réalisation
Agence Lexies (Toulouse)

Aubin Imprimeur
LIGUGÉ, POITIERS

Achevé d'imprimer en février 2003
N° d'impression L 64800
Dépôt légal, avril 1997
Imprimé en France